KB162891

일잘러의 무기가 되는

최소한의 실무 엑셀

최준선
지음

챗GPT로 쉬워지는 함수&수식부터
데이터 리터러시를 위한 피벗 사용법까지!

B 한빛미디어
Hanbit Media, Inc.

지은이 **최준선**

엑셀마스터의 대표이자 한국금융연수원 겸임 교수로서, 엑셀 초급자와 중급자의 실무 능력 향상에 초점을 맞춘 강연과 기업 컨설팅을 활발히 진행하고 있습니다.

특히 데이터 분석과 데이터 리터러시 분야에서의 전문성을 바탕으로, 직장인이 실무에서 높은 평가를 받을 수 있는 진짜 엑셀 활용법을 전달하는 데 주력하고 있습니다.

다수의 집필 활동을 통해 엑셀 지식을 널리 공유하고 있습니다. 또 유튜브 채널 〈엑셀마스터(www.youtube.com/@excel.master)〉와 네이버 대표 엑셀 카페 〈엑셀..하루에 하나씩(cafe.naver.com/excelmaster)〉을 운영하며, 엑셀 교육 및 데이터 분석 분야에서의 영향력을 지속적으로 확장해나가고 있습니다.

주요 저서

《엑셀 바이블(개정판)》

《엑셀 함수&수식 바이블》

《엑셀 매크로&VBA 바이블(개정판)》

《엑셀 데이터 분석 바이블》

《엑셀 피벗&파워 쿼리 바이블》

《엑셀 업무 공략집》

《엑셀 매크로&VBA 업무 공략집》

《회사에서 바로 통하는 엑셀 실무 데이터 분석》

《회사에서 바로 통하는 엑셀 2010 함수 이해&활용》

일잘러의 무기가 되는

최소한의 실무 엑셀

초판 1쇄 발행 2024년 9월 13일

지은이 최준선 / **펴낸이** 전태호

펴낸곳 한빛미디어(주) / **주소** 서울특별시 서대문구 연희로2길 62 한빛미디어(주) IT출판1부

전화 02-325-5544 / **팩스** 02-336-7124

등록 1999년 6월 24일 제25100-2017-000058호 / **ISBN** 979-11-6921-281-6 13000

총괄 배윤미 / **책임편집** 장용희 / **기획 · 편집** 진명규

디자인 표지 조현덕, 박정우 내지 윤혜원 / **전산편집** 오정화

영업 김형진, 장경환, 조유미 / **마케팅** 박상용, 한종진, 이행은, 김선아, 고광일, 성화정, 김한솔 / **제작** 박성우, 김정우

이 책에 대한 의견이나 오탈자 및 잘못된 내용은 출판사 홈페이지나 아래 이메일로 알려주십시오.

파본은 구매처에서 교환하실 수 있습니다. 책값은 뒤표지에 표시되어 있습니다.

한빛미디어 홈페이지 www.hanbit.co.kr / 이메일 ask@hanbit.co.kr / 자료실 www.hanbit.co.kr/src/11281

Published by HANBIT Media, Inc. Printed in Korea

Copyright © 2024 최준선 & HANBIT Media, Inc.

이 책의 저작권은 최준선과 한빛미디어(주)에 있습니다.

저작권법에 의해 보호를 받는 저작물이므로 무단 복제 및 무단 전재를 금합니다.

지금 하지 않으면 할 수 없는 일이 있습니다.

책으로 펴내고 싶은 아이디어나 원고를 메일(writer@hanbit.co.kr)로 보내주세요.

한빛미디어(주)는 여러분의 소중한 경험과 지식을 기다리고 있습니다.

데이터의 중요성과 엑셀의 역할

오늘날의 비즈니스 환경에서 가장 중요한 것은 데이터입니다. 데이터가 곧 경쟁력인 세상입니다. 데이터는 기업의 과거 성과를 분석하고, 현재의 상태를 진단하며, 미래를 예측하는 데 중요한 역할을 합니다. 따라서 데이터를 이해하고 설명할 수 있는 능력인 데이터 리터러시는 현대 직장인들에게 요구되는 가장 중요한 가치로 자리 잡고 있습니다.

데이터 리터러시 능력이 높은 사람은 데이터를 통해 의미 있는 인사이트를 도출하고, 이를 바탕으로 전략적 결정을 내리는 데 큰 도움을 줍니다. 기업은 빅데이터 시대에 걸맞은 인재를 찾고 있으며, 데이터 리터러시 능력이 높은 사람은 조직에서 가치 있는 인재로 대우받게 됩니다.

엑셀은 데이터 리터러시를 향상시킬 수 있는 수많은 도구 중 직장인들에게 가장 접근성이 좋고 유용한 도구입니다. 엑셀은 데이터 관리, 분석, 시각화 작업에 필요한 다양한 기능을 제공하며 이를 통해 복잡한 데이터를 손쉽게 다룰 수 있도록 도와줍니다. 엑셀을 제대로 활용할 수 있는 능력을 갖출 수 있다면 데이터의 이상한 부분을 발견해 수정하고, 숨겨진 다양한 패턴을 찾아 트렌드를 분석하여 의사결정에 도움이 되는 자료를 만들 수 있습니다.

엑셀과 챗GPT 활용

많은 직장인이 엑셀을 사용하고 있지만, 대부분 기본적인 기능에만 의존하고 있습니다. 그러나 엑셀은 단순한 스프레드시트 이상의 강력한 데이터 분석 도구로서, 이를 제대로 활용하면 업무 효율성과 생산성을 크게 향상할 수 있습니다. 이 책은 엑셀의 기본 기능부터 고급 기능까지 체계적으로 학습할 수 있도록 구성되어 있으며, 실제 업무에 바로 적용할 수 있는 실무 예제와 템플릿을 제공합니다.

또한 엑셀에 아직 익숙하지 않은 사용자를 위해 LLM(Large Language Model, 대형 언어 모델) 방식의 챗GPT를 업무에 활용할 수 있는 다양한 사례를 함께 제공합니다. 요즘 챗GPT를 활용해 업무를 개선하고자 하는 분들이 늘어가고 있지만, 아직은 실제 성능보다 기대감이 앞선 상태입니다.

챗GPT는 업무를 보조해줄 수는 있지만 사람의 업무를 대신해줄 수 있지는 않으며, 이것은 앞으로 서비스될 마이크로소프트의 코파일럿 서비스도 마찬가지입니다. 그렇기 때문에 챗GPT를 업무에 활용하기 위해서는 엑셀이 제공하는 다양한 기능을 사람이 먼저 이해하고, 이를 어떻게 활용할 수 있는지 알아야만 합니다.

챗GPT와 전문가, 지금 누가 더 필요할까?

챗GPT는 매우 뛰어난 서비스이고, 지속적으로 발전하고 있습니다. 다만 잘 알려진 환각 증상으로 인해 잘못 답변하는 경우가 종종 있습니다. 그러다 보니 아직은 사람인 전문가가 실제적인 도움이 되는 경우가 많습니다.

책만으로 충분하지 않거나 문제 해결이 필요한 경우에는 저자가 운영 중인 네이버 카페 〈엑셀..하루에 하나씩(cafe.naver.com/excelmaster)〉에 방문해 책을 인증하면 제한 없는 질문/답변을 통해 답답한 문제에 대한 전문가의 조언을 얻을 수 있습니다.

〈엑셀..하루에하나씩〉

cafe.naver.com/excelmaster

또한 이 책에 담지 못한 다양한 실무 사례를 유튜브 채널 〈엑셀마스터(www.youtube.com/@excel. master)〉를 통해 공유하고 있으니, 관심 있는 분들은 구독해주시고, 도움이 되는 영상에는 '좋아요'도 눌러주시면 엑셀을 학습하는 데 도움이 되는 영상을 지속적으로 만들어 공유하겠습니다.

〈엑셀마스터〉
www.youtube.com/@excel.master

감사의 인사

이 책을 믿고 선택해주신 독자분들께 진심을 담아 감사의 인사를 전하며, 업무에 필요한 지식을 습득해 나가는 데 이 책이 큰 도움이 되길 바라겠습니다.

끝으로 책을 집필하는 데 많은 도움을 준 한빛미디어 출판사의 관계자분들에게 감사의 인사를 전하며, 책을 집필할 때까지 많이 인내하고 지지해준 가족들에게도 깊은 애정을 담아 고맙다는 말을 전합니다.

2024년 09월

최준선

직장인에게 필요한 진짜 엑셀 능력을 학습한다!

직장인이라면 회사에서 반드시 쓸 수밖에 없는 엑셀, 어떻게 활용하고 있나요? 엑셀을 단순 계산기로 활용하고 있지는 않은지, 엑셀의 진짜 활용법을 몰라 엑셀을 반쪽짜리로 활용하고 있지는 않은지 생각해보세요. 이 책은 직장인에게 진짜 필요한 엑셀 능력인 엑셀로 데이터를 관리하고, 처리하고, 분석하는 방법을 담았습니다.

데이터의 기본 개념과 관리 방법 학습!

엑셀이 어렵게 느껴지는 이유는 데이터를 제대로 다루지 못하기 때문입니다. 엑셀에서 데이터란 무엇인지 데이터의 기본 개념을 이해하고, 데이터를 관리하는 방법을 학습하면 엑셀을 어렵지 않게, 제대로 활용할 수 있습니다.

데이터 처리에 필수적인 함수+빠른 채우기 학습!

데이터를 잘 처리하려면 실무 엑셀에 반드시 활용되는 핵심 함수들을 알고 있어야 합니다. 이 책에서는 직장인이 꼭 알아야 하는 함수를 크게 '판단 함수', '집계/통계 함수', '참조 함수'로 나눠 다양한 사례로 알려줍니다. 나아가 업무 생산성을 높여주는 빠른 채우기 기능도 알려줍니다.

데이터 분석에 필수적인 피벗 테이블 학습!

데이터를 관리하고 처리하는 이유는 데이터를 분석해 명확한 인사이트를 얻고, 또 명확한 의사결정을 하기 위함입니다. 엑셀에서 대용량 데이터를 가장 빠르고 효과적으로 분석할 수 있는 피벗 테이블 기능으로 엑셀의 데이터를 요약하고 분석하는 방법을 상세하게 안내합니다.

엑셀마스터의 유튜브 동영상 강의로 학습한다!

책의 내용만으로는 잘 이해되지 않는 내용, 영상으로 학습했을 때 효율적인 내용은 동영상 강의로 제공합니다. 마이크로소프트 MVP인 저자가 직접 운영하는 유튜브 채널 〈엑셀마스터〉에서 알짜배기 노하우를 얻어보세요. 책과 함께 동영상 강의를 학습하면 진정한 일잘러로 거듭날 수 있습니다.

1 본문 내에 있는 동영상 강의 QR 코드를 핸드폰 카메라 기능으로 스캔해 접속합니다.

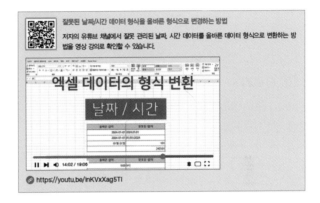

2 인터넷 주소를 입력해 접속하려면 하단의 URL을 인터넷 주소창에 그대로 입력합니다.

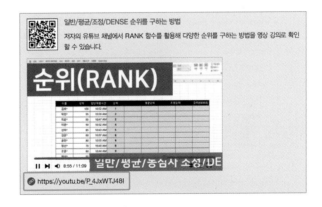

3 강의 화면이 나타나면 영상이 자동으로 재생됩니다. 만약 재생되지 않는다면 [재생] 버튼을 누릅니다.

SECTION

실무에서 엑셀을 다룰 때 꼭 알고 있어야 하는 핵심 기능만 모아 구성했습니다. 책에서 소개하는 기능만 알아도 일잘러가 될 수 있습니다.

엑셀 단축키

실무에서 엑셀로 빠른 작업을 하려면 단축키를 알고 있어야 합니다. 업무가 빨라지는 엑셀 단축키를 제공합니다.

SECTION 02

날짜와 시간 데이터는 왜 숫자일까?

이전 예제 파일에서 2023년 3월 15일 날짜의 [표시 형식]을 [일반]으로 변경하면 45000이라는 숫자로 저장된 것을 확인할 수 있습니다. 사실 날짜와 시간 데이터는 사람이 생각하는 것과 엑셀이 관리하는 방식에 차이가 있습니다.

> **업무가 빨라지는 엑셀 단축키**
> - 셀에 오늘 날짜를 입력하는 단축키는 Ctrl + ; 입니다.
> - 셀에 현재 시간을 입력하는 단축키는 Ctrl + Shift + ; 입니다.

날짜 데이터

엑셀에서 날짜는 연, 월, 일에 해당하는 숫자를 하이픈(-)이나 슬래시(/)로 구분해 입력한 데이터입니다.

2024-09-13 또는 2024/09/13

날짜는 복잡한 계산 방식을 통해 날짜인지 여부를 판정해야 하므로 엑셀은 초창기부터 모든 날짜 데이터를 계산해 숫자와 1:1로 매칭하는 방식으로 관리합니다. 이렇게 날짜 데이터와 매칭되는 숫자를 날짜 일련번호라고 합니다. 엑셀에서 미리 계산해놓은 날짜 데이터는 **1900년 1월 1일**부터 **9999년 12월 31일**까지이며, 시작점인 1900년 1월 1일이 1로 매칭이 되며, 하루가 지날 때마다 1씩 증가하는 방식으로 날...합니다.

...은 숫자로 치면 4만 5천 원이 될 수 있지만, 날짜로 표시하면 1900년 1월 1일로부터 ...2023년 3월 15일이 되는 겁니다.

...에는 날짜 일련번호가 저장되며, 화면에는 yyyy-mm-dd 형식으로 표시되는 것이 가...입니다.

...되는 최소환의 실무 핵심

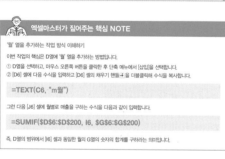

> **엑셀마스터가 짚어주는 핵심 NOTE**
>
> **'월' 열을 추가하는 작업 방식 이해하기**
>
> 이번 작업의 핵심은 D열에 '월' 열을 추가하는 방법입니다.
> ① D열을 선택하고, 마우스 오른쪽 버튼을 클릭한 후 단축 메뉴에서 [삽입]을 선택합니다.
> ② [D6] 셀에 다음 수식을 입력하고 [D6] 셀의 채우기 핸들➕을 더블클릭해 수식을 복사합니다.
>
> `=TEXT(C6, "m월")`
>
> 그런 다음 [J6] 셀에 월별로 매출을 구하는 수식을 다음과 같이 입력합니다.
>
> `=SUMIF($D$6:$D$200, I6, $G$6:$G$200)`
>
> 즉, D열의 범위에서 [I6] 셀과 동일한 월의 G열의 숫자의 합계를 구하라는 의미입니다.

05 만약 '월' 열을 추가하는 작업 방식이 싫다면 SUMPRODUCT 함수를 사용해야 합니다. [J6] 셀에 수식을 다음과 같이 입력하고 [J6] 셀의 채우기 핸들➕을 더블클릭해 수식을 복사합니다. 이 방법에 대해서는 아래 화면에서 결과를 확인할 수 있습니다.

`=SUMPRODUCT((TEXT($C$6:$C$200, "m월")=H6)*($F$6:$F$200))`

> **TIP** 04 과정에서 D열에 '월' 열을 삽입했다면 삭제하고 진행해야 합니다.
>
> **VER.** 엑셀 2021 이상 버전이나 마이크로소프트 365 버전을 사용 중이라면 SUMPRODUCT 함수 대신 SUM 함수를 사용해도 됩니다.
>
> **LINK** SUMPRODUCT 함수에 대한 자세한 설명은 이 책의 141페이지를 참고합니다.

040 · 일잘러의 무기가 되는 최소환의 실무 엑셀

핵심 NOTE

책의 내용을 무작정 따라 하기만 해서는 실무에서 엑셀을 진짜 활용할 수 없습니다. 왜 이런 결과가 나오는지, 왜 이런 함수와 수식을 쓰는지 등을 꼼꼼하게 짚어줍니다.

TIP/VER./LINK

참고가 필요한 내용을 제공하는 'TIP'부터 버전별 차이를 알려주는 'VER.', 함께 학습하면 효율적인 본문 페이지를 안내하는 'LINK'까지 제공합니다.

따라 하기 실습

실무에서 진짜 활용되는 예제 파일을 바탕으로 따라 하기 실습을 제공합니다.

MAX, MIN 함수로 할인에 따른 매출 분석하기

예제 파일 CHAPTER 05 \ MAX, MIN 함수.xlsx

01 예제 파일을 열고 왼쪽 표의 데이터를 참고하여 각 지점별 단가의 최저/최고가를 구해 편차가 심할수록 매출에 영향을 주는지 확인해보겠습니다.

따라 하기 실습 with 챗GPT

챗GPT를 활용한 따라 하기 실습을 제공합니다. 일반 실습과 함께 챗GPT 실습까지 진행하면 AI 시대 일잘러가 될 수 있습니다.

주민등록번호에서 성별을 반환하는 수식 작성하기 with 챗GPT

예제 파일 CHAPTER 04 \ IS 계열 함수.xlsx

01 예제 파일을 열면 직원들의 직무 과정 수강 내역을 관리하는 표를 확인할 수 있습니다. D열의 주민등록번호에서 성별을 반환하는 수식을 E열에 작성하는 작업을 진행해보겠습니다.

02 챗GPT로 성별을 반환하는 수식을 얻기 위해 다음과 같은 프롬프트를 작성했습니다.

📝 **프롬프트**

엑셀 사용 중이고, 현재 시트에 주민등록번호가 000000-0000000 형식으로 입력되어
를 참고하여 E6 셀에 성별을 반환하는 수식을 작성해줘

🤖 **챗GPT**

주민등록번호 형식의 데이터에서 성별을 추출하는 수식을 작성할 수 있습니다. 주민등록번호의
숫자가 성별을 나타내므로, 이를 활용하여 수식을 작성할 수 있습니다. 아래는 그에 해당하는 수식

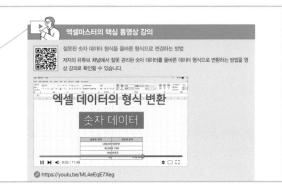

챗GPT로 수식 얻기

다양한 실무 상황에서 챗GPT를 활용해 수식을 얻는 방법을 제공합니다.

핵심 동영상 강의

함께 알아두면 좋은 내용, 영상으로 봤을 때 효과적인 내용은 저자의 유튜브 채널에서 동영상 강의를 제공합니다.

실습 예제 다운로드 하기

이 책에 사용된 모든 실습 예제 파일은 한빛출판네트워크 홈페이지(www.hanbit.co.kr)에서 다운로드할 수 있습니다. 실습 예제 파일은 따라 하기를 진행할 때마다 사용되므로 컴퓨터에 복사해두고 활용합니다. 더 빠르게 다운로드하려면 자료실(www.hanbit.co.kr/src/11281)로 접속합니다.

---

1 한빛출판네트워크 홈페이지(www.hanbit.co.kr)로 접속합니다. 메인 페이지에서 [자료실]을 클릭합니다.

이 책에 사용된 예제의 저작권은 저자에게 있습니다. 저자의 허락 없이 영리적 이용을 금하며 파일의 배포, 재판매 및 유료 콘텐츠의 예제로 사용할 시 법적 제재를 받을 수 있습니다.

2 자료실 도서 검색란에 도서명을 입력하고 🔍을 클릭합니다.

3 선택한 도서 정보가 표시되면 [예제소스]를 클릭해 예제 파일을 다운로드합니다.

다운로드한 예제 파일은 일반적으로 [다운로드] 폴더에 저장되며, 사용하는 웹 브라우저 설정에 따라 다를 수 있습니다.

목차

머리말 ———————————————————————————————————— 003

일잘러의 무기가 되는 엑셀 학습법 —————————————————————— 006

이 책의 구성 ——————————————————————————————— 008

예제 파일 다운로드 ——————————————————————————— 010

CHAPTER 01

데이터를 알면 엑셀이 쉬워진다

SECTION 01 **데이터와 데이터 형식, 그리고 표시 형식** ——————————— 023

데이터 형식 ——————————————————————————— 023

표시 형식 ——————————————————————————— 025

실습 눈으로 데이터를 판단하면 안 되는 이유 확인하기 —————— 026

SECTION 02 **날짜와 시간 데이터는 왜 숫자일까?** ——————————————— 028

날짜 데이터 ——————————————————————————— 028

시간 데이터 ——————————————————————————— 029

숫자/날짜/시간 데이터 입력 사례 ———————————————— 029

CHAPTER 02

표를 이용한 데이터 관리 방법

SECTION 01 **전산이 구분하는 표의 종류** ————————————————————— 035

테이블(Table) ————————————————————————— 035

목차

크로스-탭(Cross-Tab) —————————————————— 036

템플릿(Template) ————————————————————— 037

SECTION 02 엑셀 표를 활용한 데이터 관리 ———————————— 038

엑셀 표 변환 ——————————————————————— 038

실습 테이블 형태의 표를 엑셀 표로 변환하기 ——————— 038

엑셀 표를 사용할 때 알아야 할 내용 —————————————— 041

엑셀 표의 자동 범위 확장 ——————————————————— 041

실습 엑셀 표의 자동 범위 확장 확인하기 ————————— 041

엑셀 표를 사용하는데 자동 확장이 되지 않는다면? ——————— 042

엑셀 표 해제하기 —————————————————————— 043

SECTION 03 엑셀 표의 구조적 참조 ———————————————— 044

구조적 참조 ———————————————————————— 044

표 이름 명명 시 지켜야 하는 규칙 ——————————————— 045

구조적 참조를 활용한 계산 열 ————————————————— 045

실습 엑셀 표에서 수식을 사용하는 계산 열 사용하기 ——— 046

다른 표에서 엑셀 표 범위 참조 ———————————————— 049

실습 다른 표에서 엑셀 표 범위를 참조해 수식 작성하기 —— 049

구조적 참조의 장점 ————————————————————— 051

CHAPTER 03

함수 사용 전 반드시 알아야 하는 네 가지

SECTION 01 연산자란 무엇일까? ———————————————— 055

연산자의 네 가지 구분 ———————————————————— 055

SECTION 02 **엑셀에서 제공하는 함수는 몇 개일까?** ——————————— 057

내가 활용하는 엑셀 함수는 몇 개일까? ——————————————— 057

SECTION 03 **수식 에러는 어떻게 해결할까?** ———————————————— 058

AI를 활용해 에러를 해결하는 방법 ————————————————— 058

SECTION 04 **복잡한 수식을 빠르게 이해하려면?** ——————————— 064

수식 분석① : 참조되는(하는) 셀 추적 이용 ——————————— 064

실습 수식에서 참조하는 위치를 시각적으로 확인해 수식 분석하기 ——— 065

수식 분석② : 수식 계산 이용 ——————————————————— 068

실습 수식 계산 기능으로 복잡한 수식의 계산 과정 확인하기 ————— 069

수식 분석③ : 챗GPT 이용 ———————————————————— 072

CHAPTER 04

꼭 알아야 하는 핵심 함수① : 판단 함수

SECTION 01 **엑셀은 어떻게 데이터를 판단할까?** ——————————— 077

비교 연산자를 통한 판단 ————————————————————— 077

IS 계열 함수를 통한 판단 ————————————————————— 078

SECTION 02 **IF 함수는 어떻게 사용할까?** ————————————————— 079

IF 함수 ———————————————————————————————— 079

실습 비교 연산자로 데이터 확인하고 IF 함수로 원하는 값 대체하기 ——— 079

실습 with 챗GPT 주민등록번호에서 성별을 반환하는 수식 작성하기 ——— 081

목차

SECTION 03 복잡한 판단을 할 땐 IF 함수의 중첩 활용 ——————————— 085

실습 with 챗GPT IF 함수로 다양한 상황을 판단해 원하는 결과 얻기 ——————— 085

다양한 상황 판단이 필요할 땐 IFS 함수 ——————————————— 088

중첩의 불편함을 최소화하는 AND, OR 함수 ———————————— 089

실습 with 챗GPT AND, OR 함수로 IF 함수 중첩 최소화하기 ——————— 091

SECTION 04 날짜/시간 데이터 처리를 위한 IF 함수 구성 ———————————— 095

실습 with 챗GPT 근속년수 구하고 근속년수별 포상금액 차등 지급하기 ———— 095

실습 with 챗GPT IF 함수를 사용해 초과 근무 시간 계산하기 ——————— 101

SECTION 05 에러 제어를 위한 IFERROR, IFNA 함수 —————————————— 104

IFERROR, IFNA 함수 —————————————————————— 104

실습 with 챗GPT 수식 에러를 원하는 값으로 대체하기 ————————— 105

CHAPTER 05

꼭 알아야 하는 핵심 함수② : 집계/통계 함수

SECTION 01 데이터를 요약하고 데이터를 설명하는 집계/통계 함수 ——————— 111

SUM, AVERAGE, COUNT, MAX, MIN 함수 ——————————————— 111

실습 집계/통계 함수로 데이터 설명하는 방법 이해하기 ————————— 112

SECTION 02 개수를 세는 다양한 COUNT 함수 —————————————————— 116

COUNT, COUNTA, COUNTBLANK, COUNTIF, COUNTIFS 함수 —————— 116

실습 COUNT 계열 함수와 도넛형 차트를 사용해 전체 현황 빠르게 파악하기 —— 118

SECTION 03　순위를 구할 땐 RANK, COUNTIF, COUNTIFS 함수 ———————— 124

　　　　　　　RANK, RANK.EQ 함수 ————————————————————— 124

SECTION 04　데이터를 요약할 땐 SUM, SUMIF, SUMIFS 함수 —————————— 126

　　　　　　　SUM, SUMIF, SUMIFS 함수 ——————————————————— 126

　　　　　　　실습　SUM 계열 함수를 사용해 원하는 조건에 맞는 데이터 집계하기 ——— 127

SECTION 05　날짜 데이터에서 상위 단위 합계 구하기 ———————————————— 135

　　　　　　　날짜 관련 상위 단위 ——————————————————————— 135

　　　　　　　시간 관련 상위 단위 ——————————————————————— 136

　　　　　　　실습 with 챗GPT　날짜가 포함된 데이터 월별로 집계하기 ————————— 137

SECTION 06　SUMIFS가 안 될 땐 SUMPRODUCT 함수 ——————————————— 141

　　　　　　　SUMPRODUCT 함수 ————————————————————————— 141

　　　　　　　SUMPRODUCT 함수가 대체하는 함수 ——————————————— 142

　　　　　　　실습　SUMIFS 함수로 집계하기 어려운 표 SUMPRODUCT 함수로 집계하기 ——— 144

SECTION 07　SUM과 사용 방법이 같은 AVERAGE 함수 ——————————————— 150

　　　　　　　AVERAGE, AVERAGEIF, AVERAGEIFS 함수 ——————————— 150

SECTION 08　데이터를 바탕으로 매출 분석할 땐 MAX, MIN 함수 ————————— 152

　　　　　　　MAX, MIN 함수 ——————————————————————————— 152

　　　　　　　실습　MAX, MIN 함수로 할인에 따른 매출 분석하기 ————————— 153

SECTION 09　n번째 데이터를 얻을 땐 LARGE, SMALL 함수 ——————————— 161

　　　　　　　LARGE, SMALL 함수 ——————————————————————— 161

　　　　　　　실습　LARGE, SMALL 함수로 상위/하위 명단 정리하기 ———————— 162

　　　　　　　챗GPT로 수식 얻기　LAERGE 함수 수식 얻는 방법 ————————— 163

목차

CHAPTER 06

꼭 알아야 하는 핵심 함수③ : 참조 함수

SECTION 01 데이터 값을 참조할 땐 VLOOKUP, HLOOKUP 함수 —————— 173

VLOOKUP, HLOOKUP 함수 ————————————————— 173

실습 1차 가공된 집계표에서 필요한 정보만 참조해 요약하기 ———— 175

실습 오름차순으로 정렬된 구간에서 숫자의 위치를 찾아 데이터 참조하기 ——— 178

SECTION 02 VLOOKUP 함수로 여러 개 열에서 값을 찾는 방법 ——————— 181

실습 찾아야 할 값이 여러 열에 있는 경우 VLOOKUP 함수로 처리하기 ——— 181

SECTION 03 INDEX, MATCH 함수를 사용한 값 참조 ————————— 187

INDEX, MATCH 함수 ———————————————————— 187

실습 표에서 원하는 값의 위치를 찾아 단가와 할인율 값 참조하기 ——— 188

실습 내림차순으로 정렬된 구간의 값을 찾아 원하는 값 참조하기 ——— 194

SECTION 04 VLOOKUP과 반대로 값을 찾는 XLOOKUP 함수 —————— 199

XLOOKUP 함수 —————————————————————— 199

XMATCH 함수 —————————————————————— 200

실습 단가표에서 최근 단가 참조하기 ————————————— 201

CHAPTER 07

업무에 반드시 필요한 빠른 채우기

SECTION 01 **빠른 채우기를 이용한 열 데이터 분할** ———————————— 211

빠른 채우기란? ———————————————————————————— 211

실습 빠른 채우기로 다른 셀에 입력된 데이터 일부 얻어내기 ———————— 212

실습 괄호 안에 입력된 자릿수가 불규칙한 데이터 일부 얻어내기 ———————— 215

실습 한글과 영어가 혼합된 셀에서 한글과 영어 구분하기 ————————————— 218

실습 구분 기호 없이 한글과 숫자가 붙어 있을 때 분리하기 ———————————— 219

챗GPT로 수식 얻기 한글과 숫자를 분리하는 수식 얻는 방법 ———————— 222

SECTION 02 **빠른 채우기를 이용한 열 데이터 병합** ———————————— 224

실습 여러 셀에 입력된 데이터를 구분 기호로 연결하기 ———————————— 224

챗GPT로 수식 얻기 구분 기호로 연결하는 수식 얻는 방법 ———————— 227

SECTION 03 **빠른 채우기를 이용한 데이터 수정/삭제** ———————————— 228

실습 이메일 도메인 주소 일괄 변경하기 ———————————————————— 228

실습 괄호 안에 입력된 문자열과 괄호 밖에 입력된 문자열 바꾸기 ———————— 232

챗GPT로 수식 얻기 문자열을 바꾸는 수식 얻는 방법 ——————————— 234

실습 괄호 안에 입력된 불필요한 부분 삭제하기 ———————————————— 236

SECTION 04 **빠른 채우기를 이용한 데이터 형식 변환** ———————————— 240

실습 텍스트 형식의 숫자 데이터를 올바른 숫자 데이터 형식으로 변환하기 ——— 240

챗GPT로 수식 얻기 에러를 해결하는 수식 얻는 방법 ——————————— 245

실습 잘못 입력된 날짜와 시간 데이터를 올바른 데이터 형식으로 변환하기 ——— 248

목차

SECTION 05   **빠른 채우기의 문제는 어떻게 해결할까?** —————————— 252

빠른 채우기 미리보기 목록이 표시되지 않을 때 해결 방법 ———— 252

병합된 표에서 빠른 채우기 활용하는 방법 ——————————— 253

실습 셀 병합이 된 표에서 빠른 채우기를 이용해 결과 반환받기 ——— 253

파워 쿼리를 이용한 빠른 채우기 ———————————————— 256

실습 데이터가 추가될 수 있는 상황일 땐 파워 쿼리로 작업하기 ——— 256

CHAPTER 08

데이터 리터러시를 위한 피벗 테이블

SECTION 01   **피벗 테이블이란?** ———————————————————— 265

데이터 분석에는 피벗 테이블 ——————————————————— 265

SECTION 02   **피벗 테이블 보고서를 활용하기 좋은 표** ———————— 267

테이블(Table) 구조의 표 ———————————————————— 267

파워 쿼리를 이용한 표 변환 방법 ———————————————— 268

실습 표의 문제 확인하고 파워 쿼리를 활용해 표 변환하기 ———— 268

SECTION 03   **피벗 테이블 보고서 생성 방법의 변화** ——————————— 278

엑셀 버전별 변화 ——————————————————————— 278

SECTION 04   **피벗 테이블 보고서 기본 이해** ——————————————— 280

피벗 테이블 보고서 레이아웃 이해 ——————————————— 280

피벗 테이블 보고서 영역 이해 ————————————————— 281

피벗 테이블 보고서 구성 방법 ————————————————— 282

실습 원본 표에서 피벗 테이블 기능 이용해 원하는 보고서 생성하기 ──── 282

피벗 테이블 필드 작업 창 설정 ──── 288

SECTION 05 **피벗 테이블 보고서의 머리글 구성** ──── 291

실습 피벗 테이블이 머리글을 어떻게 표시하고, 문제를 해결하는지 이해하기 ──── 291

실습 [행]과 [열] 영역 내 여러 개 필드를 삽입하는 방법과 종속 관계 이해하기 ──── 296

SECTION 06 **그룹 필드를 이용한 머리글 구성** ──── 301

실습 날짜와 숫자 필드의 그룹 필드를 이용해 피벗 테이블 보고서 구성하기 ──── 302

실습 원하는 항목끼리 묶어 새로운 분석 필드를 생성하는 작업하기 ──── 309

SECTION 07 **[값] 영역 필드를 활용한 데이터 요약/분석** ──── 313

실습 [값] 영역의 필드 집계 방법 이해하기 ──── 314

실습 계산 필드를 사용해 계산된 결과를 [값] 영역에 삽입하는 방법 이해하기 ──── 319

SECTION 08 **[값] 영역 필드에서 데이터의 비율 또는 증감률 계산하기** ──── 324

실습 [값] 영역에 집계된 데이터의 비율 표시하기 ──── 324

실습 [값 표시 형식]과 [계산 항목]을 이용해 증감률 계산하기 ──── 329

SECTION 09 **[필터] 영역과 슬라이서** ──── 337

실습 [필터] 영역의 필드를 슬라이서로 대체할 때 얻을 수 있는 이익 확인하기 ──── 337

찾아보기 ──── 342

CHAPTER

01

데이터를
알면
엑셀이
쉬워진다

이번 CHAPTER의 핵심!

- 데이터 형식 알아보기
- 표시 형식 알아보기
- 데이터 입력 사례 알아보기

엑셀은 자동차와 같은 완제품으로 동작 방식이 결정되어 있기 때문에 어떻게 조작해야 하는지 알지 못한다면 제대로 활용하기 어려울 수 있습니다. 그런데 모든 제품은 사용자가 사용하기 편리하도록 만들어지기 때문에 조작 방법 자체는 매우 심플하게 설계합니다. 그러나 초보일 때는 운전이 왜 어려울까요?

일단 운전은 혼자서 하는 게 아니기 때문에 차량을 운전하는 도로 환경을 항상 염두에 둬야 합니다. 운전은 협소하고 여러 차가 주차된 골목길보다는 비포장도로가 차라리 더 편하고, 비포장도로보다는 포장된 도로가 더 편합니다. 또한 신호 체계가 복잡한 곳보다는 차라리 고속도로가 운전하기에는 더 편할 겁니다. 물론 여기에서 도로에 차량이 얼마나 많은지도 운전을 불편하게 느끼는 데 일조하게 됩니다.

엑셀도 사실 동작 자체는 매우 간단하게 설계되어 있지만, 자동차의 도로 환경과 유사한 것이 항상 발목을 잡게 됩니다. 자동차의 도로 환경에 해당하는 것이 엑셀에서는 바로 데이터입니다. 대부분 자격증이 있어도 실무에서 엑셀을 잘 못하게 되는 원인이 데이터입니다. 현업에서는 매우 복잡한 형태로 데이터가 관리되고 있고, 엑셀을 활용하기에는 적합하지 않은 경우가 많습니다. 그러다 보니 엑셀이 어렵고 불편한 것이라는 착각을 하게 되는 겁니다.

저는 한 사람의 운전자로서 도로의 문제를 스스로 개선할 수 없어 차가 막히지 않는 시간대의 고속도로를 이용하려 하지만, 그렇지 않을 때는 그러려니 하면서 운전을 할 수밖에 없다고 생각합니다. 하지만 엑셀은 다릅니다. 제가 다루는 데이터의 문제는 해결할 수 있기 때문에 좀 더 편하게 엑셀을 활용하기 위해 데이터의 문제를 해결해놓고 쉽게 쉽게 엑셀을 사용하고 있습니다. 여러분도 내가 갖고 있는 데이터의 문제가 무엇인지 알고, 이를 해결할 수 있는 방법을 익힐 수 있다면 엑셀은 결코 어렵지 않습니다.

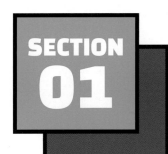

데이터와 데이터 형식, 그리고 표시 형식

데이터는 사용자가 엑셀을 포함한 여러 전산 프로그램에 기록하는 값을 의미하며, 사람은 데이터를 표라는 단위로 묶어 관리합니다. 그렇다면 데이터를 이해하기 위해서는 엑셀이 기록된 데이터를 어떻게 관리하는지 먼저 이해할 필요가 있습니다.

엑셀은 사칙연산이 가능한 프로그램입니다. 그렇다면 엑셀은 어떻게 계산을 할 수 있는 걸까요? 엑셀에서 데이터를 계산할 수 있는지 여부로 구분해 관리하고 있기 때문입니다. 이렇게 구분한 것을 **데이터 형식**으로 설명하며, 이렇게 저장된 데이터를 어떻게 표시할지 결정하는 것이 **표시 형식**입니다.

데이터 형식

엑셀에서 구분하는 데이터를 간단한 다이어그램으로 설명하면 다음과 같습니다.

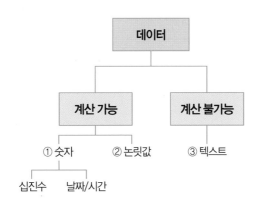

데이터 형식	설명	셀 표시 위치
① 숫자	0~9 사이의 문자로 구성된 사칙연산이 가능한 데이터입니다. 십진수는 $, ₩, % 등의 문자를 추가로 사용할 수 있습니다. 날짜는 연월일을 하이픈(–)이나 슬래시(/)로, 시간은 시분초를 콜론(:)으로 구분해 입력해야 합니다.	오른쪽
② 논릿값	TRUE, FALSE 값으로, 컴퓨터가 인식할 수 있는 숫자인 이진수와 대응합니다. 사칙연산에서 TRUE는 1, FALSE는 0으로 취급됩니다.	가운데
③ 텍스트	사칙연산이 필요하지 않은 모든 문자로 구성된 데이터입니다.	왼쪽

즉, 엑셀이 구분하는 데이터 형식은 셀의 어느 위치에 표시되는지 여부로 파악할 수 있습니다. 아래는 데이터의 위치에 따른 데이터 형식을 정리한 것입니다.

	숫자 위치 : 오른쪽
논릿값 위치 : 가운데	
텍스트 위치 : 왼쪽	

간단한 사례로 확인해보기 위해 KOSIS(국가통계포털, kosis.kr)에서 다운로드한 국내 설비 투자 데이터를 확인해보겠습니다. 파일을 열면 다음과 같은 데이터를 확인할 수 있습니다.

	A	B	C	D	E	F	G	H	I	J
1					2023.02		2023.03 p)		2023.04 p)	
2	부문별(2015=100)(1)	부문별(2015=100)(2)	부문별(2015=100)(3)	부문별(2015=100)(4)	원지수 (2015=100)	계절조정지수 (2015=100)	원지수 (2015=100)	계절조정지수 (2015=100)	원지수 (2015=100)	계절조정지수 (2015=100)
3	총지수	소계	소계	소계	110.8	121.4	127.6	118.5	124.5	119.6
4		기계류	소계	소계	110.6	120.8	132.2	120.8	126.0	120.1
5			일반기계류	소계	115.6	127.2	147.3	132.5	144.6	134.1
6				일반산업용기계	101.4	113.1	116.4	112.4	112.5	108.1
7				특수산업용기계	123.6	135.2	164.9	144.0	162.9	148.9
8			전기 및 전자기기	소계	96.1	104.7	101.2	96.5	89.7	90.8
9				전기기기 및 장치	90.4	103.2	103.5	102.6	97.6	99.8
10				가정용 전기기기	105.9	125.1	119.5	132.6	104.1	115.8
11				영상, 음향 및 통신기기	78.2	91.3	75.5	71.1	62.9	62.3
12				컴퓨터사무용기계	143.2	131.8	145.8	129.1	125.4	125.8
13			정밀기기	소계	139.2	150.0	160.5	147.1	146.7	144.5
14				정밀기기	139.2	150.0	160.5	147.1	146.7	144.5
15			기타기기	소계	85.4	90.4	89.7	83.2	85.5	84.2
16				금속 및 금속제품	78.4	84.3	82.2	75.6	78.7	76.9
17				기타제품	102.3	105.0	107.8	101.4	102.0	101.8
18		운송장비	소계	소계	111.2	123.2	114.6	111.8	120.0	118.4
19			자동차	소계	101.2	109.7	118.5	109.9	116.6	113.8
20				자동차	101.2	109.7	118.5	109.9	116.6	113.8
21			기타운송장비	소계	129.4	147.8	107.6	115.1	126.2	126.7
22				기타운송장비	129.4	147.8	107.6	115.1	126.2	126.7
23										

텍스트 데이터   숫자 데이터

위 표에서 [E3:J22] 셀의 데이터만 숫자이고, 나머지는 모두 텍스트 데이터입니다.

TIP [E1:J1] 범위의 '연도'와 '월'도 텍스트 데이터입니다.

그런데 한 가지 주의할 점이 있습니다. 엑셀은 데이터를 사용자가 원하는 위치에 표시할 수 있도록 해주는 셀 맞춤 기능을 제공합니다. 다음은 리본 메뉴의 [홈] 탭-[맞춤] 그룹에서 제공하는 셀 맞춤 기능의 명령 위치입니다.

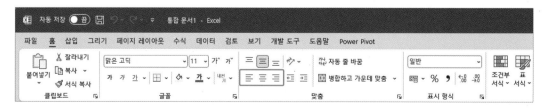

이 기능을 사용하면 엑셀에서 인식된 데이터 형식과 무관하게 셀에 표시되는 위치가 변경될 수 있습니다. 다음은 앞서 살펴본 파일의 숫자 데이터 범위인 [E3:J22] 범위를 지정하고 셀 맞춤을 [왼쪽 맞춤▤]으로 변경해놓은 화면입니다.

▲	A	B	C	D	E	F	G	H	I	J
1					2023.02		2023.03 p)		2023.04 p)	
2	부문별(2015=100)(1)	부문별(2015=100)(2)	부문별(2015=100)(3)	부문별(2015=100)(4)	원지수 (2015=100)	계절조정지수 (2015=100)	원지수 (2015=100)	계절조정지수 (2015=100)	원지수 (2015=100)	계절조정지수 (2015=100)
3	총지수	소계	소계	소계	110.8	121.4	127.6	118.5	124.5	119.6
4		기계류	소계	소계	110.6	120.8	132.2	120.8	126.0	120.1
5			일반기계류	소계	115.6	127.2	147.3	132.5	144.6	134.1
6				일반산업용기계	101.4	113.1	116.4	112.4	112.5	108.1
7				특수산업용기계	123.6	135.2	164.9	144.0	162.9	148.9
8			전기 및 전자기기	소계	96.1	104.7	101.2	96.5	89.7	90.8
9				전기기기 및 장치	90.4	103.2	103.5	102.6	97.6	99.8
10				가정용 전기기기	105.9	125.1	119.5	132.6	104.1	115.8
11				영상, 음향 및 통신기기	78.2	91.3	75.5	71.1	62.9	62.3
12				컴퓨터사무용기계	143.2	131.8	145.8	129.1	125.4	125.8
13			정밀기기	소계	139.2	150.0	160.5	147.1	146.7	144.5
14				정밀기기	139.2	150.0	160.5	147.1	146.7	144.5
15			기타기기	소계	85.4	90.4	89.7	83.2	85.5	84.2
16				금속 및 금속제품	78.4	84.3	82.2	75.6	78.7	76.9
17				기타제품	102.3	105.0	107.8	101.4	102.0	101.8
18		운송장비	소계	소계	111.2	123.2	114.6	111.8	120.0	118.4
19			자동차	소계	101.2	109.7	118.5	109.9	116.6	113.8
20				자동차	101.2	109.7	118.5	109.9	116.6	113.8
21			기타운송장비	소계	129.4	147.8	107.6	115.1	126.2	126.7
22				기타운송장비	129.4	147.8	107.6	115.1	126.2	126.7
23										

이렇게 셀 맞춤을 변경했다고 해서 숫자 데이터가 텍스트 데이터가 되는 것은 아닙니다. 그러므로 데이터 형식을 눈으로 확인하려면 셀 맞춤 기능을 해제하고 데이터가 표시되는 위치를 확인할 필요가 있습니다.

표시 형식

표시 형식은 셀에 저장된 데이터를 다른 모양으로 볼 수 있도록 만들어주는 기능으로 리본 메뉴의 [홈] 탭-[표시 형식] 그룹에서 확인할 수 있습니다.

표시 형식을 변경하면 셀에 저장된 데이터가 다른 방식으로 표시되므로, 셀에 저장된 데이터를 보기 좋게 표현해주기도 하지만 실제 셀에 저장된 데이터를 확인하기 어렵게 만든다는 단점도 있습니다.

눈으로 데이터를 판단하면 안 되는 이유 확인하기

예제 파일 CHAPTER 01 \ 데이터 형식, 표시 형식.xlsx

예제 파일을 열면 다음과 같은 데이터를 확인할 수 있습니다. 데이터가 모두 셀 가운데 위치해, 눈으로 확인하면 [B3:B8] 범위와 [B9:B14] 범위의 데이터가 동일해 보입니다. [B3:B14] 범위 내 데이터를 제대로 이해하려면 다음과 같은 순서로 작업합니다.

	A	B	C
1			
2		**데이터**	
3		오억	
4		4천만	
5		2023-03-15	
6		3월 15일	
7		2023.03.15	
8		오전 8:24:00	
9		오억	
10		4천만	
11		2023-03-15	
12		3월 15일	
13		2023.03.15	
14		오전 8:24:00	

01 [B3:B14] 범위를 지정하고 리본 메뉴의 [홈] 탭-[맞춤] 그룹-[가운데 맞춤 ≡]을 클릭해 해제합니다.

02 리본 메뉴의 [홈] 탭-[표시 형식] 그룹-[표시 형식]을 [일반]으로 변경합니다.

	A	B	C
1			
2		**데이터**	
3		500000000	
4		4000	
5		45000	숫자 데이터
6		45000	
7		45000	
8		0.35	
9		오억	
10		4천만	
11		2023-03-15	텍스트 데이터
12		3월 15일	
13		2023.03.15	
14		오전 8:24:00	

[표시 형식]을 [일반]으로 변경하면 셀에 저장된 데이터를 저장된 그대로 확인할 수 있습니다. 그러면 [B3:B8] 범위의 데이터는 모두 숫자 데이터이고, [B9:B14] 범위의 데이터는 모두 텍스트 데이터인 것을 확인할 수 있습니다.

이렇게 표시 형식에 의해 셀에 저장된 데이터는 얼마든지 다르게 보여질 수 있습니다. 그렇기 때문에 눈으로 데이터를 판단하는 것은 좋은 습관이 아닙니다.

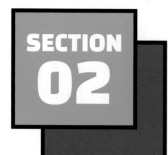

날짜와 시간 데이터는 왜 숫자일까?

이전 예제 파일에서 **2023년 3월 15일** 날짜의 [표시 형식]을 [일반]으로 변경하면 **45000**이라는 숫자로 저장된 것을 확인할 수 있습니다. 사실 날짜와 시간 데이터는 사람이 생각하는 것과 엑셀이 관리하는 방식에 차이가 있습니다.

 업무가 빨라지는 엑셀 단축키

- 셀에 오늘 날짜를 입력하는 단축키는 $\boxed{\text{Ctrl}}$ + $\boxed{;}$ 입니다.
- 셀에 현재 시간을 입력하는 단축키는 $\boxed{\text{Ctrl}}$ + $\boxed{\text{Shift}}$ + $\boxed{:}$ 입니다.

날짜 데이터

엑셀에서 날짜는 연, 월, 일에 해당하는 숫자를 하이픈(-)이나 슬래시(/)로 구분해 입력한 데이터입니다.

2024-09-13 또는 2024/09/13

날짜는 복잡한 계산 방식을 통해 날짜인지 여부를 판정해야 하므로 엑셀은 초창기부터 모든 날짜 데이터를 계산해 숫자와 1:1로 매칭하는 방식으로 관리합니다. 이렇게 날짜 데이터와 매칭되는 숫자를 날짜 일련번호라고 합니다. 엑셀에서 미리 계산해놓은 날짜 데이터는 **1900년 1월 1일**부터 **9999년 12월 31일**까지의 날짜로, 시작일인 **1900년 1월 1일**이 1로 매칭이 되며, 하루가 지날 때마다 1씩 증가하는 방식으로 날짜 데이터를 관리합니다.

그러므로 45,000은 숫자로 치면 4만 5천 원이 될 수 있지만, 날짜로 표시하면 1900년 1월 1일로부터 45,000번째 날인 2023년 3월 15일이 되는 겁니다.

날짜 데이터는 셀에는 날짜 일련번호가 저장되며, 화면에는 yyyy-mm-dd 형식으로 표시되는 것이 가장 일반적인 형태입니다.

시간 데이터

시간 데이터는 시, 분, 초에 해당하는 숫자를 콜론(:)으로 연결한 데이터입니다.

9:00 또는 9:00 PM

엑셀에서는 시간 역시 숫자로 관리합니다. 엑셀은 하루를 의미하는 숫자 1을 24(시간)로 나눈 값을 한 시간으로 처리합니다. 그렇기 때문에 다음과 같은 계산식의 결과는 오후 12시가 됩니다.

=12/24

> **TIP** 위와 같은 계산식을 입력하고 셀의 [표시 형식]을 [시간]으로 변경하면 시간으로 표시됩니다.

시간은 0이 오전 12시이고, =23/24가 오후 11시가 됩니다. 그러므로 시간에 해당하는 숫자는 항상 0과 1 사이의 소수가 되며 [표시 형식]에 의해 시간으로 표현됩니다.

숫자/날짜/시간 데이터 입력 사례

엑셀은 정확하게 데이터를 입력해야 해당 데이터를 가지고 원하는 계산 작업을 하는데 문제가 발생하지 않습니다. 이어지는 내용은 데이터 형식별로 데이터 입력 사례를 정리해놓은 것입니다.

아래 표는 숫자 데이터 입력 예입니다.

올바른 숫자 입력 예	잘못된 숫자 입력 예
1,000,000 숫자는 세 자리씩 구분하는 방법으로 입력합니다. 100,0000과 같이 입력해도 자동으로 세 자리씩 숫자를 구분합니다.	100만 원 '만 원' 단위를 입력하면 안 됩니다.
₩1,000 통화 기호는 ₩, $, € 등을 인식합니다.	¥1,000 ¥ 통화 기호는 인식하지 못합니다.
50% 백분율 값은 직접 뒤에 % 기호를 붙이거나 0.5와 같이 입력하고 [백분율 스타일%]을 클릭해 적용합니다.	50프로 숫자 뒤에 % 기호 말고 한글/영어 등의 문자를 사용하면 안 됩니다.
0 1/2 분수를 입력하려면 앞에 0을 입력하고 한 칸 띄어쓰기 후 입력합니다.	1/2 슬래시(/)는 날짜 구분 기호이므로, 이렇게 입력하면 날짜 데이터가 입력됩니다.

실제 엑셀 파일에 위 표의 데이터를 입력하면 다음과 같은 결과를 얻을 수 있습니다.

올바른 입력	잘못된 입력
1,000,000	100만원
₩1,000	¥ 1,000
50%	50프로
1/2	01월 02일

엑셀마스터의 핵심 동영상 강의

잘못된 숫자 데이터 형식을 올바른 형식으로 변경하는 방법

저자의 유튜브 채널에서 잘못 관리된 숫자 데이터를 올바른 데이터 형식으로 변환하는 방법을 영상 강의로 확인할 수 있습니다.

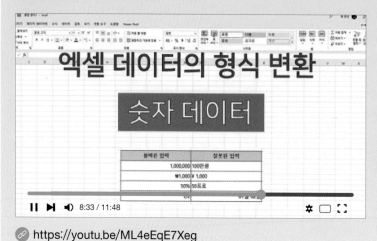

https://youtu.be/ML4eEqE7Xeg

아래 표는 날짜 데이터 입력 예입니다.

올바른 날짜 입력 예	잘못된 날짜 입력 예
2024-01-01	2024.01.01 날짜 구분 기호로 마침표(.)를 사용할 수 없습니다.
2024/01/01	01/01/2024 일/월/연 형식으로는 입력할 수 없습니다.
01-01 연도를 생략하면 올해 연도 날짜로 입력되며, mm월dd일 형식으로 표시됩니다.	0101 구분 기호 없이 입력하면 날짜가 아니라 숫자입니다.
	240101 구분 기호 없이 입력하면 날짜가 아니라 숫자입니다.

실제 엑셀 파일에 위 표의 데이터를 입력하면 다음과 같은 결과를 얻을 수 있습니다.

올바른 입력	잘못된 입력
2024-01-01	2024.01.01
2024-01-01	01/01/2024
01월 01일	101
	240101

아래 표는 시간 데이터 입력 예입니다.

올바른 시간 입력 예	잘못된 시간 입력 예
9:00	9시 시간은 반드시 콜론(:)을 사용해 입력합니다.
9:00 PM 12시간제로 시간을 입력하려면 시간 뒤에 AM/PM을 입력합니다.	오후 9:00 오전/오후는 인식하지 못합니다.
	9.30 숫자에서 마침표(.)는 시간을 표시하지 못합니다. 이렇게 입력하면 숫자 데이터가 입력됩니다.

실제 엑셀 파일에 위 표의 데이터를 입력하면 다음과 같은 결과를 얻을 수 있습니다.

올바른 입력	잘못된 입력
9:00	9시
9:00 PM	오후 9:00
	9.3

엑셀마스터의 핵심 동영상 강의

잘못된 날짜/시간 데이터 형식을 올바른 형식으로 변경하는 방법

저자의 유튜브 채널에서 잘못 관리된 날짜, 시간 데이터를 올바른 데이터 형식으로 변환하는 방법을 영상 강의로 확인할 수 있습니다.

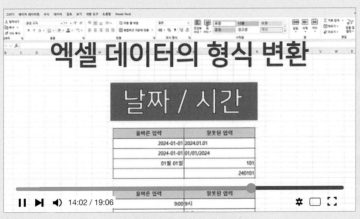

https://youtu.be/inKVxXag5TI

CHAPTER
02

표를 이용한
데이터
관리 방법

이번 **CHAPTER**의 핵심!

- **표의 종류 알아보기**
- **엑셀 표로 데이터 관리하기**
- **구조적 참조 알아보기**

모든 데이터는 표 단위로 관리됩니다. 운전을 하다 보면, 도로도 역할에 따라 일반 도로와 고속화도로, 고속도로로 나누어지듯 표도 역할에 맞게 나누어져 있습니다.

전산상에서 표는 데이터를 기록할 때 만드는 표(테이블·Table)와 요약할 때 만드는 표(크로스-탭·Cross-Tab), 그리고 보고할 때 만드는 표(템플릿·Template)로 구분됩니다. 이렇게 표를 구분하는 것은 전산 개발자들이 서로 데이터를 주고받고 효율적으로 프로그램을 개발하기 위해 약속된 규칙입니다.

엑셀과 같은 프로그램을 개발하고 있는 개발자는 신이 아니므로, 사용자가 어떤 표로 데이터를 관리하는지 알지 못합니다. 그러므로 약속된 표 형태로 데이터가 관리되고 있다는 전제로 프로그램의 기능이나 함수 등을 개발해놓았습니다.

만약 엑셀이 어렵고 업무에 활용하기 불편하다면, 사용자가 약속된 구조의 표를 사용하고 있지 않을 가능성이 높습니다. 물론 잘못된 표 형태로 데이터를 관리할 때의 문제도 해결할 수 있게 다양한 함수나 파워 쿼리, 매크로 등의 기능을 제공해주고 있지만, 이런 기능들은 진입장벽이 높습니다.

그렇기 때문에 좀 더 쉽게 엑셀을 활용해나가기 위해서는 표를 어떻게 활용해야 할지 먼저 학습할 필요가 있습니다. 이번 CHAPTER를 통해 어떻게 해야 엑셀을 쉽게 활용할 수 있는지 그 방법을 이해해나갈 수 있길 바랍니다.

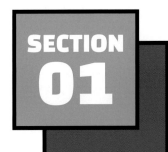

SECTION 01

전산이 구분하는 표의 종류

전산상 표는 테이블(Table), 크로스-탭(Cross-Tap), 템플릿(Template) 세 가지 종류로 구분할 수 있습니다.

테이블(Table)

데이터를 기록할 때 사용하는 표로 다음과 같은 구조를 갖습니다.

				❶
				❷

❶ 테이블 표의 첫 번째 행은 각 열의 제목이 입력됩니다. 제목은 **머리글**이라고 하며, 열의 제목이므로 **열 머리글**이라고 합니다.

❷ 두 번째 행부터 실제 데이터가 입력됩니다.

이 표에서 새로 입력할 데이터는 반드시 세로(↓) 방향으로 입력해야 합니다. 이 표에서 세로 방향 데이터 범위를 필드(Field)라고 하며, 가로 방향 데이터 범위를 레코드(Record)라고 합니다. 엑셀에서 이런 구조의 표는 다음 화면에서 확인할 수 있습니다.

지점	주문일	분류	상품	단가	수량	할인율	판매
고잔점	2024-01-02	복사기	컬러레이저복사기 XI-3200	1,176,000	3	15%	2,998,800
가양점	2024-01-02	바코드스캐너	바코드 Z-350	48,300	3	0%	144,900
성수점	2024-01-02	팩스	잉크젯팩시밀리 FX-1050	47,400	3	0%	142,200
고잔점	2024-01-03	복사용지	프리미엄복사지A4 2500매	17,800	9	0%	160,200
용산점	2024-01-03	바코드스캐너	바코드 BCD-100 Plus	86,500	7	0%	605,500
서수원점	2024-01-06	복사용지	고급복사지A4 500매	3,500	2	0%	7,000
수서점	2024-01-06	바코드스캐너	바코드 Z-350	46,300	7	0%	324,100
화정점	2024-01-09	제본기	링제본기 ST-100	127,800	4	0%	511,200
용산점	2024-01-09	출퇴근기록기	RF OA-300	46,800	6	0%	280,800
성수점	2024-01-09	문서세단기	오피스 Z-01	39,900	2	0%	79,800
용산점	2024-01-10	복사기	흑백레이저복사기 TLE-5000	597,900	3	5%	1,704,015
성수점	2024-01-10	복합기	잉크젯복합기 AP-3200	84,800	6	0%	508,800
청계천점	2024-01-10	복합기	잉크젯복합기 AP-3200	84,800	10	0%	848,000
용산점	2024-01-13	복사용지	프리미엄복사지A4 2500매	16,800	5	0%	84,000
신도림점	2024-01-13	복사용지	복사지A4 1000매	5,600	1	0%	5,600

엑셀에서는 이런 표를 '엑셀 표'로 변환해 사용하는 것을 권하며, 엑셀 표로 변환하면 참조, 계산 작업에서 높은 생산성을 얻을 수 있습니다.

LINK 엑셀 표 사용 방법은 이 책의 38페이지를 참고합니다.

크로스-탭(Cross-Tab)

테이블에 기록된 데이터를 요약(집계)할 때 사용하는 표로 다음과 같은 구조를 갖습니다.

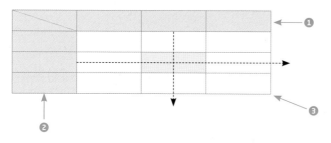

❶ 첫 번째 행은 열 머리글이 입력됩니다.

❷ 첫 번째 열은 행 머리글이 입력됩니다.

❸ 행 머리글과 열 머리글이 교차(Cross)하는 위치에 두 머리글을 조건으로 요약된 숫자 데이터가 구성됩니다.

엑셀에서 자주 생성하는 크로스-탭 표는 다음 화면에서 확인할 수 있습니다.

지점	23Q1	23Q2	23Q3	23Q4	24Q1	24Q2	24Q3	24Q4
서울	108,000	139,700	135,900	138,000	141,400	146,900	138,400	125,900
가양점	15,600	25,800	26,300	23,400	21,700	17,000	16,700	15,200
성수점	16,000	24,800	30,000	25,100	16,100	22,900	18,700	29,200
수서점	13,600	19,000	21,700	19,800	17,200	24,600	16,100	23,900
신도림점	14,900	23,700	11,000	22,300	30,000	14,100	29,200	13,400
용산점	13,600	23,800	11,300	14,200	19,100	23,100	24,200	12,700
자양점	16,900	11,400	15,900	19,500	14,200	25,700	20,600	12,800
청계천점	17,400	11,200	19,700	13,700	23,100	19,500	12,900	18,700
경기	108,500	95,600	93,700	109,000	119,800	81,300	90,300	101,800
고잔점	19,400	21,700	17,800	27,700	27,600	25,900	10,900	11,300
동백점	23,000	20,600	13,400	28,500	17,400	10,700	11,700	26,600
서수원점	18,900	23,900	28,600	13,600	19,900	11,500	11,600	14,200
죽전점	17,300	19,300	21,500	16,000	25,500	21,200	28,300	21,900
화정점	29,900	10,100	12,400	23,200	29,400	12,000	27,800	27,800
합계	216,500	235,300	229,600	247,000	261,200	228,200	228,700	227,700

엑셀에서는 이런 표를 만들기 위해 피벗 테이블 보고서 기능을 지원합니다. 물론 표를 직접 구성하고 함수를 사용해 결과를 얻을 수도 있지만, 피벗 테이블 보고서를 사용하는 것이 생산성 측면이나 효율성 측면에서 더 효율적입니다.

LINK 피벗 테이블 보고서를 활용하는 방법은 CHAPTER 08의 내용을 참고합니다.

템플릿(Template)

테이블에 기록된 데이터나 크로스-탭에 요약된 데이터를 보고할 때 사용하는 표로 특정 구조가 존재하지 않으며, 보고 받는 의사결정권자가 보기 좋아하는 형태면 어떤 것도 가능합니다. 여러 형태가 있을 수 있는데, 엑셀에서 자주 보게 되는 템플릿 형태는 다음 화면에서 확인할 수 있습니다.

생 산 일 보

시간대		제품 A				제품 B				비고
		계획	실적	불량	불량률	계획	실적	불량	불량률	
8:00	9:00	50	44	4 ⬆	9.1%	75	80	- ⬇	0.0%	
9:00	10:00	50	45	1 ⬇	2.2%	75	76	1 ⬇	1.3%	
10:00	11:00	50	46	4 ⬆	8.7%	75	66	- ⬇	0.0%	
11:00	12:00	50	45	4 ⬆	8.9%	75	65	- ⬇	0.0%	
12:00	13:00	50	42	1 ⬇	2.4%	75	77	3 ⬆	3.9%	
13:00	14:00	50	56	- ⬇	0.0%	75	70	4 ⬆	5.7%	
14:00	15:00	50	58	3 ➡	5.2%	75	66	2 ➡	3.0%	
15:00	16:00	50	53	- ⬇	0.0%	75	72	- ⬇	0.0%	
16:00	17:00	50	41	1 ⬇	2.4%	75	70	3 ⬆	4.3%	
17:00	18:00	50	46	2 ➡	4.3%	75	72	4 ⬆	5.6%	
18:00	19:00	50	53	4 ⬆	7.5%	75	70	2 ➡	2.9%	
19:00	20:00	50	52	5 ⬆	9.6%	75	68	- ⬇	0.0%	
20:00	21:00	50	49	5 ⬆	10.2%	75	68	- ⬇	0.0%	
21:00	22:00	50	42	1 ⬇	2.4%	75	65	2 ➡	3.1%	
22:00	23:00	50	52	5 ⬆	9.6%	75	69	3 ⬆	4.3%	
23:00	0:00	50	56	4 ⬆	7.1%	75	72	1 ⬇	1.4%	

■제품A ■제품B

TIP 엑셀에서 템플릿 표를 만들 때 표를 깔끔하게 표시하기 위해 병합을 자주 사용하게 됩니다.

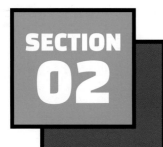

SECTION 02

엑셀 표를 활용한 데이터 관리

엑셀에는 테이블 표 데이터를 쉽게 관리할 수 있도록 해주는 엑셀 표 기능이 엑셀 2007 버전부터 제공됩니다. 사용하는 표를 엑셀 표로 변환하면 표의 데이터 관리를 엑셀이 하게 되며, 범위 참조도 기존의 A1 주소 참조 방식을 사용하지 않고, 머리글을 이용한 참조(구조적 참조) 방식으로 변경됩니다.

엑셀 표 변환

데이터 관리는 모든 전산 업무의 핵심이 되며, 엑셀에서 관리하는 표 중 데이터가 기록된 테이블 표는 항상 엑셀 표로 변환해 사용하는 것이 좋습니다.

⌨ 업무가 빨라지는 엑셀 단축키

• 엑셀 표를 변환할 때 사용하는 [표] 명령 단축키는 Ctrl + T 입니다.

테이블 형태의 표를 엑셀 표로 변환하기

예제 파일 CHAPTER 02 \ 엑셀 표.xlsx

예제 파일의 표는 테이블 형태의 표로, 데이터가 추가될 가능성이 있으므로 엑셀 표로 변환합니다.

	A	B	C	D	E	F	G	H
1								
2	❶	거래일	고객	제품	수량	단가	판매	
3	❷	06월 01일	김**	컬러레이저복사기 XI-3200	3	1,176,000	3,528,000	
4		06월 02일	윤**	프리미엄복사지A4 2500매	9	17,800	160,200	
5		06월 03일	이**	링제본기 ST-100	4	127,800	511,200	
6		06월 04일	김**	잉크젯복합기 AP-3300	1	79,800	79,800	
7		06월 05일	최**	잉크젯복합기 AP-3200	2	79,500	159,000	
8		06월 06일	윤**	링제본기 ST-100	4	127,800	511,200	
9		06월 07일	김**	흑백레이저복사기 TLE-5000	3	597,900	1,793,700	
10		06월 08일	최**	프리미엄복사지A4 2500매	5	16,800	84,000	

❶ 첫 번째 행에 각 열의 제목이 입력되어 있습니다.

❷ 두 번째 행부터 실제 데이터가 입력되어 있습니다.

01 엑셀 표로 등록하기 위해 표 내부의 셀 중 하나를 선택합니다. 책에서는 [B3] 셀을 선택했습니다.

02 리본 메뉴의 [삽입] 탭–[표] 그룹–[표▦]를 클릭합니다.

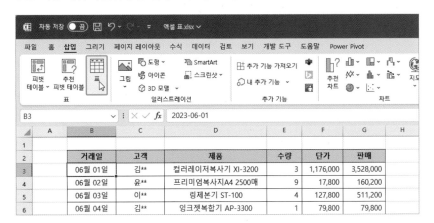

03 [표 만들기] 대화상자가 나타나면 [머리글 포함]에 체크된 것을 확인하고 [확인]을 클릭합니다.

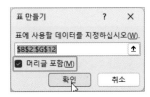

엑셀마스터가 짚어주는 핵심 NOTE

[표 만들기] 대화상자의 설정

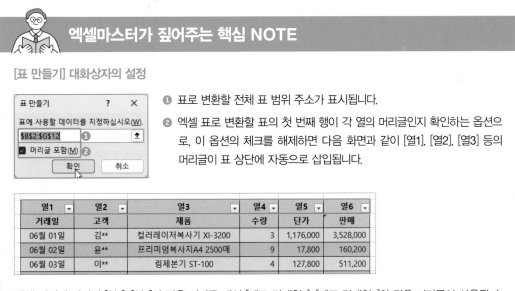

❶ 표로 변환할 전체 표 범위 주소가 표시됩니다.

❷ 엑셀 표로 변환할 표의 첫 번째 행이 각 열의 머리글인지 확인하는 옵션으로, 이 옵션의 체크를 해제하면 다음 화면과 같이 [열1], [열2], [열3] 등의 머리글이 표 상단에 자동으로 삽입됩니다.

열1	열2	열3	열4	열5	열6
거래일	고객	제품	수량	단가	판매
06월 01일	김**	컬러레이저복사기 XI-3200	3	1,176,000	3,528,000
06월 02일	윤**	프리미엄복사지A4 2500매	9	17,800	160,200
06월 03일	이**	링제본기 ST-100	4	127,800	511,200

엑셀 버전에 따라서 [열1], [열2]와 같은 머리글 대신 [세로 막대형1], [세로 막대형2]와 같은 머리글이 사용될 수 있습니다.

04 표가 엑셀 표로 변환됩니다.

엑셀 표로 변환된 표는 위의 화면과 같은 사항이 적용됩니다.

❶ 표 스타일이 적용됩니다. 표 스타일이 마음에 들지 않으면 리본 메뉴의 [테이블 디자인] 탭–[표 스타일] 그룹에서 변경할 수 있습니다. 만약 표 스타일을 사용하지 않으려면 리본 메뉴의 [테이블 디자인] 탭–[표 스타일] 그룹–[표 스타일]에서 [없음] 스타일을 선택합니다.

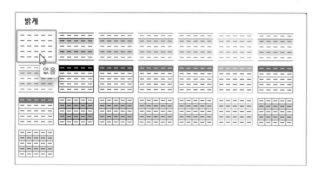

❷ 표에 자동 필터가 적용됩니다.

❸ 표 범위 내 셀을 선택하면 엑셀 표에서만 사용할 수 있는 [테이블 디자인] 탭이 리본 메뉴에 표시됩니다. 이렇게 특정 기능에서만 사용할 수 있는 리본 메뉴 탭을 확장 탭이라고 합니다.

VER. 엑셀 2019 버전까지는 [테이블 디자인] 탭 대신 [디자인] 탭이 리본 메뉴에 표시됩니다.

엑셀 표를 사용할 때 알아야 할 내용

엑셀 표를 업무에 활용하기 위해서는 다음과 같은 사항을 이해하고 있어야 합니다.

첫째, 엑셀 표 머리글은 반드시 표의 첫 번째 행 범위에 존재해야 합니다. 만약 여러 행에 머리글이 입력된 경우에는 엑셀 표로 등록하기 전에 머리글 행을 하나로 정리해야 합니다.

둘째, 엑셀 표 머리글은 동일한 이름을 사용할 수 없습니다. 엑셀 표로 등록하기 전 표에 동일한 이름을 사용하고 있거나, 나중에 추가하는 열 머리글이 기존 머리글과 동일하면 머리글 이름 뒤에 2, 3, 4, …와 같은 번호가 붙게 됩니다.

셋째, 병합을 사용한 표는 엑셀 표로 등록하면 병합이 모두 해제됩니다. 테이블에서는 병합을 사용할 수 없으므로, 병합이 된 셀이 존재하면 자동으로 병합이 해제됩니다. 참고로 병합이 된 데이터 범위를 엑셀 표 하단에 복사, 붙여넣기 하면 표 데이터로 인식되지 못합니다. 그렇기 때문에 엑셀 표에 데이터를 추가하는 방법으로 복사, 붙여넣기를 활용하려는 경우 반드시 병합을 먼저 해제하고 복사, 붙여넣기 작업을 진행해야 합니다.

엑셀 표의 자동 범위 확장

엑셀 표는 표 하단과 우측 열에 추가된 데이터를 자동 인식해 표 범위를 자동 확장합니다. 이렇게 확장된 범위는 해당 범위를 참조하고 있는 피벗 테이블, 차트, 수식 등에서 자동으로 인식되므로 엑셀 표를 사용하면 업무를 자동화하는 데 효과적입니다.

엑셀 표의 자동 범위 확장 확인하기

예제 파일 CHAPTER 02 \ 엑셀 표-확장.xlsx

01 예제 파일을 열면 다음 화면과 같은 표를 확인할 수 있습니다.

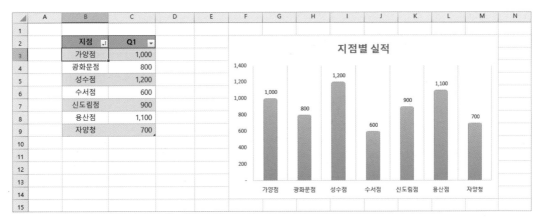

02 [B10:C10] 범위에 각각 **청라점**, **1,000**을 입력합니다. 표 범위가 자동으로 확장되는 것을 확인합니다.

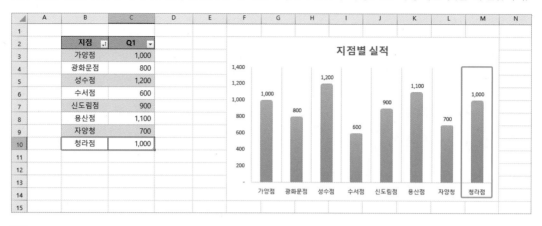

TIP 표 하단에 새로 입력한 데이터가 차트에 자동으로 표시됩니다.

03 [D2:D10] 범위에 Q2 데이터를 임의로 입력해봅니다. 표 우측에 새로 입력한 데이터 역시 차트에 자동 표시됩니다.

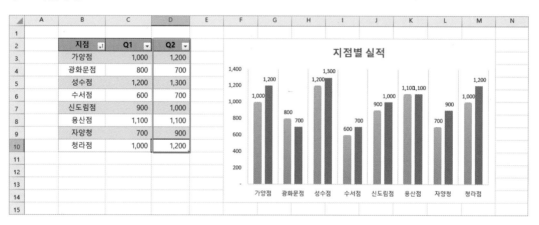

TIP A열(엑셀 표 왼쪽)이나 1행(엑셀 표 상단)에 추가된 데이터는 엑셀 표 범위로 자동 인식되지 않으므로 차트에도 표시되지 않습니다.

엑셀 표를 사용하는데 자동 확장이 되지 않는다면?

만약 엑셀 표로 변환했는데, 표 하단이나 우측 열에 데이터를 추가해도 표 범위가 자동 확장되지 않는다면 다음 과정을 참고해 해결합니다.

01 리본 메뉴의 [파일] 탭-[옵션]을 클릭합니다.

02 [Excel 옵션] 대화상자가 나타나면 [언어 교정]의 [자동 고침 옵션]을 클릭합니다.

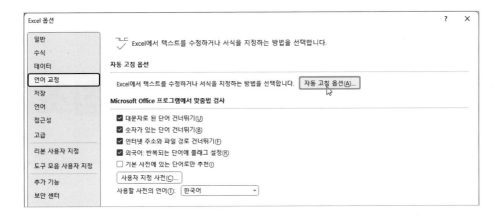

03 [자동 고침] 대화상자에서 [입력할 때 자동 서식] 탭을 선택합니다.

04 [표에 새 행 및 열 포함]에 체크 표시한 후 [확인]을 클릭합니다.

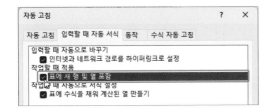

05 [Excel 옵션] 대화상자도 [확인]을 클릭해 닫습니다.

06 엑셀 표에 데이터를 입력해 표 범위가 자동으로 확장되는지 확인합니다.

엑셀 표 해제하기

엑셀 표 등록을 해제하고 싶다면 다음 과정을 참고합니다.

01 표로 등록된 범위 내 셀을 하나 선택합니다.

02 리본 메뉴의 [테이블 디자인] 탭—[도구] 그룹—[범위로 변환🔲]을 클릭합니다.

03 메시지 창이 나타나면 [예]를 클릭합니다.

TIP 표를 정상 범위로 변경해도 표 스타일은 함께 제거되지 않으므로 수동으로 변경해야 합니다.

SECTION 03

엑셀 표의 구조적 참조

구조적 참조

엑셀 표로 변환된 표 내부의 셀 또는 범위를 참조할 때 [A1]과 같은 셀 주소 대신 표 이름과 열 머리글을 사용해 참조하는 방법을 구조적 참조라고 합니다. 구조적 참조는 같은 표에서 사용할 때와 다른 표에서 사용할 때 구문이 약간 다릅니다.

다음은 대표적인 구조적 참조 구문의 사례를 보여줍니다.

구문	설명
[열 머리글]	해당 열 머리글을 사용하는 데이터 범위를 참조합니다.
[@열 머리글]	해당 열 머리글을 사용하는 데이터 범위에서 같은 행에 있는 셀 하나를 참조합니다. 이 구문은 엑셀 2010 버전부터 사용할 수 있습니다.

만약 다른 표에서 엑셀 표 범위를 참조하려면 엑셀 표의 이름이 먼저 나타나야 합니다.

구문	설명
표 이름	엑셀 표의 데이터 범위 전체를 참조합니다.
표 이름[열 머리글]	엑셀 표의 특정 열 데이터 범위를 참조합니다.
표 이름[[시작열]:[끝열]]	엑셀 표의 [시작열]부터 [끝열]까지의 범위를 참조합니다.

엑셀 표 이름은 [테이블 디자인] 탭의 맨 왼쪽 [표 이름:] 텍스트 상자에서 확인할 수 있습니다.

TIP 엑셀 2019 버전까지는 [테이블 디자인] 탭 대신 [디자인] 탭이 리본 메뉴에 표시됩니다.

표 이름은 변환된 순서대로 표1, 표2, …와 같이 명명되며, 원하는 이름으로 수정이 가능합니다. 참고로 표 이름을 명명할 때 지켜야 할 몇 가지 규칙이 존재합니다. 이 명명 규칙은 엑셀 표에서만 사용되는 것은 아니고 이름이나 피벗 테이블, 차트 등에 이름을 명명할 때도 공통적으로 적용되는 규칙으로, 이 규칙에 벗어난 이름을 사용하면 다음과 같은 경고 메시지가 나타납니다.

표 이름 명명 시 지켜야 하는 규칙

표 이름을 명명할 때 지켜야 하는 규칙은 다음과 같습니다.

첫째, 이름은 반드시 영어 또는 한글로 시작해야 합니다. 2024년매출, #비고#와 같은 이름은 사용할 수 없습니다. #과 같은 특수 문자는 이름에 사용할 수 없으며 숫자로 시작하는 이름을 정의하려면 먼저 밑줄 ( )을 입력해야 합니다(예 : _2024년매출).

둘째, 영어는 대/소문자를 구분하지 않습니다. Sale과 sale은 같은 이름으로 인식합니다.

셋째, 띄어쓰기를 사용할 수 없습니다. 영업 1부와 같은 이름은 사용할 수 없습니다. 이런 경우 마침표(.) 나 밑줄( )을 사용해 단어를 구분합니다(예 : **영업.1부** 또는 **영업_1부**).

넷째, 이름은 최대 255자까지 사용할 수 있습니다. 다만, 이름이 너무 길면 이해하기 어려우므로, 가능하면 이해하기 쉽게 짧게 명명하는 것이 좋습니다.

다섯째, 셀 주소와 동일한 이름은 정의할 수 없습니다. **A1**과 같은 셀 주소는 표 이름으로 사용할 수 없습니다. 보통 영문자 세 개 정도가 앞에 나오고 뒤에 숫자가 나오는 구조, 예를 들어 **MSD301**과 같은 값은 셀 주소로 사용됩니다. 참고로 워크시트의 마지막 열 주소는 XFD이며, 마지막 행 주소는 1,048,576입니다.

구조적 참조를 활용한 계산 열

엑셀 표에서 수식을 사용해 계산된 열을 계산 열이라고 합니다. 계산 열의 수식은 자동으로 복사되기 때문에 편리합니다.

엑셀 표에서 수식을 사용하는 계산 열 사용하기

예제 파일 CHAPTER 02 \ 구조적 참조.xlsx

01 예제 파일을 열고 견적서의 거래 내역에서 공급가액과 부가세를 계산해보겠습니다.

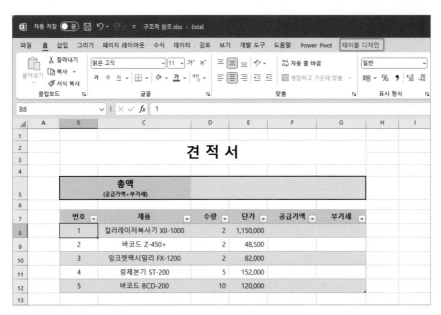

TIP [B7:G12] 범위 내 셀을 선택하면 리본 메뉴의 [테이블 디자인] 탭이 표시됩니다.

02 공급가액을 계산하기 위해 [F8] 셀을 선택합니다.

TIP 공급가액은 [수량] 열의 값과 [단가] 열의 값을 곱해 계산합니다.

03 [수량] 열을 참조하기 위해 [F8] 셀에서 등호(=)와 대괄호 시작 문자([)를 입력합니다. 표의 열을 참조할 수 있는 머리글 목록이 표시됩니다.

04 목록에서 [수량]을 선택하고 Tab 을 누르거나 더블클릭하면 열 머리글이 자동으로 입력됩니다. 대괄호 끝 문자(])를 입력해 [수량] 열을 참조합니다.

| SUM | ∨ : × ✓ fx | =[수량] |

	A	B	C	D	E	F	G	H
1								
2			견 적 서					
3								
4								
5			**총액** (공급가액+부가세)					
6								
7		번호 ▼	제품 ▼	수량 ▼	단가 ▼	공급가액 ▼	부가세 ▼	
8		1	컬러레이저복사기 XII-1000	2	1,150,000	=[수량]		
9		2	바코드 Z-450+	2	48,500			
10		3	잉크젯팩시밀리 FX-1200	2	82,000			
11		4	링제본기 ST-200	5	152,000			
12		5	바코드 BCD-200	10	120,000			
13								

TIP 목록 내에서 머리글을 선택하면 오타 없이 머리글을 입력할 수 있습니다.

05 곱셈 연산자(*)를 입력하고 같은 방법으로 [단가] 열을 참조한 다음 Enter 를 눌러 수식을 입력합니다.

| F8 | ∨ : × ✓ fx | =[@수량] * [@단가] |

	A	B	C	D	E	F	G	H
1								
2			견 적 서					
3								
4								
5			**총액** (공급가액+부가세)					
6								
7		번호 ▼	제품 ▼	수량 ▼	단가 ▼	공급가액 ▼	부가세 ▼	
8		1	컬러레이저복사기 XII-1000	2	1,150,000	2,300,000		
9		2	바코드 Z-450+	2	48,500	97,000		
10		3	잉크젯팩시밀리 FX-1200	2	82,000	164,000		
11		4	링제본기 ST-200	5	152,000	760,000		
12		5	바코드 BCD-200	10	120,000	1,200,000		
13								

엑셀마스터가 짚어주는 핵심 NOTE

엑셀 버전별 구조적 참조의 동작 차이

수식에서 참조한 [수량]과 [단가] 열은 각각 [D8:D12] 범위와 [E8:E12] 범위를 의미합니다. 셀 주소를 사용하는 것보다는 머리글을 이용해 참조하는 것이 수식을 더 이해하기 쉽게 만들어줍니다. 다만 이런 머리글 참조 방식은 버전별로 약간 다르게 동작되는 부분이 있습니다.

엑셀 2021 이상 버전, 마이크로소프트 365 버전에서는 이번과 같이 **=[수량] * [단가]**로 열 범위 전체를 참조하는 수식을 작성해도 계산에 같은 행의 셀 하나만 필요한 경우에는 참조되는 셀에 맞게 구문을 자동으로 변경해줍니다. **05** 과정 화면의 수식 입력줄을 보면 수식이 **=[@수량] * [@단가]**로 수정되어 있습니다.

이렇게 수식이 자동으로 조정될 필요가 있다면 엑셀은 다음과 같은 대화상자를 표시해주고 사용자의 동의를 구하는 동작을 진행합니다.

엑셀 2019 버전까지는 수식을 자동으로 변경해주진 않지만 내부적으로 동일하게 계산됩니다.
엑셀 2021 이상 버전이나 마이크로소프트 365 버전에서 자동 변경된 수식은 다음과 같습니다.

=[@수량] * [@단가]

위 수식을 이전 A1 주소 참조 방식으로 변경하면 다음과 같은 수식이 됩니다.

=D8 * F8

위 구문에서 사용하는 @ 기호는 참조할 열에서 수식을 작성하는 셀과 같은 행에 위치한 셀을 의미합니다. 이 기호는 엑셀 2010 버전부터 사용이 가능합니다.

06 부가세를 계산하기 위해 [G8] 셀을 선택합니다.

TIP 부가세는 공급가액의 10%로 계산합니다.

07 [G8] 셀에 등호(=)를 입력하고 [F8] 셀을 클릭한 후 곱셈 연산자(*)와 **10%**를 입력하고 Enter 를 눌러 수식을 입력합니다.

G8			fx	=[@공급가액] * 10%			
A	B	C	D	E	F	G	H
			견 적 서				
		총액 (공급가액+부가세)					
	번호	제품	수량	단가	공급가액	부가세	
	1	컬러레이저복사기 XII-1000	2	1,150,000	2,300,000	230,000	
	2	바코드 Z-450+	2	48,500	97,000	9,700	
	3	잉크젯팩시밀리 FX-1200	2	82,000	164,000	16,400	
	4	링제본기 ST-200	5	152,000	760,000	76,000	
	5	바코드 BCD-200	10	120,000	1,200,000	120,000	

이번 실습에서 살펴본 것처럼 엑셀 표는 기본적으로 A1 주소 참조 방식보다는 머리글을 이용한 범위 참조 방식을 사용한다는 점을 기억합니다.

다른 표에서 엑셀 표 범위 참조

다른 표에서 엑셀 표 범위를 참조할 때는 머리글 이외에도 표 이름을 추가로 사용합니다. 앞서 설명했듯이 엑셀 표로 변환된 표는 표1, 표2, …와 같은 이름이 부여되며, 표 이름은 [테이블 디자인] 탭 맨 왼쪽의 [표 이름:] 텍스트 상자에서 확인하거나 수정이 가능합니다.

다른 표에서 엑셀 표 범위를 참조해 수식 작성하기

예제 파일 CHAPTER 02 \ 구조적 참조-다른 표.xlsx

01 예제 파일을 열고 엑셀 표의 이름을 먼저 변경합니다. 엑셀 표 내부의 셀인 [B8] 셀을 선택하고 리본 메뉴의 [테이블 디자인] 탭을 클릭합니다.

> **TIP** 수식을 먼저 작성하고 나중에 표 이름을 변경해도 수식 내 표 이름이 자동으로 수정됩니다.

02 [속성] 그룹-[표 이름:]을 원하는 이름(거래내역)으로 수정하고 Enter 를 누릅니다.

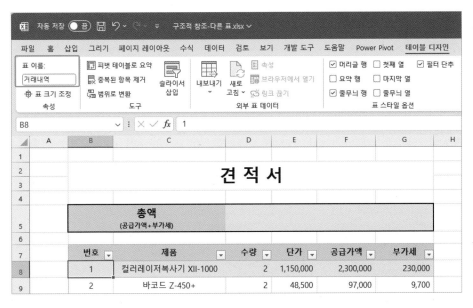

> **TIP** 엑셀 표 이름을 쉽게 기억하려면 시트 탭 이름과 표 이름을 동일하게 만드는 것이 좋습니다.

03 총액을 계산하기 위해 [D5:G5] 병합 셀을 선택합니다.

04 등호(=)를 입력하고 SUM 함수명과 괄호 열기(() 문자까지 입력한 후 마우스로 [F8:G12] 범위를 드래 그해 선택합니다.

=SUM(거래내역[[공급가액]:[부가세]]

| F8 | | | | f_x | =SUM(거래내역[[공급가액]:[부가세]]) | | | |

견 적 서

	총액 (공급가액+부가세)	=SUM(거래내역[[공급가액]:[부가세]]				
		SUM(number1, [number2], ...)				
번호	제품	수량	단가	공급가액	부가세	
1	컬러레이저복사기 XII-1000	2	1,150,000	2,300,000	230,000	
2	바코드 Z-450+	2	48,500	97,000	9,700	
3	잉크젯팩시밀리 FX-1200	2	82,000	164,000	16,400	
4	링제본기 ST-200	5	152,000	760,000	76,000	
5	바코드 BCD-200	10	120,000	1,200,000	120,000	

05 괄호 닫기(`)`) 문자를 입력하고 Enter 를 누르면 총액(4,973,100)이 구해집니다.

엑셀마스터가 짚어주는 핵심 NOTE

구조적 참조에서 여러 열 범위 참조하기

엑셀 표 범위를 참조할 때 한 개의 열은 **표 이름[머리글]**과 같은 구문을 사용하지만, 여러 열, 특히 연속된 범위를 참조할 때는 **표 이름[[시작열]:[끝열]]**과 같은 구문이 사용됩니다.

여러 열을 참조할 때 마우스로 드래그하지 않고, 수식에서 직접 입력하려면 표 이름 뒤에 대괄호 시작 문자(`[`)를 두 번 입력합니다. 열 선택 목록이 다음 화면과 같이 표시됩니다.

	총액 (공급가액+부가세)	=SUM(거래내역[[				
		SUM(number1, [number2], ...)		@ - 이 행	지정된 열의 이 행만 선택	
번호	제품	수량	단	(...)번호		
1	컬러레이저복사기 XII-1000	2	1,15	(...)제품	0,000	230,000
2	바코드 Z-450+	2	4	(...)수량	7,000	9,700
3	잉크젯팩시밀리 FX-1200	2	8	(...)단가	4,000	16,400
4	링제본기 ST-200	5	15	(...)공급가액	0,000	76,000
5	바코드 BCD-200	10	12	(...)부가세	0,000	120,000
				#모두		
				#데이터		
				#머리글		
				#요약		

목록에서 원하는 열을 선택해 Tab 을 누른 후 대괄호를 닫고, 콜론(`:`) 입력 후 다시 대괄호 시작 문자(`[`)를 입력해 마지막 열을 선택하면 됩니다.

참고로 이번과 같이 연속된 범위를 참조하는 것과 유사하게 떨어진 범위(예를 들면 [수량] 열과 [공급가액] 열을 더하려는 경우)는 다음과 같은 구문이 지원될 것 같지만, 아래 수식은 지원되지 않습니다.

=SUM(거래내역[[수량], [공급가액]])

그러므로 떨어진 범위를 참조하려면 다음 화면과 같이 열을 각각 참조해야 합니다.

4							
5		**총액** (공급가액+부가세)	=SUM(거래내역[수량], 거래내역[공급가액]				
6			SUM(number1, [number2], [number3], …)				
7	번호 ▾	제품 ▾	수량 ▾	단가 ▾	공급가액 ▾	부가세 ▾	
8	1	컬러레이저복사기 XII-1000	2	1,150,000	2,300,000	230,000	
9	2	바코드 Z-450+	2	48,500	97,000	9,700	
10	3	잉크젯팩시밀리 FX-1200	2	82,000	164,000	16,400	
11	4	링제본기 ST-200	5	152,000	760,000	76,000	
12	5	바코드 BCD-200	10	120,000	1,200,000	120,000	
13							

구조적 참조의 장점

엑셀 사용자라면 수식 내에서 범위를 참조할 때 다음과 같이 열 전체를 참조해본 경험이 있을 겁니다.

=SUM(F:F)

열 전체를 참조하면 추가되는 데이터를 자동으로 인식할 수 있어 편리하다고 생각할 수 있지만, 이렇게 열 전체 범위를 참조하면 참조 대상 셀이 많아지기 때문에 계산 속도가 저하되는 것은 감수해야 합니다. 참고로 엑셀 2007 이상 버전에서는 한 열의 셀이 104만 개입니다.

그러므로 열 범위 전체를 참조하는 방법보다는 엑셀 표를 활용해 참조할 데이터 범위가 자동으로 늘어나는 것이 좋습니다.

아래는 A1 주소 참조 방법과 엑셀 표의 구조적 참조 방식을 비교해놓은 것이므로 참고합니다.

A1:A10
- 사용할 데이터 범위를 정확하게 참조할 수 있습니다.
- 추가된 데이터를 참조할 수 없습니다.
- 셀 주소만으로는 어떤 데이터가 저장되어 있는지 이해가 되지 않습니다.

A:A
- 데이터가 추가되어도 참조할 수 있습니다.
- 셀 주소만으로는 어떤 데이터가 저장되어 있는지 알 수 없습니다.

표[머리글]
- 추가된 데이터도 참조할 수 있습니다.
- 구문만으로 어떤 데이터가 저장되어 있는지 쉽게 알 수 있습니다.

CHAPTER
03

함수 사용 전 반드시 알아야 하는 네 가지

이번 CHAPTER의 핵심!

- **연산자 이해하기**
- **함수 이해하기**
- **수식 이해하기**
- **AI로 에러 해결하기**

엑셀을 제대로 공부하지 않아도 SUM 함수를 포함한 몇 개의 함수는 외워서 사용할 수 있습니다. 다만 이렇게 되면 여러 함수를 함께 사용하는 등의 계산식 응용이 쉽지 않고, 다른 사람이 작성한 수식 역시 제대로 이해하기 어려울 겁니다.

엑셀에서 계산식을 잘 활용하기 위해서는 계산식에서 자주 사용하는 연산자나 엑셀에서 제공하는 함수는 무엇이 있고 나는 어느 정도 활용하고 있는지, 그리고 에러가 발생하는 이유는 무엇이고 어떤 해결 방법이 있는지 등 다양한 부분에 대해 잘 이해하고 있어야 합니다.

우리 모두가 기본이 가장 중요하다는 점은 알고 있지만, 엑셀은 업무에서 사용하다 보니 당장 쓸 수 있는 것에만 관심을 가집니다. 이렇게 공부하면 엑셀을 제대로 활용하기 어렵습니다.

이번 CHAPTER에서는 엑셀 함수를 제대로 활용하기 위해 먼저 알아둬야 하는 내용을 정리해 놓았으니 잘 참고해보길 바랍니다.

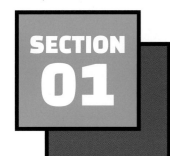

SECTION 01

연산자란 무엇일까?

연산자의 네 가지 구분

엑셀에서 계산식을 작성할 때는 특정 역할이 부여된 기호가 사용되며 이를 연산자라고 합니다. 연산자는
역할이 비슷한 것들을 묶어 다음과 같은 네 가지로 구분합니다.

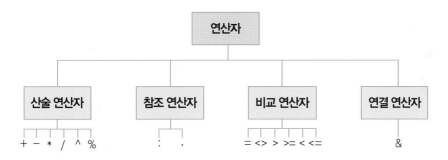

산술 연산자

산술 연산자는 덧셈(+), 뺄셈(−), 음수 표기(−), 곱셈(*), 나눗셈(/), 거듭제곱(^), 백분율(%) 등을 계산할 때
사용하며, 이 연산자를 이용해 사칙연산 등의 계산 작업을 진행할 수 있습니다. 산술 연산자를 사용하는
수식은 항상 숫자 데이터를 반환하며, 숫자가 아닌 경우에는 #VALUE! 에러가 반환됩니다.

참조 연산자

참조 연산자는 참조를 할 때 사용하는 연산자로 콜론(:)은 연속된 셀 범위, 예를 들면 [A1] 셀부터 [A10]
셀까지의 범위를 참조하고 싶을 때 [A1:A10]과 같이 사용합니다. 반대로 쉼표(,)는 떨어진 셀 범위, 예를
들면 [A1] 셀과 [A10] 셀을 각각 참조하고 싶을 때 [A1, A10]과 같이 사용합니다. 연속된 범위나 떨어진 범
위 모두 함수 내에서 참조할 때 사용합니다.

비교 연산자

비교 연산자는 두 값을 비교한 결과를 논릿값(TRUE, FALSE)으로 반환해줍니다. 즉 두 개 데이터의 값이

같은지, 다른지 누가 더 큰 값인지 확인하고 싶을 때 같다(=), 다르다(〈〉), 크다(〉), 작다(〈)와 같은 연산자를 사용해 값을 비교하며, 비교 결과는 항상 TRUE, FALSE로 반환합니다. [A1] 셀과 [A2] 셀의 값이 다른지 확인하고 싶다면 다음과 같은 수식을 사용합니다.

> **=A1 <> A2**

연결 연산자

연결 연산자는 앰퍼샌드(&)라는 연산자 하나가 있으며, 두 값을 하나로 연결한(붙인) 값을 반환합니다. 즉, [A1] 셀과 [A2] 셀의 값을 하나로 연결하고 싶다면 다음과 같은 수식을 사용합니다.

> **=A1 & A2**

연결 연산자는 숫자, 텍스트 모든 데이터 형식을 붙일 수 있으며, 이렇게 붙여진 데이터는 텍스트 데이터 형식으로 분류됩니다.

SECTION 02

엑셀에서 제공하는 함수는 몇 개일까?

내가 활용하는 엑셀 함수는 몇 개일까?

어떤 공부를 해도 내가 아는 것과 모르는 것을 구분할 수 있어야 합니다. 그러기 위해서는 엑셀 함수에 어떤 것이 제공되고, 내가 제대로 활용할 수 있는 함수가 몇 개인지 이해할 수 있어야 합니다.

엑셀 함수는 버전에 따라 상이하지만, 500여 개 이상이 제공됩니다. 대표적인 함수로는 IF, VLOOKUP, SUMIF와 같은 함수가 있습니다. 엑셀에서 함수를 이용해 실무를 하려면 통상적으로 50여 개의 함수 정도는 이해하고 활용할 수 있어야 합니다. 50여 개의 함수는 많아 보이지만, 제공되는 전체 함수의 10% 수준에 불과합니다. 물론 업무 상황에 따라 알고 있어야 하는 함수의 개수는 다를 수 있습니다. 아래 동영상 강의를 통해 여러분의 함수 활용 정도를 판단해보길 바랍니다.

엑셀마스터의 핵심 동영상 강의

엑셀엔 어떤 함수가 제공되고, 나는 몇 %의 함수만 사용할까?

저자의 유튜브 채널에서 엑셀에 어떤 함수가 제공되는지, 그중 내가 알고 있는 함수가 몇 %나 되는지 확인하는 방법을 영상 강의로 확인할 수 있습니다.

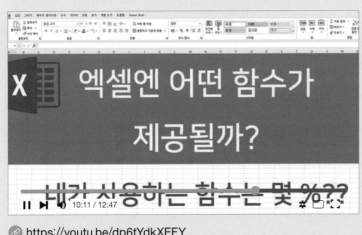

🔗 https://youtu.be/dp6tYdkXEFY

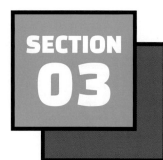

SECTION 03

수식 에러는 어떻게 해결할까?

사용자가 작성한 수식에 문제가 있다면 엑셀은 #N/A와 같은 수식 에러를 반환합니다. 수식에서 발생하는 에러는 다음과 같은 것들이 있습니다.

- #DIV/0!
- #N/A
- #NAME?
- #NULL!
- #NUM!
- #VALUE!
- #REF!
- ########
- #SPILL!(#분산!)
- #CALC!(#계산!)

VER. #SPILL!과 #CALC! 에러는 엑셀 2021 버전부터 발생하는 에러로 엑셀 2021 버전부터 지원하는 동적 배열과 연관된 에러입니다.

사실 대부분의 사용자는 에러 원인을 파악해 문제를 해결하는 것이 어렵고, 불편하다고 느낍니다. 문제 상황이 발생했는데 물어볼 곳이 없다면 현재 많은 사람의 관심을 받고 있는 챗GPT와 같은 AI를 이용해 보는 것이 좋습니다.

AI를 활용해 에러를 해결하는 방법

챗GPT 활용

챗GPT는 채팅 기반의 AI 서비스로 OpenAI사에서 개발되었습니다. 현재는 구글의 제미나이나 클로드 등의 서비스나 뤼튼과 같은 AI 서비스가 다수 제공되고 있습니다.

챗GPT는 사람의 언어를 이해하고 적절한 답변을 제공할 수 있는 채팅 서비스로, 크롬 등의 웹 브라우저에서 서비스를 이용할 수 있는데 OpenAI사에 회원 등록 후 사용할 수 있습니다.

- OpenAI : https://openai.com/blog/chatgpt

사이트에 접속하면 다음 화면과 같은 페이지를 확인할 수 있습니다. [Try ChatGPT]를 클릭합니다.

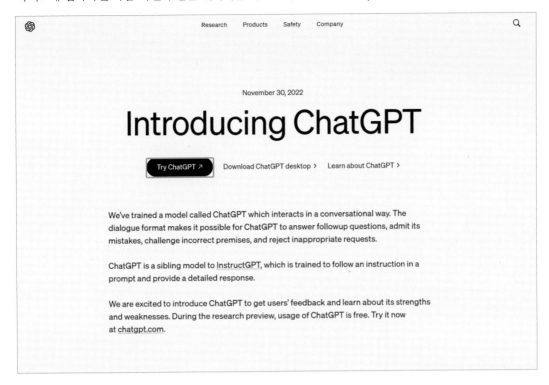

TIP 위 화면은 24년 8월 기준 화면으로, 챗GPT 서비스 개편 시 화면이 변경될 수 있습니다.

다음과 같은 페이지가 표시됩니다. 회원은 [로그인]을 클릭하면 되고, 신규 회원 가입을 하려면 [회원 가입]을 클릭해 회원 가입 절차를 진행하면 됩니다.

로그인을 하고 챗GPT 서비스에 접속하면 다음과 같은 화면을 볼 수 있습니다.

1 24년 8월 기준 4o mini 버전은 무료로 사용할 수 있고, 더 발달된 버전은 구독 서비스($20/월)를 통해 사용할 수 있습니다. 두 버전의 차이는 다음과 같습니다.

구분	Free	Plus
유/무료	무료	유료
접근	GPT 4o mini에 액세스, GPT-4o에 제한적 액세스	GPT-4o, GPT 4o mini, GPT-4에 액세스
주요 기능	고급 데이터 분석, 파일 업로드, 비전, 웹 검색, 맞춤형 GPT에 대한 제한적 액세스	고급 데이터 분석, 파일 업로드, 비전, 웹 검색에 액세스

2 프롬프트로 이곳에 원하는 질문을 하면 챗GPT의 답변을 얻을 수 있습니다. 단, 챗GPT의 답변이 무조건 맞다고 생각하면 안 됩니다. 챗GPT가 학습한 범위 내에서 가능성 높은 답변을 제공하므로 맞지 않는 답변(환각 현상)을 제공받을 수 있다는 점은 인지해야 합니다.

3 새로운 채팅방을 생성해줍니다. 하나의 채팅방마다 이전 채팅 기록이 남아 있어 대화를 언제든 이어갈 수 있는데, 같은 대화방에서 동일한 주제가 아니라 매번 다른 주제의 질문을 던지면 AI 챗봇이 전체 문맥을 잘못 이해해 틀린 답변을 할 수 있습니다.

다음은 간단하게 챗GPT를 통해 에러가 발생한 수식에 어떤 문제가 있는지 문의하고, 해결 방법에 대한 안내를 받은 결과입니다.

① 챗GPT 답변 중 검정색 박스 안에 제공되는 수식(또는 코드)은 복사해 사용할 수 있으며 [Copy code]를 클릭하면 박스 안의 수식이 클립보드에 복사되므로, 엑셀에 붙여넣기해 사용할 수 있습니다.

이런 방식으로 에러가 발생된 상황의 수식과 에러 종류를 함께 언급해 질문하면 적절한 설명과 함께 수식을 어떻게 수정해야 하는지에 대한 답을 얻을 수 있어 편리합니다.

챗GPT 외에 다른 AI를 사용해보고 싶다면 '뤼튼'이나 마이크로소프트사가 엣지 브라우저(마이크로소프트사의 계정이 필요, 무료)를 통해 제공하는 '코파일럿'을 이용하면 됩니다.

다른 AI 챗봇 활용

챗GPT와 같은 AI 챗봇은 완벽하지 않으며, 확률이 높은 답변을 하는 과정에서 잘못된 답변을 하는 경우도 존재하므로 여러 챗봇을 사용해보는 것이 좋습니다. 엑셀을 사용할 때 함께 활용하면 좋은 AI 챗봇을 추가로 소개합니다. 먼저 '뤼튼'입니다.

사이트 주소는 다음과 같습니다.

• 뤼튼 : https://wrtn.ai/

사이트에 접속하면 다음과 같은 화면을 확인할 수 있습니다.

뤼튼은 24년 8월 기준으로 로그인하지 않아도 프롬프트를 활용해 원하는 질문을 할 수 있습니다. 그래도 로그인해야 모든 서비스를 이용하는데 제약이 없으니, 사용 전에 [로그인]을 클릭하고 가입을 하는 것이 좋습니다.

다음은 앞서 챗GPT에게 던진 질문을 뤼튼에게 똑같이 문의하고, 해결 방법에 대한 안내를 받은 결과입니다.

챗GPT나 뤼튼 외 다른 AI로는 '제미나이'나 '클로드'를 활용해보면 좋습니다.

- 제미나이 : https://gemini.google.com
- 클로드 : https://claude.ai

저자의 커뮤니티 활용

다만, 엑셀 업무에 도움을 얻으려면 시트에 입력된 데이터에 대한 설명이 필요한데 챗GPT의 답변은 한계가 있을 수 있습니다. 따라서 이런 부분은 사용자 입장에서는 매우 불편하게 느껴질 수 있습니다.

물론 마이크로소프트사의 오피스 내 장착될 코파일럿 서비스는 파일 내 데이터 상황을 읽고 그에 맞는 답변을 제공해줄 수 있도록 설계되어 있다고 합니다. 그러나 데이터 유출에 대한 불안감 때문에 기업들이 앞다퉈 사용하기에는 시간이 좀 필요할 것으로 보입니다.

그리고 챗봇도 아직 완벽하진 않기 때문에 사람을 통해 도움을 얻고 싶다면, 저자가 운영 중인 커뮤니티를 이용해 문제를 해결해나갈 수 있습니다.

- 엑셀..하루에하나씩 : https://cafe.naver.com/excelmaster

SECTION 04

복잡한 수식을 빠르게 이해하려면?

업무에서 사용하는 수식을 모든 사용자가 이해하면서 사용하는 것은 아닙니다. 현재 파일에 사용된 수식 중에는 다른 직원이 만들었던 수식이 포함되어 있을 수 있고, 인터넷이나 책에서 보고 사용한 수식이 있을 수도 있습니다. 이런 수식을 보다 쉽게 이해하려면 엑셀에서 제공하는 수식 분석 기능을 이용하는 것이 좋습니다.

이어지는 내용부터는 수식 분석 기능을 이용해 수식을 이해하는 방법부터 챗GPT를 이용해 수식을 이해하는 방법까지 알아보겠습니다.

수식 분석① : 참조되는(하는) 셀 추적 이용

엑셀에는 수식 내에서 참조하고 있는 셀의 위치를 표시해주는 기능이 포함되어 있습니다. 다음은 리본 메뉴 [수식] 탭의 [수식 분석] 그룹에 표시되는 명령들입니다.

명령	아이콘	설명
참조되는 셀 추적		수식이 작성된 셀에서 참조하고 있는 셀들의 위치를 연결선으로 표시합니다.
참조하는 셀 추적		현재 셀의 수식에서 참조하는 셀들의 위치를 연결선으로 표시합니다.
연결선 제거		표시된 연결선을 모두 제거합니다.

위 세 가지 명령을 이용하면 수식에서 참조하거나, 현재 데이터를 참조하는 수식을 보다 빠르게 확인할 수 있습니다.

수식에서 참조하는 위치를 시각적으로 확인해 수식 분석하기

예제 파일 CHAPTER 03 \ 수식 분석.xlsx

01 예제 파일을 열고 [D2] 병합 셀을 선택하면 다음 수식을 확인할 수 있습니다.

=SUM(F12:G12)

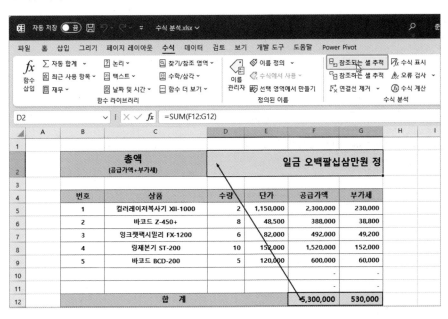

02 [D2] 병합 셀의 수식에서 참조되는 위치를 시각적으로 확인해보겠습니다.

03 [D2] 병합 셀이 선택된 상태에서 리본 메뉴의 [수식] 탭-[수식 분석] 그룹-[참조되는 셀 추적🖳]을 클릭합니다.

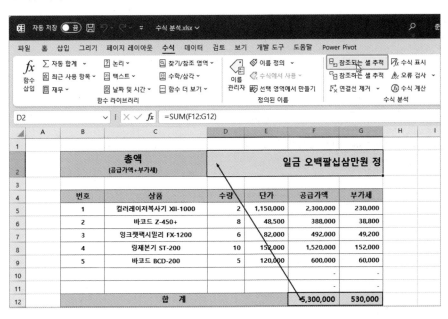

TIP [D2] 병합 셀에서 참조하는 [F12:G12] 범위가 파란색 실선 테두리로 표시되며 [D2] 셀 위치로 화살표가 표시됩니다.

04 다시 한번 리본 메뉴의 [수식] 탭–[수식 분석] 그룹–[참조되는 셀 추적]을 클릭합니다.

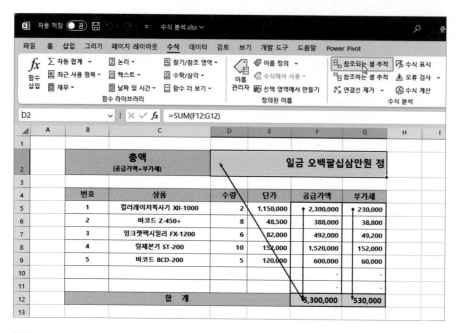

TIP [F12:G12] 범위에서 참조하는 [F5:F11] 범위와 [G5:G11] 범위에서 [F12:G12] 범위 방향으로 화살표가 표시됩니다.

05 다시 한번 리본 메뉴의 [수식] 탭–[수식 분석] 그룹–[참조되는 셀 추적]을 클릭합니다.

TIP [F5:F11] 범위에서 참조하는 [D5:D11] 범위와 [E5:E11] 범위에서 [F5:F11] 범위 방향으로 화살표가 표시됩니다. 또한 [G5:G11] 범위에서 참조하는 [F5:F11] 범위에서 [G5:G11] 범위 방향으로 화살표가 표시됩니다.

06 다시 한번 리본 메뉴의 [수식] 탭–[수식 분석] 그룹–[참조되는 셀 추적]을 클릭하면 더 이상 참조되는 셀이 없어 화살표가 표시되지 않습니다.

07 리본 메뉴의 [수식] 탭-[수식 분석] 그룹-[연결선 제거 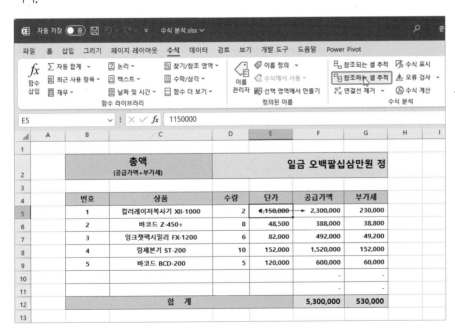]를 클릭해 모든 화살표(연결선)를 제거합니다.

08 [E5] 셀을 클릭해 해당 단가를 어디서 참조해 계산하는지 확인해보겠습니다.

09 [E5] 셀이 선택된 상태에서 리본 메뉴의 [수식] 탭-[수식 분석] 그룹-[참조하는 셀 추적]을 클릭합니다.

TIP [E5] 셀의 단가를 참조해 계산하는 [F5] 셀 방향으로 화살표가 표시됩니다.

10 다시 한번 리본 메뉴의 [수식] 탭-[수식 분석] 그룹-[참조하는 셀 추적📇]을 클릭합니다.

	A	B	C	D	E	F	G	H
1								
2			총액 (공급가액+부가세)			일금 오백팔십삼만원 정		
3								
4		번호	상품	수량	단가	공급가액	부가세	
5		1	컬러레이저복사기 XII-1000	2	1,150,000	2,300,000	230,000	
6		2	바코드 Z-450+	8	48,500	388,000	38,800	
7		3	잉크젯팩시밀리 FX-1200	6	82,000	492,000	49,200	
8		4	링제본기 ST-200	10	152,000	1,520,000	152,000	
9		5	바코드 BCD-200	5	120,000	600,000	60,000	
10						-		
11						-		
12			합 계			5,300,000	530,000	
13								

> **TIP** [F5] 셀의 공급가액을 참조해 계산하는 [G5] 셀과 [F12] 셀 방향으로 화살표가 표시됩니다.

11 다시 한번 리본 메뉴의 [수식] 탭-[수식 분석] 그룹-[참조하는 셀 추적📇]을 클릭합니다.

	A	B	C	D	E	F	G	H
1								
2			총액 (공급가액+부가세)			일금 오백팔십삼만원 정		
3								
4		번호	상품	수량	단가	공급가액	부가세	
5		1	컬러레이저복사기 XII-1000	2	1,150,000	2,300,000	230,000	
6		2	바코드 Z-450+	8	48,500	388,000	38,800	
7		3	잉크젯팩시밀리 FX-1200	6	82,000	492,000	49,200	
8		4	링제본기 ST-200	10	152,000	1,520,000	152,000	
9		5	바코드 BCD-200	5	120,000	600,000	60,000	
10						-		
11						-		
12			합 계			5,300,000	530,000	
13								

> **TIP** [G5] 셀과 [F12] 셀을 참조해 계산하는 [G12] 셀과 [D2] 셀 방향으로 화살표가 표시됩니다.

12 리본 메뉴의 [수식] 탭-[수식 분석] 그룹-[연결선 제거⊠]를 클릭해 모든 화살표(연결선)를 제거합니다.

수식 분석② : 수식 계산 이용

참조하는 셀을 확인하고도 수식이 잘 이해되지 않는다면 수식의 계산 과정을 표시해주는 수식 계산 기능을 이용해보는 것이 좋습니다.

수식 계산 기능으로 복잡한 수식의 계산 과정 확인하기

예제 파일 CHAPTER 03 \ 수식 계산.xlsx

01 예제 파일을 열고 [I7] 셀을 선택하면 다음 수식을 확인할 수 있습니다.

=IF(AND(G7>=80, COUNTIF(D7:F7, ">=90")), "우수", "")

	번호	이름	수강과목			평균	평가 결과	
			엑셀	R	파이썬		통과 여부	우수자
	1	박지훈	97	82	78	85.7	통과	우수
	2	최서현	80	85	72	79.0	통과	
	3	박현우	82	88	85	85.0	통과	
	4	정시우	75	65	68	69.3		
	5	이은서	77	80	65	74.0	통과	
	6	오서윤	86	98	95	93.0	통과	우수

데이터 분석 과목 능력 평가표

통과 조건은 평균 점수가 70점 이상
우수 조건은 평균은 80점 이상, 한 과목이라도 90점 이상이 존재

> **TIP** 우수 조건은 [I14] 셀에 입력되어 있듯 평균은 80점 이상이고 최소 한 과목은 90점 이상이어야 합니다.

02 수식이 바로 이해되지 않는다면 수식 계산 기능을 이용해 수식 계산 과정을 확인합니다.

03 [I7] 셀이 선택된 상태에서 리본 메뉴의 [수식] 탭-[수식 분석] 그룹-[수식 계산◎]을 클릭합니다.

04 선택한 셀의 수식이 [수식 계산] 대화상자에 표시되며, 먼저 계산될 부분이 밑줄로 표시됩니다.

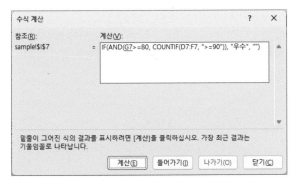

> **TIP** [계산] 텍스트 상자에서 밑줄로 표시된 부분이 셀을 참조하는 부분이면 [들어가기]를 클릭할 수 있습니다. [들어가기]를 클릭하면 해당 셀의 값을 하단의 텍스트 상자를 이용해 표시해줍니다.

05 [계산]을 클릭하면 [G7] 셀 주소가 [G7] 셀의 값으로 변경됩니다.

06 AND 함수 내 첫 번째 인수 부분이 밑줄로 표시됩니다. [계산]을 클릭합니다.

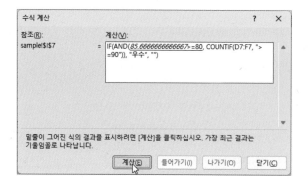

07 85.6666666666667이 80보다는 크기 때문에 계산 결과는 TRUE가 반환됩니다.

08 바로 AND 함수의 두 번째 인수인 COUNTIF 함수 부분에 밑줄이 표시되는데 [계산]을 클릭합니다.

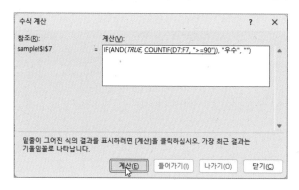

09 AND 함수의 두 번째 인수 부분의 COUNTIF 함수의 결과는 1입니다.

> **TIP** COUNTIF 함수의 결과가 1이라는 것은 [D7:F7] 범위 내 90 이상이 하나(=1) 있다는 의미로, COUNTIF 함수는 현재 조건으로는 0, 1, 2, 3 중 하나의 값을 반환할 수 있습니다. 90점 이상이 한 과목이라도 있어야 한다고 했으므로 이 조건을 좀 더 이해하기 쉽게 변경하면 COUNTIF(D7:F7, ")=90"))= 1이라고 해야 합니다. 그런데 비교 연산자 이후 부분을 생략한 것은 다음 **10** 과정 설명을 참고하면 됩니다.

10 AND 함수 부분에 밑줄이 표시됩니다. [계산]을 클릭합니다.

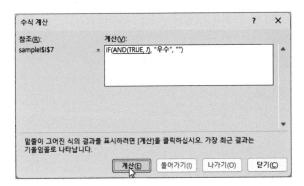

TIP AND 함수의 두 번째 인수는 1로 COUNTIF 함수에서 반환된 값입니다. 숫자를 논릿값으로 치환할 때 0은 FALSE이지만, 0이 아닌 값은 모두 TRUE가 됩니다.

11 AND 함수의 결과는 TRUE가 반환되며, IF 함수 전체 부분에 밑줄이 표시됩니다. [계산]을 클릭합니다.

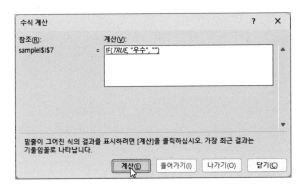

12 '우수'만 남으며, 이 값이 [I7] 셀에 반환됩니다. [닫기]를 클릭합니다.

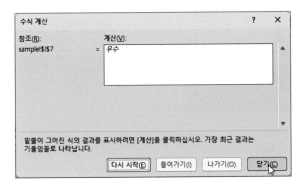

TIP [다시 시작]을 클릭하면 처음부터 다시 계산 과정을 살펴볼 수 있습니다.

수식 분석③ : 챗GPT 이용

다음은 챗GPT에 접속해 수식 계산 기능을 이용해 확인한 수식에 대하여 문의한 결과입니다.

LINK 챗GPT에 대한 소개는 이 책의 58페이지를 참고합니다.

You
다음 엑셀 수식에 대해 설명해줘

=IF(AND(G7>=80, COUNTIF(D7:F7, ">=90")), "우수", "")

ChatGPT
이 수식은 엑셀에서 조건부로 "우수"를 표시하는 역할을 합니다. 여기서 사용된 함수들을 하나씩 살펴보겠습니다.

1. **IF 함수**: 이 함수는 조건에 따라 결과를 반환합니다. 일반적인 형식은 다음과 같습니다: `IF(조건, 참일 때 반환할 값, 거짓일 때 반환할 값)`. 이 함수는 조건이 참이면 참일 때 반환할 값을 반환하고, 거짓이면 거짓일 때 반환할 값을 반환합니다.
2. **AND 함수**: AND 함수는 모든 인수가 참인 경우에만 참을 반환합니다. 여러 조건을 함께 평가할 때 사용됩니다.
3. **COUNTIF 함수**: COUNTIF 함수는 범위 내에서 특정 조건을 충족하는 셀의 개수를 반환합니다.

수식에서는 다음과 같은 조건이 사용되었습니다:

- G7가 80 이상인지를 확인합니다.
- D7부터 F7까지의 범위 내에서 90 이상인 값이 하나 이상 있는지를 확인합니다.

만약 이 두 조건이 모두 참이면 "우수"를 반환하고, 그렇지 않으면 빈 문자열("")을 반환합니다. 이렇게 함으로써, G7이 80 이상이고, D7부터 F7까지의 값 중에 90 이상인 값이 하나 이상 있을 때만 "우수"가 표시됩니다.

TIP 챗GPT는 계속 학습을 해나가기 때문에 답변 결과는 얼마든지 달라질 수 있습니다.

챗GPT 답변 중에서 추가로 궁금한 사항은 다음과 같이 질문을 추가해 상세 설명을 들을 수 있습니다.

You
3번 함수에 대해 좀 더 자세하게 설명해줘

ChatGPT
COUNTIF 함수는 주어진 조건을 충족하는 셀의 개수를 세는 엑셀 함수입니다. 일반적으로 다음과 같은 구조를 가집니다:

```scss
COUNTIF(range, criteria)
```

- `range`: 조건을 검사할 셀의 범위입니다.
- `criteria`: 조건을 지정하는 문자열 또는 숫자입니다.

예를 들어, `COUNTIF(A1:A10, ">10")`은 A1부터 A10까지의 범위에서 10보다 큰 값을 갖는 셀의 개수를 세게 됩니다. 여기서 `">10"`은 10보다 큰 값을 의미합니다.

수식에서 사용된 `COUNTIF(D7:F7, ">=90")`은 D7부터 F7까지의 범위에서 90 이상인 값을 갖는 셀의 개수를 세게 됩니다. 이 값은 주어진 범위 내에서 90 이상인 값이 몇 개나 있는지를 반환합니다.

You

COUNTIF 함수에서 큰 따옴표(")는 왜 사용하는거야?

ChatGPT

COUNTIF 함수에서 큰 따옴표(")는 일반적으로 텍스트를 비교하는 데 사용됩니다. 즉, 큰 따옴표 안에 있는 것은 문자열로 처리됩니다.

예를 들어, `">=90"`은 문자열 ">=90"을 비교 조건으로 사용하는 것을 의미합니다. 이는 90 이상의 값을 가진 셀을 찾는 것이 아니라, 셀에 저장된 값이 문자열 ">=90"과 일치하는지를 확인합니다.

엑셀에서 숫자를 비교할 때는 큰 따옴표 없이 비교 연산자(>, >=, <, <= 등)를 사용합니다. 하지만 텍스트를 비교할 때는 해당 텍스트를 큰 따옴표로 감싸서 비교합니다.

따라서 `COUNTIF(D7:F7, ">=90")`는 D7부터 F7까지의 범위에서 90 이상인 값을 가진 셀의 개수를 세는 것이 아니라, 90 이상의 값을 문자열로 가지는 셀의 개수를 세게 됩니다.

이렇게 추가적인 질문을 통해 더 상세한 답변을 얻을 수 있습니다. 물론 챗GPT의 답변이 매뉴얼과 같이 딱딱할 수 있다는 점은 아쉬울 수 있지만, AI가 더 발달하면 사람과 유사하게 설명해줄 수 있을 겁니다.

여러 답변을 참고한다 생각하고 챗GPT 외에도 제미나이, 클로드 등의 챗봇 서비스를 이용하면 수식을 이해해나가는 데 도움을 얻을 수 있을 겁니다.

CHAPTER
04

꼭 알아야 하는 핵심 함수① : 판단 함수

이번 CHAPTER의 핵심!

- **데이터 판단 방식 알아보기**
- **IF 함수 사용하기**
- **IF 함수 중첩 사용하기**
- **IFERROR, IFNA 함수로 에러 제어하기**

셀에 저장된 데이터와 표시된 데이터는 다를 수 있기 때문에 눈으로 데이터를 판단하면 안 됩니다. 그렇기 때문에 셀에 저장된 데이터를 확인하기 위해서는 비교 연산자 등을 활용해 엑셀에서 데이터를 어떻게 이해하고 있는지 먼저 확인할 수 있어야 합니다.

이렇게 셀 값을 판단하기 위한 계산식은 TRUE, FALSE와 같은 논릿값을 반환하며, 이런 식을 조건식, 판단식, 논리식 등으로 부릅니다.

이렇게 논릿값을 반환하도록 설계된 함수나 논릿값을 원하는 값으로 변환할 수 있는 여러 함수가 엑셀에 제공되는데, 그중 엑셀 사용자가 가장 많이 사용하는 함수가 바로 IF 함수입니다.

IF 함수와 같은 사용자의 판단을 처리하는 함수를 저는 '판단 함수'라고 부르고 있으며, 이번 CHAPTER에서 판단 함수를 어떻게 활용해야 하는지 설명하고자 합니다.

엑셀은 어떻게 데이터를 판단할까?

엑셀은 셀에 입력된 데이터를 대상으로 이 값이 사용자가 원하는 값인지를 비교하는 동작을 통해 사용자가 원하는 데이터인지 아닌지 판단합니다.

비교 연산자를 통한 판단

판단에 주로 사용되는 방법이 바로 비교 연산자입니다. 비교 연산자는 다음과 같은 비교 작업을 통해 비교(판단) 결과를 논릿값으로 반환해줍니다.

비교 연산자	설명	조건식의 예	
=	같다	=1=2	FALSE
〈〉	다르다	=1〈〉2	TRUE
〉	크다	=1〉2	FALSE
〉=	크거나 같다	=1〉=2	FALSE
〈	작다	=1〈2	TRUE
〈=	작거나 같다	=1〈=2	TRUE

비교 연산자는 좌우의 두 값을 비교하며 비교된 결과를 논릿값으로 반환해줍니다.

=값1 비교 연산자 **값2**

비교 연산자를 사용하면 사용자가 원하는 데이터인지 아닌지 쉽게 구분할 수 있습니다. 이렇게 논릿값을 반환하는 식을 구성할 수 있다면 IF 함수를 사용해 논릿값을 원하는 값으로 바꿀 수 있습니다.

IS 계열 함수를 통한 판단

IS 계열 함수는 함수명이 IS로 시작되는 함수를 의미합니다. IS 계열 함수는 보통 뒤의 단어에 해당하는 조건을 판단하며, 판단 결과를 TRUE, FALSE로 반환해줍니다. 엑셀에서 사용할 수 있는 IS 계열 함수는 다음과 같습니다.

구분	IS 계열 함수	설명
데이터 형식	ISBLANK	**빈 셀**이면 TRUE, 아니면 FALSE를 반환합니다.
	ISNUMBER	**숫자**면 TRUE, 아니면 FALSE를 반환합니다.
	ISEVEN	**짝수(Even Number)**면 TRUE, 아니면 FALSE를 반환합니다.
	ISODD	**홀수(Odd Number)**면 TRUE, 아니면 FALSE를 반환합니다.
	ISLOGICAL	**논릿값**이면 TRUE, 아니면 FALSE를 반환합니다.
	ISTEXT	**텍스트 값**이면 TRUE, 아니면 FALSE를 반환합니다.
	ISNONTEXT	**텍스트 값**이 아니면 TRUE, 맞으면 FALSE를 반환합니다.
수식	ISFORMULA	**수식**이면 TRUE, 아니면 FALSE를 반환합니다.
	ISREF	**셀 또는 정의된 이름을 참조**하면 TRUE, 아니면 FALSE를 반환합니다.
에러	ISERR	**#N/A 에러를 제외한 나머지 에러가 발생**하면 TRUE, 아니면 FALSE를 반환합니다.
	ISNA	**#N/A 에러가 발생**하면 TRUE, 아니면 FALSE를 반환합니다.
	ISERROR	**에러가 발생하면** TRUE, 아니면 FALSE를 반환합니다.

VER. ISFORMULA 함수는 엑셀 2013 버전부터 제공됩니다.

TIP 수식 에러 중에서 #######는 에러로 구분되지 않으므로 ISERR, ISERROR 함수는 FALSE를 반환합니다.

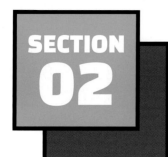

IF 함수는 어떻게 사용할까?

IF 함수

IF 함수는 논릿값(TRUE, FALSE)을 원하는 값으로 변경할 때 사용합니다. IF 함수의 구문은 다음과 같습니다.

IF (조건식, TRUE, FALSE)

조건식에서 반환될 **TRUE**, **FALSE**를 원하는 값으로 변경해 반환합니다.

인수	설명
조건식	논릿값을 반환하는 수식
TRUE	조건식이 TRUE일 때 반환할 값
FALSE	조건식이 FALSE일 때 반환할 값

TIP 조건식 인수는 한 번에 하나의 조건만 판단할 수 있습니다. 예를 들어 '30대 남자'는 ① '성별'이 '남자'이면서 ② '나이'가 30 이상이고 ③ 40 미만을 의미합니다. 이런 경우 조건은 세 개가 됩니다.

비교 연산자로 데이터 확인하고 IF 함수로 원하는 값 대체하기

예제 파일 CHAPTER 04 \ 비교 연산자.xlsx

01 예제 파일을 열면 복합기 재고 관리 대장을 확인할 수 있습니다. D열의 현재고가 E열의 월평균보다 적다면 새로 발주를 넣어야 한다고 가정해보겠습니다.

⏴	A	B	C	D	E	F	G	H	I
1									
2			**복합기 재고 관리 대장**						
3									
5						상품수	총 유지비용	발주 상품	
6						13	₩ 2,118,000	-	
7		SKU	품명	현재고	월평균	재고관리비용	유지비용	발주여부	
8		ABB1700	잉크젯복합기 AP-5500	21	15	9,000	189,000		
9		AEE4314	잉크젯복합기 AP-4900	17	15	7,000	119,000		
10		AFD7763	잉크젯복합기 AP-3300	23	15	10,000	230,000		

02 발주를 넣어야 할 제품인지 확인하기 위해 [H8] 셀에 다음 수식을 입력하고 [H8] 셀 우측 하단의 채우기 핸들➕을 [H20] 셀까지 드래그합니다.

```
=D8<=E8
```

	A	B	C	D	E	F	G	H	I
1									
2			**복합기 재고 관리 대장**						
3									
5						상품수	총 유지비용	발주 상품	
6						13	₩ 2,118,000	-	
7		SKU	품명	현재고	월평균	재고관리비용	유지비용	발주여부	
8		ABB1700	잉크챗복합기 AP-5500	21	15	9,000	189,000	FALSE	
9		AEE4314	잉크챗복합기 AP-4900	17	15	7,000	119,000	FALSE	
10		AFD7763	잉크챗복합기 AP-3300	23	15	10,000	230,000	FALSE	
11		AFN3005	레이저복합기 L950	28	20	5,000	140,000	FALSE	
12		AHA3084	레이저복합기 L650	15	10	9,000	135,000	FALSE	
13		AHE9254	레이저복합기 L200	29	15	10,000	290,000	FALSE	
14		AJH4718	무한레이저복합기 L800C	13	20	9,000	117,000	TRUE	
15		AMP4886	무한잉크챗복합기 AP-3300W	23	10	9,000	207,000	FALSE	
16		ANQ2790	레이저복합기 L800	6	10	8,000	48,000	TRUE	
17		ASI5581	레이저복합기 L350	23	10	6,000	138,000	FALSE	
18		AVT7289	무한잉크챗복합기 AP-5500W	18	15	6,000	108,000	FALSE	
19		AYX6371	레이저복합기 L500	17	10	8,000	136,000	FALSE	
20		AZW7106	잉크챗복합기 AP-3200	29	10	9,000	261,000	FALSE	
21									

TIP [H14] 셀과 [H16] 셀에 각각 TRUE 값이 반환되는데, TRUE는 현재고(D열)가 월평균(E열)보다 적다는 것을 의미합니다.

03 논릿값 중 TRUE를 '발주'로 대체하려면 [H8] 셀에 다음 수식을 입력하고 [H8] 셀의 채우기 핸들➕을 [H20] 셀까지 드래그합니다.

```
=IF(D8<=E8, "발주", "")
```

	A	B	C	D	E	F	G	H	I
1									
2			**복합기 재고 관리 대장**						
3									
5						상품수	총 유지비용	발주 상품	
6						13	₩ 2,118,000	2	
7		SKU	품명	현재고	월평균	재고관리비용	유지비용	발주여부	
8		ABB1700	잉크챗복합기 AP-5500	21	15	9,000	189,000		
9		AEE4314	잉크챗복합기 AP-4900	17	15	7,000	119,000		
10		AFD7763	잉크챗복합기 AP-3300	23	15	10,000	230,000		
11		AFN3005	레이저복합기 L950	28	20	5,000	140,000		
12		AHA3084	레이저복합기 L650	15	10	9,000	135,000		
13		AHE9254	레이저복합기 L200	29	15	10,000	290,000		
14		AJH4718	무한레이저복합기 L800C	13	20	9,000	117,000	발주	
15		AMP4886	무한잉크챗복합기 AP-3300W	23	10	9,000	207,000		
16		ANQ2790	레이저복합기 L800	6	10	8,000	48,000	발주	
17		ASI5581	레이저복합기 L350	23	10	6,000	138,000		
18		AVT7289	무한잉크챗복합기 AP-5500W	18	15	6,000	108,000		
19		AYX6371	레이저복합기 L500	17	10	8,000	136,000		
20		AZW7106	잉크챗복합기 AP-3200	29	10	9,000	261,000		
21									

주민등록번호에서 성별을 반환하는 수식 작성하기 | with 챗GPT

예제 파일 CHAPTER 04 \ IS 계열 함수.xlsx

01 예제 파일을 열면 직원들의 직무 과정 수강 내역을 관리하는 표를 확인할 수 있습니다. D열의 주민 등록번호에서 성별을 반환하는 수식을 E열에 작성하는 작업을 진행해보겠습니다.

	A	B	C	D	E	F	G
1							
2				직원 직무 과정 수강 관리 대장			
3							
5		번호	이름	주민등록번호	성별	신청 과정	
6		1	박지훈	000120-3******		보고서 시각화 특강	
7		2	최서현	820726-2******		파워 쿼리 활용 직무 특강, 매크로 활용 특강	
8		3	박현우	861102-1******		엑셀을 활용한 데이터 분석 특강	
9		4	정시우	860102-1******			
10		5	이은서	810915-2******		파이썬을 활용한 데이터 크롤링, R 특강	
11		6	오서윤	980420-2******		POWER BI 데이터 분석 특강, 리더십 역량 강화	
12		7	최우선	880122-1******		보고서 시각화 특강	
13		8	김은서	891102-2******		파워 쿼리 활용 직무 특강, 매크로 활용 특강	
14		9	김종수	890118-1******		엑셀을 활용한 데이터 분석 특강	
15		10	이정현	960906-1******			
16							

02 챗GPT로 성별을 반환하는 수식을 얻기 위해 다음과 같은 프롬프트를 작성했습니다.

 프롬프트

엑셀 사용 중이고, 현재 시트에 주민등록번호가 000000-0000000 형식으로 D6 셀부터 입력되어 있다. 이 데이터 를 참고해 E6 셀에 성별을 반환하는 수식을 작성해줘!

챗GPT

주민등록번호 형식의 데이터에서 성별을 추출하는 수식을 작성할 수 있습니다. 주민등록번호의 뒷자리 첫 번째 숫자가 성별을 나타내므로, 이를 활용하여 수식을 작성할 수 있습니다. 아래는 그에 해당하는 수식입니다.

```
copy code
=IF(MID(D6,8,1)="1","남자",IF(MID(D6,8,1)="2","여자","성별미확인"))
```

이 수식은 D6 셀의 주민등록번호를 참고하여, 뒷자리 8번째 숫자를 보고 남자인 경우 "남자"를, 여자인 경우 "여자"를 반환하며, 그 외의 경우에는 "성별미확인"을 반환합니다. 이를 E6 셀에 입력하면 해당 셀에 주어진 주 민등록번호에 대한 성별이 표시될 것입니다.

TIP 챗GPT는 동일한 질문에도 전체 대화의 맥락이나 흐름에 따라 다른 답변을 할 수 있고, 훈련된 데이터가 늘어남에 따라 책에서 소개한 답변과 다른 정보를 제공할 수 있습니다. 이 책의 'with 챗GPT' 예제를 실습할 때는 이 점을 염두에 두도록 합니다.

TIP 챗GPT가 답변한 내용에서 함수에 대한 부분은 수식 설명을 요청하는 등 함수에 대해 추가로 질문해서 필요한 정보를 얻을 수 있습니다.

03 챗GPT가 알려준 수식을 [E6] 셀에 입력하고 [E6] 셀의 채우기 핸들을 더블클릭해 수식을 복사하면 다음과 같은 결과를 얻을 수 있습니다.

> **=IF(MID(D6,8,1)="1","남자",IF(MID(D6,8,1)="2","여자","성별미확인"))**

E6			✓ f_x	=IF(MID(D6,8,1)="1","남자",IF(MID(D6,8,1)="2","여자","성별미확인"))	

직원 직무 과정 수강 관리 대장

번호	이름	주민등록번호	성별	신청 과정
1	박지훈	000120-3******	성별미확인	보고서 시각화 특강
2	최서현	820726-2******	여자	파워 쿼리 활용 직무 특강, 매크로 활용 특강
3	박현우	861102-1******	남자	엑셀을 활용한 데이터 분석 특강
4	정시우	860102-1******	남자	
5	이은서	810915-2******	여자	파이썬을 활용한 데이터 크롤링, R 특강
6	오서윤	980420-2******	여자	POWER BI 데이터 분석 특강, 리더십 역량 강화
7	최우선	880122-1******	남자	보고서 시각화 특강
8	김은서	891102-2******	여자	파워 쿼리 활용 직무 특강, 매크로 활용 특강
9	김종수	890118-1******	남자	엑셀을 활용한 데이터 분석 특강
10	이정현	960906-1******	남자	

04 주민등록번호 뒷자리의 첫 번째 숫자가 3이면 결과가 제대로 반환되지 않으므로, 챗GPT에게 이 부분을 추가로 수정해 달라고 요청해보겠습니다. 만약 앞으로 직원 데이터가 추가된다면 주민등록번호 뒷자리의 첫 번째 숫자가 4인 경우도 생길 수 있으므로, 3과 4를 모두 언급해보겠습니다.

🖮 **프롬프트**

주민등록번호의 뒷자리 첫 번째 숫자가 3과 4도 있는데 이를 모두 처리할 수 있도록 수식을 수정해줘!

⑤ **챗GPT**

주민등록번호의 뒷 첫 번째 숫자가 3 또는 4일 경우도 처리할 수 있도록 수정된 수식은 아래와 같습니다.

```
                                                                    copy code
=IF(MID(D6,9,1)="1","남자",IF(MID(D6,9,1)="2","여자",IF(MID(D6,9,1)="3","남자",IF(MID(D6,9,1)
```

이 수식은 D6 셀의 주민등록번호를 참고하여, 뒷자리 9번째 숫자를 보고 1이면 "남자", 2이면 "여자", 3이면 "남자", 4이면 "여자"를 반환하며, 그 외의 경우에는 "성별미확인"을 반환합니다. 이를 E6 셀에 입력하면 해당 셀에 주어진 주민등록번호에 대한 성별이 표시됩니다.

05 이 수식을 다시 [E6] 셀에 입력하고 [E6] 셀의 채우기 핸들⊞을 더블클릭해 사용해봅니다.

=IF(MID(D6,9,1)="1","남자",IF(MID(D6,9,1)="2","여자",IF(MID(D6,9,1)
="3","남자",IF(MID(D6,9,1)="4","여자","성별미확인"))))

	E6	✓ : × ✓ fx ✓	=IF(MID(D6,9,1)="1","남자",IF(MID(D6,9,1)="2","여자",IF(MID(D6,9,1) ="3","남자",IF(MID(D6,9,1)="4","여자","성별미확인"))))			

	A	B	C	D	E	F	G
1							
2				직원 직무 과정 수강 관리 대장			
3							
5		번호	이름	주민등록번호	성별	신청 과정	
6		1	박지훈	000120-3******	성별미확인	보고서 시각화 특강	
7		2	최서현	820726-2******	성별미확인	파워 쿼리 활용 직무 특강, 매크로 활용 특강	
8		3	박현우	861101-1******	성별미확인	엑셀을 활용한 데이터 분석 특강	
9		4	정시우	860102-1******	성별미확인		
10		5	이은서	810915-2******	성별미확인	파이썬을 활용한 데이터 크롤링, R 특강	
11		6	오서윤	980420-2******	성별미확인	POWER BI 데이터 분석 특강, 리더십 역량 강화	
12		7	최우선	880122-1******	성별미확인	보고서 시각화 특강	
13		8	김은서	891102-2******	성별미확인	파워 쿼리 활용 직무 특강, 매크로 활용 특강	
14		9	김종수	890118-1******	성별미확인	엑셀을 활용한 데이터 분석 특강	
15		10	이정현	960906-1******	성별미확인		
16							

06 성별이 제대로 반환되지 않아 수식을 보니 MID 함수 부분이 **03** 과정에서 사용한 부분과 다릅니다. 수식을 다음과 같이 수정해보겠습니다.

=IF(MID(D6,8,1)="1","남자",
  IF(MID(D6,8,1)="2","여자",
  IF(MID(D6,8,1)="3","남자",
  IF(MID(D6,8,1)="4","여자","성별미확인"))))

TIP 이해를 돕기 위해 수식을 여러 줄로 나눠 표시했습니다.

	E6	✓ : × ✓ fx ✓	=IF(MID(D6,8,1)="1","남자",IF(MID(D6,8,1)="2","여자",IF(MID(D6,8,1) ="3","남자",IF(MID(D6,8,1)="4","여자","성별미확인"))))			

	A	B	C	D	E	F	G
1							
2				직원 직무 과정 수강 관리 대장			
3							
5		번호	이름	주민등록번호	성별	신청 과정	
6		1	박지훈	000120-3******	남자	보고서 시각화 특강	
7		2	최서현	820726-2******	여자	파워 쿼리 활용 직무 특강, 매크로 활용 특강	
8		3	박현우	861101-1******	남자	엑셀을 활용한 데이터 분석 특강	
9		4	정시우	860102-1******	남자		
10		5	이은서	810915-2******	여자	파이썬을 활용한 데이터 크롤링, R 특강	
11		6	오서윤	980420-2******	여자	POWER BI 데이터 분석 특강, 리더십 역량 강화	
12		7	최우선	880122-1******	남자	보고서 시각화 특강	
13		8	김은서	891102-2******	여자	파워 쿼리 활용 직무 특강, 매크로 활용 특강	
14		9	김종수	890118-1******	남자	엑셀을 활용한 데이터 분석 특강	
15		10	이정현	960906-1******	남자		
16							

07 챗GPT를 통해 원하는 결과를 얻었지만 주민등록번호 뒷자리는 1, 2, 3, 4뿐만이 아니라 5, 6번도 존재할 수 있습니다. 그러므로 숫자를 하나씩 매칭하는 것보다는 해당 숫자가 홀수면 남자, 짝수면 여자를 반환하도록 하면 좋습니다. [E6] 셀의 수식을 다음과 같이 수정하고 [E6] 셀의 채우기 핸들을 더블클릭해 수식을 복사합니다.

> **=IF(ISODD(MID(D6, 8, 1)), "남자", "여자")**

E6				=IF(ISODD(MID(D6, 8, 1)), "남자", "여자")		
	A	B	C	D	E	F	G

직원 직무 과정 수강 관리 대장

번호	이름	주민등록번호	성별	신청 과정
1	박지훈	000120-3******	남자	보고서 시각화 특강
2	최서현	820726-2******	여자	파워 쿼리 활용 직무 특강, 매크로 활용 특강
3	박현우	861102-1******	남자	엑셀을 활용한 데이터 분석 특강
4	정시우	860102-1******	남자	
5	이은서	810915-2******	여자	파이썬을 활용한 데이터 크롤링, R 특강
6	오서윤	980420-2******	여자	POWER BI 데이터 분석 특강, 리더십 역량 강화
7	최우선	880122-1******	남자	보고서 시각화 특강
8	김은서	891102-2******	여자	파워 쿼리 활용 직무 특강, 매크로 활용 특강
9	김종수	890118-1******	남자	엑셀을 활용한 데이터 분석 특강
10	이정현	960906-1******	남자	

TIP ISODD 함수는 숫자의 홀수 여부를 판단해 TRUE, FALSE를 반환해줍니다. 그러므로 이번 수식은 주민등록번호의 원래 특성을 이용해 홀수면 '남자', 아니면(짝수면) '여자'를 반환합니다. 수식은 정답이 있는 것이 아니므로, 데이터의 특성과 엑셀에서 제공하는 함수가 무엇인지 잘 이해하고 있다면 그에 맞는 수식을 작성해나갈 수 있습니다.

이번 실습에서 확인할 수 있듯 챗GPT가 알려주는 수식 내 셀 주소나 인수가 기존과 다르게 변경될 수 있는 등의 문제가 있으므로, 항상 답변한 수식을 그대로 사용하지 않고 확인하는 습관이 필요합니다. 엑셀 초보자인 경우에는 이런 확인도 쉽지 않으므로, 여러 AI 서비스를 비교해 사용해보는 것이 좋습니다. 뤼튼이나 제미나이, 클로드 등 서비스를 챗GPT와 함께 사용해볼 것을 권합니다.

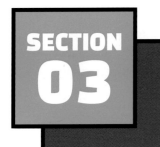

복잡한 판단을 할 때 IF 함수의 중첩 활용

IF 함수는 한 번에 하나의 조건만 구분해 처리할 수 있으므로, 판단해야 할 조건이 많다면 IF 함수 안에 다시 IF 함수가 사용될 수밖에 없습니다. 이렇게 함수 안에 다시 함수가 사용되는 중첩은 엑셀 2007 이상 버전을 사용 중이라면 최대 64회까지 가능합니다.

IF 함수로 다양한 상황을 판단해 원하는 결과 얻기 with 챗GPT

예제 파일 CHAPTER 04 \ IF 함수-중첩.xlsx

01 예제 파일을 열고 [E17:I19] 범위에 적힌 배송비 계산 조건에 맞게 I열의 배송비를 구하는 작업을 진행해보겠습니다.

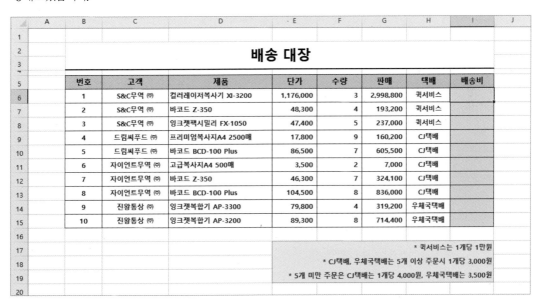

번호	고객	제품	단가	수량	판매	택배	배송비
			배송 대장				
1	S&C무역 ㈜	컬러레이저복사기 XI-3200	1,176,000	3	2,998,800	퀵서비스	
2	S&C무역 ㈜	바코드 Z-350	48,300	4	193,200	퀵서비스	
3	S&C무역 ㈜	잉크챗팩시밀리 FX-1050	47,400	5	237,000	퀵서비스	
4	드림씨푸드 ㈜	프리미엄복사지A4 2500매	17,800	9	160,200	CJ택배	
5	드림씨푸드 ㈜	바코드 BCD-100 Plus	86,500	7	605,500	CJ택배	
6	자이언트무역 ㈜	고급복사지A4 500매	3,500	2	7,000	CJ택배	
7	자이언트무역 ㈜	바코드 Z-350	46,300	7	324,100	CJ택배	
8	자이언트무역 ㈜	바코드 BCD-100 Plus	104,500	8	836,000	CJ택배	
9	진왕통상 ㈜	잉크챗복합기 AP-3300	79,800	4	319,200	우체국택배	
10	진왕통상 ㈜	잉크챗복합기 AP-3200	89,300	8	714,400	우체국택배	

* 퀵서비스는 1개당 1만원
* CJ택배, 우체국택배는 5개 이상 주문시 1개당 3,000원
* 5개 미만 주문은 CJ택배는 1개당 4,000원, 우체국택배는 3,500원

02 챗GPT에 접속한 후 프롬프트를 다음과 같이 작성해 필요한 수식을 얻어봅니다.

 프롬프트

엑셀 사용 중이고, 현재 시트의 F열(=F6 셀부터)에는 '수량'이 입력되어 있고, H열(=H6 셀부터)에는 '택배' 정보가 입력되어 있다.

H6 셀에 '퀵서비스'가 입력되어 있다면, '수량'에 10000을 곱하고

H6 셀에 'CJ택배'나 '우체국택배'가 입력되어 있다면 '수량'이 5개 이상일 때는 '수량'에 3000원을 곱하고 '수량'이 5개 이하일 때는 'CJ택배'는 '수량'에 4000원을 곱하고, '우체국택배'는 3500원을 곱해 배송비를 구하고 싶다.

수식을 작성해줘!

> **TIP** [E17:I19] 범위에 작성된 계산 조건 내용을 최대한 정확하게 전달해야 하며, 프롬프트에 여러 줄을 입력할 경우에는 Shift + Enter 를 눌러 줄을 바꾸거나 아니면 '메모장'과 같은 별도의 프로그램을 이용해 내용을 작성하고 복사, 붙여넣기를 이용하는 것이 좋습니다.

---

⑤ 챗GPT

아래의 조건에 맞는 엑셀 수식을 작성해드리겠습니다:

1. H6 셀에 '퀵서비스'가 입력되어 있으면: '수량' * 10000
2. H6 셀에 'CJ택배'나 '우체국택배'가 입력되어 있고, '수량'이 5개 이상이면: '수량' * 3000
3. H6 셀에 'CJ택배'가 입력되어 있고, '수량'이 5개 이하이면: '수량' * 4000
4. H6 셀에 '우체국택배'가 입력되어 있고, '수량'이 5개 이하이면: '수량' * 3500

위 조건을 만족하는 수식은 다음과 같습니다:

```
                                                                    copy code
=IF(H6="퀵서비스", F6*10000, IF(AND(OR(H6="CJ택배", H6="우체국택배"), F6>=5), F6*3000, IF(AND
```

이 수식은 조건에 따라 '퀵서비스', 'CJ택배', '우체국택배'에 대한 배송비를 계산하여 반환합니다.

---

03 챗GPT가 반환한 수식을 [I6] 셀에 입력하고 [I6] 셀의 채우기 핸들 ╋ 을 더블클릭해 수식을 복사합니다.

```
=IF(H6="퀵서비스", F6*10000,
  IF(AND(OR(H6="CJ택배", H6="우체국택배"), F6>=5), F6*3000,
  IF(AND(H6="CJ택배", F6<5), F6*4000,
  IF(AND(H6="우체국택배", F6<5), F6*3500, ""))))
```

> **TIP** 이해를 돕기 위해 수식을 여러 줄로 나눠 표시했습니다.

I6 | fx | =IF(H6="퀵서비스", F6*10000, IF(AND(OR(H6="CJ택배", H6="우체국택배"), F6>=5), F6*3000, IF(AND(H6="CJ택배", F6<5), F6*4000, IF(AND(H6="우체국택배", F6<5), F6*3500, ""))))

배송 대장

번호	고객	제품	단가	수량	판매	택배	배송비
1	S&C무역 ㈜	컬러레이저복사기 XI-3200	1,176,000	3	2,998,800	퀵서비스	30,000
2	S&C무역 ㈜	바코드 Z-350	48,300	4	193,200	퀵서비스	40,000
3	S&C무역 ㈜	잉크젯팩시밀리 FX-1050	47,400	5	237,000	퀵서비스	50,000
4	드림씨푸드 ㈜	프리미엄복사지A4 2500매	17,800	9	160,200	CJ택배	27,000
5	드림씨푸드 ㈜	바코드 BCD-100 Plus	86,500	7	605,500	CJ택배	21,000
6	자이언트무역 ㈜	고급복사지A4 500매	3,500	2	7,000	CJ택배	8,000
7	자이언트무역 ㈜	바코드 Z-350	46,300	7	324,100	CJ택배	21,000
8	자이언트무역 ㈜	바코드 BCD-100 Plus	104,500	8	836,000	CJ택배	24,000
9	진왕통상 ㈜	잉크젯복합기 AP-3300	79,800	4	319,200	우체국택배	14,000
10	진왕통상 ㈜	잉크젯복합기 AP-3200	89,300	8	714,400	우체국택배	24,000

* 퀵서비스는 1개당 1만원
* CJ택배, 우체국택배는 5개 이상 주문시 1개당 3,000원
* 5개 미만 주문은 CJ택배는 1개당 4,000원, 우체국택배는 3,500원

04 결과는 맞지만 챗GPT에게 얻은 수식은 조금 길어 이해하기가 쉽지 않습니다. 그러므로 수식이 좀 더 이해되기 쉽게 정리해보겠습니다. 아래 수식을 [I6] 셀에 입력하고 [I6] 셀의 채우기 핸들을 더블클릭해 수식을 복사합니다.

=IF(H6="퀵서비스", F6*10000,
　IF(F6>=5, F6*3000,
　　IF(H6="CJ택배", F6*4000, F6*3500)))

I6 | fx | =IF(H6="퀵서비스", F6*10000, IF(F6>=5, F6*3000, IF(H6="CJ택배", F6*4000, F6*3500)))

배송 대장

번호	고객	제품	단가	수량	판매	택배	배송비
1	S&C무역 ㈜	컬러레이저복사기 XI-3200	1,176,000	3	2,998,800	퀵서비스	30,000
2	S&C무역 ㈜	바코드 Z-350	48,300	4	193,200	퀵서비스	40,000
3	S&C무역 ㈜	잉크젯팩시밀리 FX-1050	47,400	5	237,000	퀵서비스	50,000
4	드림씨푸드 ㈜	프리미엄복사지A4 2500매	17,800	9	160,200	CJ택배	27,000
5	드림씨푸드 ㈜	바코드 BCD-100 Plus	86,500	7	605,500	CJ택배	21,000
6	자이언트무역 ㈜	고급복사지A4 500매	3,500	2	7,000	CJ택배	8,000
7	자이언트무역 ㈜	바코드 Z-350	46,300	7	324,100	CJ택배	21,000
8	자이언트무역 ㈜	바코드 BCD-100 Plus	104,500	8	836,000	CJ택배	24,000
9	진왕통상 ㈜	잉크젯복합기 AP-3300	79,800	4	319,200	우체국택배	14,000
10	진왕통상 ㈜	잉크젯복합기 AP-3200	89,300	8	714,400	우체국택배	24,000

* 퀵서비스는 1개당 1만원
* CJ택배, 우체국택배는 5개 이상 주문시 1개당 3,000원
* 5개 미만 주문은 CJ택배는 1개당 4,000원, 우체국택배는 3,500원

엑셀마스터가 짚어주는 핵심 NOTE

IF 함수의 중첩이 활용된 수식 이해하기

IF 함수를 여러 번 사용해야 하는 경우 사용자가 어떻게 논리를 구축하느냐가 가장 중요합니다. 이번 수식의 경우 다음과 같이 계산을 합니다.

① '퀵서비스'는 모두 '수량'에 1만 원을 곱해 계산하고

② '수량'을 먼저 판단해, '수량'이 5개 이상이면 '수량'에 3천 원을 곱하고

③ 그렇지 않은데, '택배사'가 'CJ택배'면 '수량'에 4천 원을 아니면 3.5천 원을 곱하는 식으로 계산

이렇게 하면 챗GPT보다 조금 간결한 계산식을 만들 수 있습니다.

사실 이런 부분은 챗GPT가 성능이 떨어지는 것이 아니고, **02** 과정에서 입력한 프롬프트가 [E17:I19] 범위의 논리를 그대로 따라 했기 때문입니다. 챗GPT를 사용할 때 한 번에 완벽한 프롬프트를 작성하려고 하기보다는 정확하게 원하는 조건을 서술하는 것이 좋습니다. 그런 다음 답변이 너무 길면 반환된 수식의 길이를 좀 더 짧게 줄여달라고 추가 요청을 해보는 것이 좋습니다.

04 과정의 수식도 개선의 여지가 없는 것은 아니어서 다음과 같은 방법으로 추가적인 정리가 가능합니다.

> **=F6*IF(H6="퀵서비스", 10000,**
>   **IF(F6)>=5, 3000,**
>   **IF(H6="CJ택배", 4000, 3500)))**

위 수식은 기본적으로 **04** 과정에서 작성한 수식과 동일합니다. 다만 수량(=[F6] 셀)을 IF 함수 안에서 반복적으로 사용하지 않을 수 있으므로, 좀 더 이해하기 쉬운 수식이 됩니다.

참고로 수식 입력줄에 여러 줄로 수식을 입력하려면, 줄을 바꿀 위치에서 Alt + Enter 를 누르고 수식을 계속해서 입력할 수 있습니다. 다만 Tab 을 이용한 들여쓰기는 지원되지 않으므로, 들여쓰기가 필요한 경우 Spacebar 를 여러 번 눌러 줄을 맞추면 됩니다.

다양한 상황 판단이 필요할 땐 IFS 함수

한 번에 다양한 상황을 판단할 때는 IFS 함수를 사용하면 편리합니다.

> **VER.** IFS 함수는 엑셀 2019 버전부터 사용할 수 있는 함수로 IF 함수의 중첩 문제를 해결하기 위해 제공되었습니다. 그러므로 이어지는 내용은 엑셀 2019 버전 이상이나, 마이크로소프트 365 버전 사용자들을 위한 내용입니다.

IFS 함수는 IF 함수의 복수형에 해당하는 함수로 IF 함수의 중첩 없이 여러 조건을 동시에 확인하고 해당 조건이 TRUE인 경우에 원하는 값을 반환하도록 만들 수 있습니다.

IFS 함수의 구문은 다음과 같습니다.

IFS (조건식1, TRUE1, 조건식2, TRUE2, …)

여러 조건에서 해당 조건이 TRUE인 경우에 원하는 값을 반환합니다.

인수	설명
조건식	TRUE, FALSE를 반환하는 식
TRUE	조건식이 TRUE일 때 반환할 값

- **조건식**과 **TRUE** 인수는 최대 127개까지 사용할 수 있습니다.
- 모든 조건이 FALSE인 경우를 처리하고 싶다면, 마지막 조건식 인수에 TRUE를 입력하고 반환할 값을 다음 인수로 입력하면 됩니다. 아래 수식은 '코드' 값이 1, 3인 경우에는 '남'을 2, 4인 경우에는 '여'를 나머지 값인 경우에는 '외국인'을 반환합니다.

=IFS(코드=1, "남", 코드=2, "여", 코드=3, "남", 코드=4, "여", TRUE, "외국인")

앞의 IF 함수–중첩.xlsx 예제 파일에서 진행한 배송비 계산을 IFS 함수를 사용해 처리한다면 다음과 같습니다.

```
=IFS(H6="퀵서비스", F6*10000,
    F6>=5, F6*3000,
    H6="CJ택배", F6*4000,
    TRUE, F6*3500)
```

위 수식에서 마지막 TRUE 옵션은 H6="우체국택배"로 수정해도 됩니다.

```
=IFS(H6="퀵서비스", F6*10000,
    F6>=5, F6*3000,
    H6="CJ택배", F6*4000,
    H6="우체국택배", F6*3500)
```

중첩의 불편함을 최소화하는 AND, OR 함수

사람과 다르게 엑셀은 하나의 셀에 입력된 조건을 하나씩 판단할 수 있습니다. 그렇기 때문에 여러 조건을 동시에 판단할 필요가 있으면, IF 함수가 여러 번 중첩돼야 합니다. 이런 불편한 부분을 해소하려면 AND, OR 함수로 판단을 먼저 하고 IF 함수를 마지막에 사용하는 것이 좋습니다.

AND, OR 함수는 최대 255개의 인수를 받아 처리할 수 있는데, AND 함수는 모든 조건이 TRUE인 경우에만 TRUE를 반환하고, 나머지 경우는 모두 FALSE를 반환합니다.

OR 함수는 인수로 전달된 조건 중 하나만 TRUE여도 TRUE가 반환되며, 모든 조건이 FALSE인 경우에만 FALSE가 반환됩니다.

조건식1	조건식2	AND 함수	OR 함수
TRUE	TRUE	TRUE	TRUE
TRUE	FALSE	FALSE	TRUE
FALSE	TRUE	FALSE	TRUE
FALSE	FALSE	FALSE	FALSE

AND 함수의 구문은 다음과 같습니다.

AND (조건식1, 조건식2, 조건식3, …)

여러 조건이 모두 TRUE인 경우에만 TRUE를, 아니면 FALSE를 반환합니다.

인수	설명
조건식	TRUE, FALSE를 반환하는 수식

AND 함수는 **조건식** 인수를 최대 255개까지 입력받을 수 있습니다.

OR 함수의 구문은 다음과 같습니다.

OR (조건식1, 조건식2, 조건식3, …)

여러 조건 중 하나라도 TRUE가 존재하면 TRUE를, 아니면 FALSE를 반환합니다.

인수	설명
조건식	TRUE, FALSE를 반환하는 수식

OR 함수는 **조건식** 인수를 최대 255개까지 입력받을 수 있습니다.

예제 파일 CHAPTER 04 \ AND, OR 함수.xlsx

01 예제 파일을 열고 [D16:H18] 범위에 입력된 불량 기준을 적용해 [F:H] 열에 결과를 반환하는 수식을 작성해보겠습니다.

품번	측정값			불량 판정		
	C	P	A	A 항목	B 항목	불량판정
PBX-1393	0.05	0.03	0.05			
PBX-0224	0.03	0.03	0.03			
PBX-0770	0.03	0.05	0.05			
PBX-2612	0.02	0.03	0.03			
PBX-3213	0.05	0.04	0.04			
PBX-1925	0.05	0.03	0.05			
PBX-1143	0.02	0.04	0.04			
PBX-1555	0.05	0.04	0.04			

불량 관리 대장

* C, P, A 값이 모두 0.03 이하이면 A 항목 검사
* C, P, A 값 중 하나라도 0.02 이하인 값이 있으면 B 항목 검사
* A 항목과 B 항목을 모두 검사해야 하는 경우 '불량'

02 먼저 F열의 A 항목에 해당하는 결과를 반환하기 위해 다음과 같이 프롬프트를 작성해 챗GPT에게 답변을 얻습니다.

 프롬프트

엑셀 사용 중이고, 현재 시트의 C, D, E열의 7행부터 0부터 1사이의 소수값이 입력되어 있다. C:E 열의 값이 모두 0.03 이하일 때 '검사'를 출력해주는 수식을 작성해줘!

⑤ 챗GPT

아래의 수식을 사용하여 조건을 충족할 때 "검사"를 출력할 수 있습니다.

```
copy code
=IF(AND(C7<=0.03, D7<=0.03, E7<=0.03), "검사", "")
```

이 수식은 C7, D7, E7의 값이 각각 0.03 이하일 때 "검사"를 출력합니다. 만약 조건을 충족하지 않으면 빈 문자열을 출력합니다. 이 수식을 원하는 셀에 입력하여 사용하십시오. 해당 셀에는 조건을 충족할 때 "검사"가 표시됩니다.

03 챗GPT를 통해 얻은 수식을 [F7] 셀에 입력하고 [F7] 셀의 채우기 핸들을 더블클릭해 수식을 복사합니다.

> **=IF(AND(C7〈=0.03, D7〈=0.03, E7〈=0.03), "검사", " ")**

| F7 | | ✕ ✓ fx ✓ | =IF(AND(C7<=0.03, D7<=0.03, E7<=0.03), "검사", "") | | | | | |

	A	B	C	D	E	F	G	H	I
1									
2				**불량 관리 대장**					
3									
4									
5		품번	**측정값**			**불량 판정**			
6			**C**	**P**	**A**	**A 항목**	**B 항목**	**불량판정**	
7		PBX-1393	0.05	0.03	0.05				
8		PBX-0224	0.03	0.03	0.03	검사			
9		PBX-0770	0.03	0.05	0.05				
10		PBX-2612	0.02	0.03	0.03	검사			
11		PBX-3213	0.05	0.04	0.04				
12		PBX-1925	0.05	0.03	0.05				
13		PBX-1143	0.02	0.04	0.04				
14		PBX-1555	0.05	0.04	0.04				
15									
16				* C, P, A 값이 모두 0.03 이하이면 A 항목 검사					
17				* C, P, A 값 중 하나라도 0.02 이하인 값이 있으면 B 항목 검사					
18				* A 항목과 B 항목을 모두 검사해야 하는 경우 '불량'					
19									

04 G열과 H열에 반환될 수식도 다음과 같이 프롬프트를 작성해 챗GPT에게 답변을 얻습니다.

⌨️ **프롬프트**

C:E 열의 값 중 하나라도 0.02 이하인 값이 있을 때 '검사'를 출력해주는 수식을 알려줘!

> ⑤ **챗GPT**
>
> 아래의 수식을 사용하여 C:E 열의 값 중 하나라도 0.02 이하인 경우 "검사"를 출력할 수 있습니다.
>
> ```
>                                                                    copy code
> =IF(OR(C7<=0.02, D7<=0.02, E7<=0.02), "검사", "")
> ```
>
> 이 수식은 C7, D7, E7의 값 중 하나라도 0.02 이하인 경우 "검사"를 출력합니다. 그렇지 않으면 빈 문자 열을 출력합니다. 이 수식을 원하는 셀에 입력하여 사용하십시오. 해당 셀에는 조건을 충족할 때 "검사"가 표시됩니다.

앞서 알려준 두 수식을 각각 F열과 G열에 입력했을 때 두 열에서 모두 '검사'가 반환된 경우, H열에 '불량'을 반환하는 수식을 작성해줘!

⑤ 챗GPT

다음 수식을 사용하여 F열과 G열에서 모두 '검사'를 반환한 경우에만 H열에 '불량'을 반환할 수 있습니다.

```
copy code
=IF(AND(F7="검사", G7="검사"), "불량", "")
```

이 수식은 F열과 G열이 모두 "검사"인 경우에만 "불량"을 출력합니다. 그렇지 않으면 빈 문자열을 출력합니다. 이 수식을 H열에 입력하여 사용하십시오. 해당 셀에는 조건을 충족할 때 "불량"이 표시됩니다.

05 챗GPT가 알려준 수식을 각각 [G7], [H7]셀에 붙여넣기한 후 각각 채우기 핸들➕을 더블클릭해 수식을 복사합니다.

[G7] 셀 : =IF(OR(C7〈=0.02, D7〈=0.02, E7〈=0.02), "검사", "")
[H7] 셀 : =IF(AND(F7="검사", G7="검사"), "불량", "")

	H7			fx	=IF(AND(F7="검사", G7="검사"), "불량", "")			
	A	B	C	D	E	F	G	H	I

불량 관리 대장

품번	측정값			불량 판정		
	C	P	A	A 항목	B 항목	불량판정
PBX-1393	0.05	0.03	0.05			
PBX-0224	0.03	0.03	0.03	검사		
PBX-0770	0.03	0.05	0.05			
PBX-2612	0.02	0.03	0.03	검사	검사	불량
PBX-3213	0.05	0.04	0.04			
PBX-1925	0.05	0.03	0.05			
PBX-1143	0.02	0.04	0.04		검사	
PBX-1555	0.05	0.04	0.04			

* C, P, A 값이 모두 0.03 이하이면 A 항목 검사
* C, P, A 값 중 하나라도 0.02 이하인 값이 있으면 B 항목 검사
* A 항목과 B 항목을 모두 검사해야 하는 경우 '불량'

COUNTIF, MAX, MIN 함수를 활용해 응용하는 방법

AND, OR 함수를 사용하면 IF 함수의 중첩을 줄일 수 있어 편리하지만, 값을 확인해야 할 셀이 많아진다면 일일이 해당 셀의 값을 확인해야 하는 것이 불편할 수 있습니다.

그렇기 때문에 AND, OR 함수는 상황에 따라 COUNTIF 함수나 MAX, MIN 함수 등을 활용하면 좀 더 간단한 수식을 작성해볼 수 있습니다.

=IF(AND(C7〈=0.03, D7〈=0.03, E7〈=0.03), "검사", " ")

예를 들어 [F7] 셀에 입력된 위의 수식은 개수를 세는 방법으로 변경하면 [C7:E7] 범위 내에서 0.03 이하인 값의 개수를 세어 세 개가 반환되면 '검사'를 진행해야 한다고 바꿀 수 있습니다. 이런 경우 수식은 다음과 같습니다.

=IF(COUNTIF(C7:E7, "〈=0.03")=3, "검사", "")

또는 [C7:E7] 범위 내에서 최댓값을 구해 0.03 이하이면 모두 0.03 이하라는 것이므로 다음과 같은 수식을 사용해도 동일한 결과를 얻을 수 있습니다.

=IF(MAX(C7:E7)〈=0.03, "검사", "")

이런 부분을 G열의 수식에도 적용할 수 있도록 생각해보면 엑셀 수식을 활용해나가는 데 큰 도움을 얻을 수 있습니다.

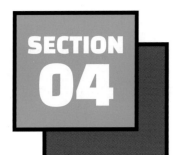

날짜/시간 데이터 처리를 위한 IF 함수 구성

SECTION 04

엑셀에는 다양한 데이터 형식이 존재하는데, 그중 가장 어려운 형식 중 하나가 바로 날짜/시간입니다. 날짜/시간 데이터는 셀에 저장되는 값과 표시되는 값이 다른 만큼 해당 데이터 형식을 처리하기 위한 다양한 함수가 함께 제공됩니다.

근속년수 구하고 근속년수별 포상금액 차등 지급하기 | with 챗GPT

예제 파일 CHAPTER 04 \ IF 함수–날짜.xlsx

01 예제 파일을 열면 장기근속자 포상을 위한 표를 확인할 수 있습니다.

장기근속자 포상

사번	이름	입사일	근속년수	포상금액		기준일	
E-23081	박지훈	2014-01-01				2024-12-31	
E-21092	최서현	2005-10-19					
E-20043	박현우	2017-07-04				근속년수	포상금액
E-20004	정시우	2009-08-15				5년 이상	1,000,000
E-18089	이은서	2013-10-17				10년 이상	2,000,000
E-22099	오서윤	2019-05-06				15년 이상	3,000,000
E-23065	최우선	2023-05-13					
E-24092	김은서	2008-03-26					
E-21066	김종수	2010-02-28					
E-24035	이정현	2020-05-20					

02 D열의 입사일과 [H6] 셀의 기준일을 가지고 근속년수를 계산하기 위해 챗GPT를 활용해보겠습니다. 다음과 같이 프롬프트를 작성해 답변을 얻습니다.

엑셀 사용 중이고, 현재 시트의 D열(=D6 셀부터)에는 '입사일'이 입력되어 있고, E열(=E6 셀)에 근속년수를 계산해야 하는데, '기준일'은 H6 셀에 입력되어 있다. 근속년수를 구하는 수식을 알려줘!

챗GPT

근속년수를 계산하기 위해서는 다음과 같은 수식을 사용할 수 있습니다:

```
=DATEDIF(D6, $H$6, "Y")
```

여기서,

- 'D6'은 해당 직원의 입사일을 나타내는 셀입니다.
- '$H$6'은 기준일을 나타내는 셀입니다. '$' 기호는 셀 참조를 절대 참조로 만들어 해당 셀을 고정시킵니다. 이 것은 수식을 다른 셀로 복사하더라도 항상 H6 셀을 참조하도록 합니다.
- "Y"는 두 날짜 사이의 연도 차이를 계산하는 함수입니다.

이 수식을 E6 셀에 입력하면 해당 직원의 입사일로부터 기준일까지의 근속년수가 계산됩니다.

---

03 챗GPT가 알려준 수식을 [E6] 셀에 입력하고 [E6] 셀의 채우기 핸들➕을 더블클릭하면 다음과 같은 결과를 얻을 수 있습니다.

=DATEDIF(D6, $H$6, "Y")

	A	B	C	D	E	F	G	H	I	J
E6				fx	=DATEDIF(D6, $H$6, "Y")					
1										
2					장기근속자 포상					
3										
5		사번	이름	입사일	근속년수	포상금액		기준일		
6		E-23081	박지훈	2014-01-01	10			2024-12-31		
7		E-21092	최서현	2005-10-19	19					
8		E-20043	박현우	2017-07-04	7			근속년수	포상금액	
9		E-20004	정시우	2009-08-15	15			5년 이상	1,000,000	
10		E-18089	이은서	2013-10-17	11			10년 이상	2,000,000	
11		E-22099	오서윤	2019-05-06	5			15년 이상	3,000,000	
12		E-23065	최우선	2023-05-13	1					
13		E-24092	김은서	2008-03-26	16					
14		E-21066	김종수	2010-02-28	14					
15		E-24035	이정현	2020-05-20	4					
16										

챗GPT에게 얻은 수식 결과 검증하기

수식에 문제가 없으므로 근속년수는 제대로 계산되었지만, 딱 하나 [E6] 셀의 근속년수가 잘못되었습니다. [D6] 셀의 '입사일'은 '2014-01-01'로 '기준일'인 '2024-12-31'로 적용했을 때는 10년이 아니라 11년이 나오는 것이 맞습니다.

챗GPT가 반환해준 이런 수식(또는 코드)을 이용할 때는 수식의 결과를 항상 검증하고 문제가 확인되면 챗GPT에게 수식 수정을 요청해야 합니다. 문제를 알고 있을 경우에는 수식을 직접 수정하는 것이 좋습니다.

근속년수도 날짜의 차이를 세는 방법으로 구해야 하므로, 두 번째 인수에 +1을 하는 방법을 사용해보겠습니다.

04 문제의 원인은 간단하지만, 챗GPT에게 좋은 답변을 얻지 못해 직접 수정합니다. [E6] 셀의 수식을 다음과 같이 수정하고 [E6] 셀의 채우기 핸들 ⊞ 을 더블클릭해 수식을 복사합니다.

=DATEDIF(D6, $H$6+1, "Y")

	사번	이름	입사일	근속년수	포상금액		기준일	
	E-23081	박지훈	2014-01-01	11			2024-12-31	
	E-21092	최서현	2005-10-19	19				
	E-20043	박현우	2017-07-04	7		근속년수	포상금액	
	E-20004	정시우	2009-08-15	15		5년 이상	1,000,000	
	E-18089	이은서	2013-10-17	11		10년 이상	2,000,000	
	E-22099	오서윤	2019-05-06	5		15년 이상	3,000,000	
	E-23065	최우선	2023-05-13	1				
	E-24092	김은서	2008-03-26	16				
	E-21066	김종수	2010-02-28	14				
	E-24035	이정현	2020-05-20	4				

장기근속자 포상

엑셀마스터가 짚어주는 핵심 NOTE

DATEDIF 함수 수식 이해하기

이번 수식은 [H6] 셀의 기준일에 맞게 근속년수를 계산하기 위한 것으로 DATEDIF 함수를 사용해 계산했습니다. DATEDIF 함수에 대한 자세한 설명은 다음 내용을 참고합니다.

DATEDIF (시작일, 종료일, 단위)

시작일과 **종료일** 사이의 차이를 지정된 **단위**에 맞게 구한 값을 반환합니다.

인수	설명
시작일	시작 날짜
종료일	종료 날짜
단위	두 날짜의 차이를 구할 날짜 단위로 다음과 같습니다.

단위	설명
Y	두 날짜 사이의 연의 차이를 구합니다.
M	두 날짜 사이의 월의 차이(=개월)를 구합니다.
D	두 날짜 사이의 일의 차이를 구합니다.
YM	두 날짜 사이의 연의 차이를 구하고 남은 개월 수를 구합니다.
YD	두 날짜 사이의 연의 차이를 구하고 남은 일 수를 구합니다.
MD	두 날짜 사이의 연, 월의 차이를 구하고 남은 일 수를 구합니다.

- DATEDIF 함수는 두 날짜 차이를 뺄셈 연산으로 계산합니다. 예를 들어 시작일이 '1월 1일'이고 종료일이 '1월 3일'인 경우의 차이를 구할 때, 날짜를 세는 방식으로 계산하면 3일이지만, 빼면 2일이 됩니다. DATEDIF 함수는 뺄셈 연산을 사용하기 때문에 날짜를 세어야 하는 경우에는 시작일에서 1을 빼거나 종료일에서 1을 더해줘야 합니다.

=DATEDIF(시작일, 종료일+1, 옵션)

또는

=DATEDIF(시작일−1, 종료일, 옵션)

- 날짜 차이를 뺄셈으로 구해야 하는 대표적인 연산은 '만 나이'를 구하는 계산입니다. 예를 들어 아래 수식은 만 나이를 계산해 반환합니다.

=DATEDIF(생년월일, TODAY(), "Y")

근속년수도 날짜의 차이를 세는 방법으로 구해야 하므로, 두 번째 인수에 +1을 하는 방법으로 계산했습니다.

05 이번에는 근속년수에 따른 포상금액을 계산합니다. 챗GPT를 활용하기 위해 프롬프트를 다음과 같이 작성해 답변을 얻습니다.

 프롬프트

E열에 계산된 근속년수가 0~4인 경우는 포상금액이 없고,

5~9년 이상이면 100만 원

10~14년 이상이면 200만 원

15년 이상이면 300만 원을 각각 지급하고 싶다.

F6 셀에 '포상금액'을 계산할 수 있는 계산식을 작성해줘!

⊗ 챗GPT

포상금액을 계산하기 위해서는 조건부로 근속년수 범위를 확인하고 그에 맞는 포상금액을 할당해야 합니다. 아래와 같이 'IF' 함수를 사용하여 조건부로 포상금액을 계산할 수 있습니다:

```
                                                              copy code
=IF(E6>=15, 3000000, IF(E6>=10, 2000000, IF(E6>=5, 1000000, 0)))
```

이 수식은 다음과 같이 동작합니다.

• 'E6'에 있는 근속년수가 15년 이상이면 300만 원을 반환합니다.

• 그렇지 않고, 근속년수가 10년 이상이면 200만 원을 반환합니다.

• 그렇지 않고, 근속년수가 5년 이상이면 100만 원을 반환합니다.

• 위의 모든 조건이 만족하지 않으면 포상금액으로 0을 반환합니다.

이 수식을 F6 셀에 입력하면 해당 직원이 받을 포상금액이 계산됩니다.

---

06 챗GPT가 알려준 수식을 [F6] 셀에 입력하고 [F6] 셀의 채우기 핸들🔳을 더블클릭해 수식을 복사합니다.

=IF(E6〉=15, 3000000, IF(E6〉=10, 2000000, IF(E6〉=5, 1000000, 0)))

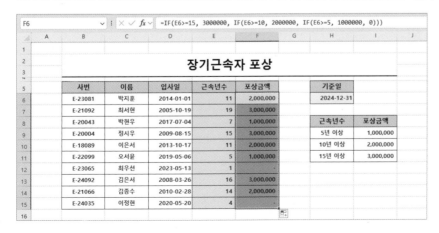

07 결과가 제대로 반환되므로 군이 수식을 고쳐야 할 이유는 없지만, 근속년수에 따른 포상금액 지급액이 5년에 100만 원씩 늘어나므로 이 패턴을 그대로 수식에 적용할 수 있습니다. [F6] 셀에 다음 수식을 입력하고 [F6] 셀의 채우기 핸들⊞을 더블클릭해 수식을 복사합니다.

```
=INT(E6/5)*1000000
```

	F6			f_x	=INT(E6/5)*1000000				

장기근속자 포상

사번	이름	입사일	근속년수	포상금액		기준일	
E-23081	박지훈	2014-01-01	11	2,000,000		2024-12-31	
E-21092	최서현	2005-10-19	19	3,000,000			
E-20043	박현우	2017-07-04	7	1,000,000		근속년수	포상금액
E-20004	정시우	2009-08-15	15	3,000,000		5년 이상	1,000,000
E-18089	이은서	2013-10-17	11	2,000,000		10년 이상	2,000,000
E-22099	오서율	2019-05-06	5	1,000,000		15년 이상	3,000,000
E-23065	최우선	2023-05-13	1	-			
E-24092	김은서	2008-03-26	16	3,000,000			
E-21066	김종수	2010-02-28	14	2,000,000			
E-24035	이정현	2020-05-20	4	-			

엑셀마스터가 짚어주는 핵심 NOTE

INT 함수 수식 이해하기

이번 예제의 경우 5년에 100만 원, 10년에 200만 원, 15년에 300만 원 등 일정한 간격으로 포상금액이 결정됩니다. 그러므로 근속년수를 5로 나눈 몫 값에 100만 원을 곱해도 동일한 결과를 얻을 수 있습니다.

이번 수식에서는 나눗셈의 몫을 얻기 위해 숫자의 정수 부분만 반환해주는 INT 함수를 사용했습니다. 그러므로 아래 부분은 근속년수를 5로 나눈 몫이 반환된다고 생각하면 됩니다.

```
=INT(E6/5)
```

여기에 100만 원을 곱한 수식인데, 100만 원의 0을 입력하는 것이 번거롭다면 10^6을 곱하는 방법을 사용해도 됩니다.

```
=INT(E6/5)*10^6
```

IF 함수를 사용해 초과 근무 시간 계산하기 | with 챗GPT

예제 파일 CHAPTER 04 \ IF 함수-시간.xlsx

01 예제 파일을 열면 직원들의 근무 시간이 기록된 표를 확인할 수 있습니다.

사번	이름	출근시간	퇴근시간	총근무시간	오버타임
E-23081	박지훈	8:27 AM	6:49 PM		
E-21092	최서현	8:37 AM	6:48 PM		
E-20043	박현우	8:48 AM	7:22 PM		
E-20004	정시우	8:16 AM	7:15 PM		
E-18089	이은서	휴무			
E-22099	오서윤	8:46 AM	6:47 PM		
E-23065	최우선	8:25 AM	7:47 PM		
E-24092	김은서	8:00 AM	7:21 PM		
E-21066	김종수	휴무			
E-24035	이정현	8:42 AM	7:01 PM		

02 D열의 출근시간 값이 '휴무'가 아닌 경우 근무 시간을 계산해보겠습니다.

03 [F6] 셀에 다음 수식을 입력하고 [F6] 셀의 채우기 핸들 🔳을 더블클릭해 수식을 복사합니다.

=IF(D6〈〉"휴무", E6-D6, 0)

F6 ∨ : × ✓ fx =IF(D6<>"휴무", E6-D6, 0)

초과 근무 시간 계산

사번	이름	출근시간	퇴근시간	총근무시간	오버타임
E-23081	박지훈	8:27 AM	6:49 PM	10:22	
E-21092	최서현	8:37 AM	6:48 PM	10:11	
E-20043	박현우	8:48 AM	7:22 PM	10:33	
E-20004	정시우	8:16 AM	7:15 PM	10:59	
E-18089	이은서	휴무		0:00	
E-22099	오서윤	8:46 AM	6:47 PM	10:01	
E-23065	최우선	8:25 AM	7:47 PM	11:21	
E-24092	김은서	8:00 AM	7:21 PM	11:20	
E-21066	김종수	휴무		0:00	
E-24035	이정현	8:42 AM	7:01 PM	10:19	

TIP [D6] 셀의 값이 휴무가 아닌 경우 퇴근시간에서 출근시간을 빼 계산합니다.

04 퇴근시간을 기준으로 오버타임을 계산합니다.

CHAPTER 04 꼭 알아야 하는 핵심 함수① : 판단 함수 ▾ **101**

05 [G6] 셀에 다음 수식을 입력하고 [G6] 셀의 채우기 핸들▣을 더블클릭해 수식을 복사합니다.

=IF(D6〈〉"휴무", E6 − TIME(18, 0, 0), 0)

	A	B	C	D	E	F	G	H
						G6		
G6					fx	=IF(D6<>"휴무", E6 - TIME(18, 0, 0), 0)		

초과 근무 시간 계산

사번	이름	출근시간	퇴근시간	총근무시간	오버타임
E-23081	박지훈	8:27 AM	6:49 PM	10:22	0:49
E-21092	최서현	8:37 AM	6:48 PM	10:11	0:48
E-20043	박현우	8:48 AM	7:22 PM	10:33	1:22
E-20004	정시우	8:16 AM	7:15 PM	10:59	1:15
E-18089	이은서	휴무		0:00	0:00
E-22099	오서윤	8:46 AM	6:47 PM	10:01	0:47
E-23065	최우선	8:25 AM	7:47 PM	11:21	1:47
E-24092	김은서	8:00 AM	7:21 PM	11:20	1:21
E-21066	김종수	휴무		0:00	0:00
E-24035	이정현	8:42 AM	7:01 PM	10:19	1:01

엑셀마스터가 짚어주는 핵심 NOTE

TIME 함수 수식 이해하기

이번 수식은 정규 퇴근시간인 오후 6시를 기준으로, 퇴근시간에서 정규 퇴근시간을 빼 오버타임을 계산합니다. 수식 내에서는 오후 6시를 입력하기 위해 TIME 함수를 사용하고 있는데, TIME 함수는 =TIME(시, 분, 초)와 같이 사용하면 입력된 시간을 반환해줍니다.

TIME 함수 없이 수식을 입력하려면 다음과 같이 입력해도 됩니다.

=IF(D6〈〉"휴무", E6−18/24, 0)

18/24는 오후 6시를 24시간제로 표현한 18시간을 24로 나눈 값으로, 이렇게 시간으로 딱 떨어지는 경우 쉽게 시간을 입력할 수 있다는 장점이 있습니다.

다만, 오후 6시 20분과 같이 분을 함께 계산해야 한다면 TIME 함수를 사용해 =TIME(18, 20, 0)와 같이 입력하는 것이 쉽습니다.

06 계산된 오버타임을 30분 단위로만 인정한다고 할 경우 계산식을 수정합니다.

07 [G6] 셀의 수식을 다음과 같이 수정하고 [G6] 셀의 채우기 핸들▣을 더블클릭해 수식을 복사합니다.

=IF(D6〈〉"휴무", FLOOR(E6 − TIME(18, 0, 0), TIME(0, 30, 0)), 0)

| G6 | | | | f_x | =IF(D6<>"휴무", FLOOR(E6 - TIME(18, 0, 0), TIME(0, 30, 0)), 0) | | | |

초과 근무 시간 계산

사번	이름	출근시간	퇴근시간	총근무시간	오버타임
E-23081	박지훈	8:27 AM	6:49 PM	10:22	0:30
E-21092	최서현	8:37 AM	6:48 PM	10:11	0:30
E-20043	박현우	8:48 AM	7:22 PM	10:33	1:00
E-20004	정시우	8:16 AM	7:15 PM	10:59	1:00
E-18089	이은서	휴무		0:00	0:00
E-22099	오서윤	8:46 AM	6:47 PM	10:01	0:30
E-23065	최우선	8:25 AM	7:47 PM	11:21	1:30
E-24092	김은서	8:00 AM	7:21 PM	11:20	1:00
E-21066	김종수	휴무		0:00	0:00
E-24035	이정현	8:42 AM	7:01 PM	10:19	1:00

엑셀마스터가 짚어주는 핵심 NOTE

실무에서 자주 쓰는 FLOOR 함수 이해하기

이번 수식을 이해하려면 FLOOR 함수를 이해해야 합니다. FLOOR 함수는 두 번째 인수의 배수로 첫 번째 인수의 숫자를 내림 처리하는 함수로 이번과 같이 일정한 간격의 시간만 인정하는 경우 유용하게 사용할 수 있습니다. FLOOR 함수에 대한 자세한 설명은 아래를 참고합니다.

FLOOR (숫자, 기준 배수)

숫자를 배수의 기준이 되는 숫자로 내림 처리합니다.

인수	설명
숫자	내림 처리할 숫자
기준 배수	내림할 때 기준이 되는 배수 숫자

사용 예

=FLOOR(14, 5)

14를 5의 배수(즉, 5, 10, 15, …) 숫자 중 0에 가까운 5의 배수인 10으로 내림합니다.

> **TIP** 배수로 반올림할 때는 MROUND 함수를, 올림할 때는 CEILING 함수를 사용합니다.

즉, 이번 수식은 **05** 과정에서 계산한 결과를 30분 단위로 내림 처리하므로, 0:49, 0:48 등의 오버타임은 모두 0:30분으로 조정됩니다.

FLOOR 함수는 실무에서 자주 사용할 수 있는 함수이므로 시간 계산이 많은 분들은 잘 이해해두고 활용하면 좋습니다.

에러 제어를 위한 IFERROR, IFNA 함수

엑셀은 다양한 수식 에러가 발생할 수 있으므로, 에러를 반환하는 대신 빈 문자(" ")나, 0을 반환할 수 있도록 해주는 IFERROR, IFNA 함수 등을 제공합니다.

IFERROR, IFNA 함수

수식 에러가 발생한 경우 원하는 결과를 반환하려면 IF 함수 대신 IFERROR, IFNA 함수를 사용할 수 있습니다.

IFERROR 함수의 구문은 다음과 같습니다.

IFERROR (수식, value_if_error)

에러가 발생할 경우 원하는 값으로 대체해 반환합니다.

인수	설명
수식	에러가 발생했는지 확인할 수식
value_if_error	수식에서 에러가 발생할 경우 반환할 값

TIP 수식 에러 중에서 ####### 에러는 대응하지 못합니다.

이와 유사한 함수로 IFNA 함수가 있습니다. IFNA 함수는 IFERROR 함수와 사용 방법이 동일하지만 에러 중 #N/A 에러만 대체할 수 있습니다. IFNA 함수의 구문은 다음과 같습니다.

VER. IFNA 함수는 엑셀 2013 버전부터 지원됩니다.

IFNA (수식, value_if_na)

#N/A 에러가 발생한 경우 이를 원하는 값으로 대체해 반환합니다.

인수	설명
수식	#N/A 에러가 발생했는지 확인할 수식
value_if_na	수식에서 #N/A 에러가 발생할 경우 반환할 값

주로 #N/A 에러가 발생하는 VLOOKUP, MATCH 함수를 사용할 때 함께 사용하면 편리합니다. 어떤 에러가 발생할지 모를 때는 IFNA 보다는 IFERROR 함수를 사용하는 것이 좋습니다.

수식 에러를 원하는 값으로 대체하기 | with 챗GPT

예제 파일 CHAPTER 04 \ IFERROR 함수.xlsx

01 예제 파일을 열고 왼쪽 '단가표'에서 제품의 단가를 H열로 참조하는 수식을 작성해보겠습니다.

	A	B	C	D	E	F	G	H	I
1									
2		**단가표**				**주문내역**			
3									
4									
5		제품	단가		번호	제품	수량	단가	
6		레이저복합기 L200	834,000		1	무한잉크챗복합기 AP-5500W	2		
7		레이저복합기 L350	1,223,000		2	레이저복합기 L800	3		
8		레이저복합기 L500	1,110,000		3	잉크챗복합기 AP-3200	1		
9		레이저복합기 L650	936,000		4	잉크챗복합기 AP-5500	2		
10		레이저복합기 L800	1,256,000		5	레이저복합기 L200	1		
11		무한레이저복합기 L800C	1,136,000						
12		무한잉크챗복합기 AP-3300W	304,000						
13		무한잉크챗복합기 AP-5500W	314,000						
14		잉크챗복합기 AP-3200	#DIV/0!						
15		잉크챗복합기 AP-3300	290,000						
16		잉크챗복합기 AP-4900	446,000						
17		잉크챗복합기 AP-5500	968,000						
18									

02 [H6] 셀에 다음 수식을 입력하고 [H6] 셀의 채우기 핸들 을 더블클릭해 수식을 복사합니다.

=VLOOKUP(F6, $B$6:$C$17, 2, FALSE)

| H6 | ✕ ✓ fx | =VLOOKUP(F6, $B$6:$C$17, 2, FALSE) |

▲	A	B	C	D	E	F	G	H	I
1									
2		**단가표**				**주문내역**			
3									
5		제품	단가		번호	제품	수량	단가	
6		레이저복합기 L200	834,000		1	무한잉크젯복합기 AP-5500W	2	#N/A	
7		레이저복합기 L350	1,223,000		2	레이저복합기 L800	3	1,256,000	
8		레이저복합기 L500	1,110,000		3	잉크젯복합기 AP-3200	1	#DIV/0!	
9		레이저복합기 L650	936,000		4	잉크젯복합기 AP-5500	2	968,000	
10		레이저복합기 L800	1,256,000		5	레이저복합기 L200	1	834,000	
11		무한레이저복합기 L800C	1,136,000						
12		무한잉크젯복합기 AP-3300W	304,000						
13		무한잉크젯복합기 AP-5500W	314,000						
14		잉크젯복합기 AP-3200	#DIV/0!						
15		잉크젯복합기 AP-3300	290,000						
16		잉크젯복합기 AP-4900	446,000						
17		잉크젯복합기 AP-5500	968,000						

TIP H열에 작성한 수식에서 에러가 발생하는 위치는 [H6] 셀과 [H8] 셀입니다. [H8] 셀의 경우 원본 표의 [C14] 셀의 에러가 그대로 반환된 것이라고 이해할 수 있습니다. 하지만 [H6] 셀의 #N/A 에러는 왜 발생하는지 알기가 쉽지 않습니다. 참고로 [H6] 셀의 수식은 [F6] 셀의 제품을 찾으므로 위 화면에서는 [B13] 셀 위치에 존재합니다.

03 #N/A 에러 원인을 찾기 위해 [F6] 셀을 더블클릭해 데이터를 확인합니다.

04 수식 입력줄에서 데이터를 확인해보면 제품명 뒤에 공백 문자(┌Spacebar┐)가 입력되어 있는 걸 확인할 수 있습니다.

| F6 | ✕ ✓ fx | 무한잉크젯복합기 AP-5500W |

▲	A	B	C	D	E	F	G	H	I
1									
2		**단가표**				**주문내역**			
3									
5		제품	단가		번호	제품	수량	단가	
6		레이저복합기 L200	834,000		1	무한잉크젯복합기 AP-5500W	2	#N/A	

05 에러가 발생하는 값들은 모두 '확인필요'를 표시하도록 수식을 수정합니다. [H6] 셀의 수식을 다음과 같이 변경하고 [H6] 셀의 채우기 핸들┼을 더블클릭해 수식을 복사합니다.

=IFERROR(VLOOKUP(F6, $B$6:$C$17, 2, FALSE), "확인필요")

| H6 | ✕ ✓ fx | =IFERROR(VLOOKUP(F6, $B$6:$C$17, 2, FALSE), "확인필요") |

▲	A	B	C	D	E	F	G	H	I
1									
2		**단가표**				**주문내역**			
3									
5		제품	단가		번호	제품	수량	단가	
6		레이저복합기 L200	834,000		1	무한잉크젯복합기 AP-5500W	2	확인필요	
7		레이저복합기 L350	1,223,000		2	레이저복합기 L800	3	1,256,000	
8		레이저복합기 L500	1,110,000		3	잉크젯복합기 AP-3200	1	확인필요	
9		레이저복합기 L650	936,000		4	잉크젯복합기 AP-5500	2	968,000	
10		레이저복합기 L800	1,256,000		5	레이저복합기 L200	1	834,000	
11		무한레이저복합기 L800C	1,136,000						
12		무한잉크젯복합기 AP-3300W	304,000						
13		무한잉크젯복합기 AP-5500W	314,000						
14		잉크젯복합기 AP-3200	#DIV/0!						
15		잉크젯복합기 AP-3300	290,000						

엑셀마스터가 짚어주는 핵심 NOTE

IFERROR 함수 수식 이해하기

IFERROR 함수는 수식 에러(#N/A)를 다른 값으로 대체할 때 사용합니다. 이번 수식에서 에러가 발생한 부분을 빈 셀로 표시하려면 수식을 다음과 같이 수정합니다.

=IFERROR(VLOOKUP(F6, \$B\$6:\$C\$17, 2, FALSE), "")

다만 이렇게 뒤에 공백이 있는 경우는 제대로 값을 참조해 오도록 하려면 제품 뒤에 입력된 공백을 제거해야 하는데, 이런 작업을 수식으로 해결하려면 다음과 같은 수식으로 변경하면 됩니다.

=VLOOKUP(TRIM(F6), \$B\$6:\$C\$17, 2, FALSE)

수식을 위와 같이 수정하면 [H6] 셀의 단가는 제대로 참조하지만, [H8] 셀의 #DIV/0! 에러는 원본 표([C14] 셀)의 에러가 그대로 반환되는 것이기 때문에 IFERROR 함수를 함께 사용하는 것이 좋습니다. 이 부분은 모두 수식을 직접 입력해 결과를 확인해보길 권합니다.

CHAPTER
05

꼭 알아야 하는 핵심 함수② : 집계/통계 함수

이번 CHAPTER의 핵심!

- 데이터를 요약하는
  집계 함수 사용하기
- 데이터를 설명하는
  통계 함수 사용하기

데이터가 많이 쌓이는 경우 의사결정권자들은 데이터를 이해하고 합리적인 의사결정을 위해 실무자들에게 많은 보고서를 요구하게 됩니다. 이런 보고서를 구성할 때 사용할 수 있는 함수가 바로 집계/통계 함수입니다.

간단하게 집계는 데이터를 요약할 수 있는 함수로 개수(COUNT)나 합계(SUM)를 구하는 작업이 대표적이고, 사칙연산으로는 덧셈(+)이나 곱셈(*)과 같은 연산이 이에 해당됩니다. 하지만 요약된 숫자는 전체 데이터를 대표하기는 어렵기 때문에, 평균(AVERAGE)이나 최대/최소(MAX/MIN) 등을 통해 데이터의 범위나 편차에 대해 설명해야 합니다. 이런 함수를 통계 함수라고 합니다. 사칙연산에서는 뺄셈(−)이나 나눗셈(/)과 같은 연산을 통해 차이를 설명하거나, 비율을 구하는 작업 등을 진행합니다.

예를 들어 특정 기업의 가치를 알기 위해 주가와 발행 수를 곱해 시가총액이라는 항목을 이용합니다. 하지만 기업의 주가는 수시로 변하기 때문에 '기업의 가치가 얼마다'라고 명확하게 설명하는 것은 쉽지 않습니다.

그렇기 때문에 5일, 20일 평균 주가나, 52주 최저가/최고가 등을 통해 기업의 주가를 파악하고, 이를 통해 해당 기업의 가치를 설명하는 경우가 많습니다. 물론 엑셀에는 좀 더 전문적인 통계 함수가 많이 제공되지만, 이런 것들은 복잡한 선행 지식이 필요해서 많은 사람들이 공유하고 이해해야 하는 보고서에 넣기는 쉽지 않습니다. 그렇기 때문에 데이터를 요약하고 설명할 때는 가장 기본이 되는 집계/통계 함수를 보다 잘 이해할 필요가 있으며, 이번 CHAPTER에서 다양한 사례를 통해 이런 부분을 설명하고자 합니다.

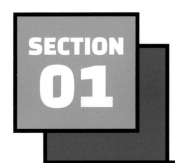
데이터를 요약하고 데이터를 설명하는 집계/통계 함수

간단하게 설명하면 범위 내 데이터를 하나로 요약할 때 사용하는 함수가 집계 함수이고, 데이터를 설명할 때 사용하는 함수가 통계 함수입니다. 집계/통계 함수의 대표 함수는 COUNT, SUM, AVERAGE, MAX, MIN 등입니다. 일반적으로 사용할 때는 함수의 역할을 구분하기 쉽지 않지만, COUNT나 SUM 함수는 주로 데이터를 요약할 때 사용되며, AVERAGE, MAX, MIN 함수는 데이터를 설명할 때 주로 사용된다고 이해하면 쉽습니다.

SUM, AVERAGE, COUNT, MAX, MIN 함수

사실 엑셀 함수 중에서 SUM, AVERAGE, COUNT, MAX, MIN 함수는 이름만 알면 사용이 크게 어려운 함수들은 아닙니다. 대부분의 함수들이 집계할 데이터 범위를 인수로 전달하면 순서대로 합계, 평균, 개수, 최댓값, 최솟값을 반환해주기 때문입니다. 다음 표를 참고합니다.

함수	설명	사용 예
SUM	범위 내 숫자의 합계를 구합니다.	=SUM(A1:A10)
AVERAGE	범위 내 숫자의 평균을 구합니다.	=AVERAGE(A1:A10)
COUNT	범위 내 숫자의 개수를 구합니다.	=COUNT(A1:A10)
MAX	범위 내 숫자의 최댓값을 구합니다.	=MAX(A1:A10)
MIN	범위 내 숫자의 최솟값을 구합니다.	=MIN(A1:A10)

위 설명에서 확인할 수 있듯이 집계/통계 함수들은 대부분 범위 내 숫자 데이터를 대상으로 동작합니다. 다만 개수를 구하는 COUNT 함수에는 데이터 형식과 무관하게 데이터 개수를 구하는 COUNTA 함수도 제공됩니다.

LINK COUNT 계열 함수에 대한 자세한 설명은 이 책의 116페이지를 참고합니다.

집계/통계 함수로 데이터 설명하는 방법 이해하기

예제 파일 CHAPTER 05 \ 집계, 통계 함수.xlsx

01 예제 파일을 열면 다음과 같은 표를 확인할 수 있습니다.

	A	B	C	D	E	F	G	H	I
1									
2		조사 데이터					통계		
3									
5		본사	자회사			항목	본사	자회사	
6		4,600	4,200			인원			
7		4,200	4,300			합계			
8		4,200	3,100			평균			
9		3,900	2,500			최대			
10		3,900	3,700			최소			
11		3,100	4,900						
12		3,400	2,700						
13		3,300	3,600						
14		4,200	4,300						
15		4,000	3,000						
16		3,600	3,700						
17		4,400	3,700						
18		3,400	4,700						
19		4,500	2,400						
20		4,700	4,600						
21									

02 왼쪽 표는 본사와 자회사에서 5년 이하로 근속한 직원들의 연봉을 정리해놓은 것입니다. 두 회사의 연봉을 설명하는 작업을 집계/통계 함수를 사용해 처리해보겠습니다.

03 [G6:G10] 범위에 다음 수식을 각각 입력하고 [G6:G10] 범위를 지정한 다음 채우기 핸들➕을 H열까지 드래그합니다.

[G6] 셀 : =COUNT(B6:B20)

[G7] 셀 : =SUM(B6:B20)

[G8] 셀 : =AVERAGE(B6:B20)

[G9] 셀 : =MAX(B6:B20)

[G10] 셀 : =MIN(B6:B20)

G6		✕ ✓ fx	=COUNT(B6:B20)					

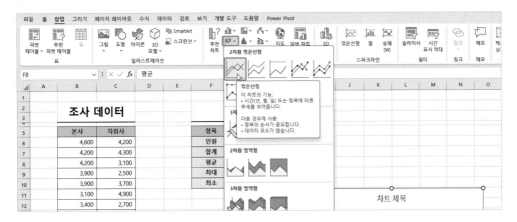

	A	B	C	D	E	F	G	H	I
1									
2		조사 데이터					통계		
3									
5		본사	자회사			항목	본사	자회사	
6		4,600	4,200			인원	15	15	
7		4,200	4,300			합계	59,400	55,400	
8		4,200	3,100			평균	3,960	3,693	
9		3,900	2,500			최대	4,700	4,900	
10		3,900	3,700			최소	3,100	2,400	
11		3,100	4,900						
12		3,400	2,700						
13		3,300	3,600						
14		4,200	4,300						
15		4,000	3,000						
16		3,600	3,700						
17		4,400	3,700						
18		3,400	4,700						
19		4,500	2,400						
20		4,700	4,600						

엑셀마스터가 짚어주는 핵심 NOTE

'통계' 데이터 이해하기

'통계' 데이터는 본사와 자회사의 연봉을 15명씩 비교했으며, 연봉 총액은 본사가 59,400으로 자회사보다 4,000 더 많습니다. 평균 역시 본사가 3,960으로 자회사보다 267 더 많습니다. 하지만 최고 연봉은 자회사가 4,900으로 본사보다 200 더 많습니다. 그에 반해 최저 연봉은 본사가 3,100으로 자회사보다 700 더 많습니다. 이것으로 자회사가 본사에 비해 연봉 편차가 더 심한 편이며 최저 연봉도 더 낮다는 것을 알 수 있습니다.

04 한눈에 들어오게 위 자료를 차트로 정리해보겠습니다.

TIP 차트로 표현할 때는 평균, 최대, 최소 정도를 이용해 설명하는 것이 좋습니다.

05 [F5:H5] 범위를 지정하고 Ctrl 을 누른 상태에서 [F8:H10] 범위를 지정합니다.

06 리본 메뉴의 [삽입] 탭-[차트] 그룹-[꺾은선형 및 영역형 차트 삽입⌇]을 클릭하고 [꺾은선형] 차트를 선택합니다.

07 생성된 차트를 [F12:H20] 범위에 맞게 크기를 조정합니다.

⊿	A	B	C	D	E	F	G	H	I
1									
2		조사 데이터					통계		
3									
4									
5		본사	자회사			항목	본사	자회사	
6		4,600	4,200			인원	15	15	
7		4,200	4,300			합계	59,400	55,400	
8		4,200	3,100			평균	3,960	3,693	
9		3,900	2,500			최대	4,700	4,900	
10		3,900	3,700			최소	3,100	2,400	
11		3,100	4,900						
12		3,400	2,700						
13		3,300	3,600				차트 제목		
14		4,200	4,300						
15		4,000	3,000						
16		3,600	3,700						
17		4,400	3,700						
18		3,400	4,700						
19		4,500	2,400						
20		4,700	4,600						
21									

TIP Alt 를 누르고 차트 테두리의 크기 조정 핸들◯을 조정하면 차트 크기를 쉽게 조정할 수 있습니다.

08 현재와 같은 모습보다는 계열과 X축 항목이 변경되어야 좀 더 이해하기 쉬운 차트가 됩니다. 차트가 선택된 상태에서 리본 메뉴의 [차트 디자인] 탭-[데이터] 그룹-[행/열 전환⊞]을 클릭합니다. 변경된 차트는 다음과 같습니다. 본사의 연봉은 편차가 적고 안정적이지만, 자회사의 연봉은 편차가 크다는 것을 쉽게 알 수 있습니다.

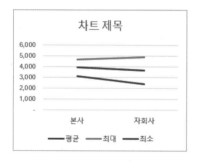

09 편차를 더욱 정확하게 표시하기 위해 꺾은 선 그래프의 최고/최저점을 연결합니다. 차트가 선택된 상태에서 [차트 디자인] 탭-[차트 레이아웃] 그룹-[차트 요소 추가]를 클릭합니다. 하위 메뉴에서 [선]-[최고/최저값 연결선]을 클릭합니다.

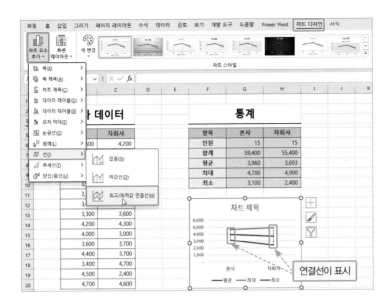

10 추가된 연결선을 선택하고 [서식] 탭-[도형 스타일] 그룹-[도형 윤곽선]을 클릭합니다. 하위 메뉴에서 [두께]-[6pt]를 선택합니다.

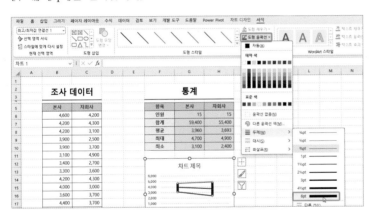

11 [도형 윤곽선]을 다시 클릭하고 원하는 색상을 적용합니다. Y축 시작 값을 2,000으로 변경하고 눈금 선을 없앤 뒤 연결선을 양방향 화살표로 변경한 후 차트 제목을 더블클릭해 제목을 적당하게 수정하면 오른쪽과 같은 차트를 얻을 수 있습니다.

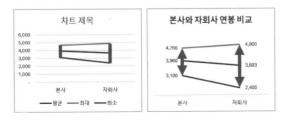

TIP Y축을 더블클릭해 [최소값]을 변경할 수 있습니다. 눈금선을 없애려면 눈금선을 선택한 뒤 리본 메뉴의 [서식] 탭-[도형 스타일] 그룹-[도형 윤곽선]을 클릭하고 [윤곽선 없음]을 클릭하면 됩니다. 나아가 Y축을 더블클릭해 [축 레이블]을 [없음]으로 변경하고 [데이터 레이블]을 추가하면 정확한 데이터 값을 보여줄 수 있습니다.

SECTION 02

개수를 세는 다양한 COUNT 함수

COUNT, COUNTA, COUNTBLANK, COUNTIF, COUNTIFS 함수

엑셀에는 다양한 데이터가 사용되며 필요하다면 원하는 조건에 맞는 데이터를 집계할 수 있습니다. 특히 개수를 셀 때 사용하는 COUNT 함수는 COUNT 함수뿐만 아니라 COUNTA, COUNTBLANK, COUNTIF, COUNTIFS 함수 등 다양한 함수를 제공합니다.

COUNT 함수의 종류와 역할은 다음과 같습니다.

함수	설명
COUNT	범위 내 숫자 데이터를 갖는 셀의 개수를 반환합니다.
COUNTA	범위 내 데이터가 입력된 셀의 개수를 반환합니다.
COUNTBLANK	범위 내 빈 셀의 개수를 반환합니다.
COUNTIF	범위 내 사용자가 지정한 조건 하나를 만족하는 셀의 개수를 반환합니다.
COUNTIFS	범위 내 사용자가 지정한 한 개 이상의 조건을 모두 만족하는 개수를 반환합니다.

개별 함수의 구문은 다음을 참고합니다. 먼저 COUNT 함수의 구문은 다음과 같습니다.

COUNT (숫자1, 숫자2, 숫자3, …)

숫자 데이터의 개수를 세어 반환합니다.

인수	설명
숫자	개수를 셀 숫자 데이터 또는 데이터 범위

- **숫자** 인수에는 보통 [A1:A100]과 같은 범위를 전달하는 경우가 많습니다.
- 날짜/시간 데이터도 엑셀에서는 숫자이므로 COUNT 함수를 이용해 개수를 셀 수 있습니다.

COUNTA 함수는 COUNT 함수보다 더 활용도가 높으며 구문은 다음과 같습니다.

COUNTA (값1, 값2, 값3, …)

데이터가 입력된 셀의 개수를 세어 반환합니다.

인수	설명
값	개수를 셀 데이터 또는 데이터 범위

- 숫자, 날짜/시간, 논릿값, 텍스트 데이터를 갖는 모든 셀의 개수를 셀 수 있습니다.
- 수식에서 빈 문자("")를 반환한 셀도 COUNTA 함수는 1로 카운트합니다.
- 눈에는 보이지 않는 공백 문자(" ")만 입력된 셀도 1로 카운트합니다.

COUNTBLANK 함수는 빈 셀의 개수를 셀 수 있으며 구문은 다음과 같습니다.

COUNTBLANK (범위)

빈 셀의 개수를 세어 반환합니다.

인수	설명
범위	빈 셀이 포함된 데이터 범위

- 수식에서 빈 문자("")를 반환한 셀도 1로 카운트합니다.
- 공백 문자(" ")가 입력된 셀은 빈 셀로 인식하지 않아 카운트하지 않습니다.

사용자가 원하는 조건에 맞는 셀의 개수를 셀 수 있는 COUNTIF 함수의 구문은 다음과 같습니다.

COUNTIF (범위, 조건)

범위에서 **조건**에 맞는 셀의 개수를 세어 반환합니다.

인수	설명
범위	개수를 셀 데이터 범위
조건	범위에 적용할 조건을 설정

함수 뒤에 **IF**가 붙는 조건 인수는 다음과 같은 세 가지 방법으로 구성됩니다.

조건	설명
">=10"	비교 연산자와 비교할 값을 큰따옴표 안에 입력합니다. 이 부분은 자동 필터에서 화면에 표시할 데이터의 조건을 설정하는 것과 동일합니다.
"10"	비교 연산자 중에서 같다(=)는 생략할 수 있어, 비교 연산자가 표시되지 않으면 같다(=)가 생략된 것으로 인식합니다.
">=" & A1	비교할 값을 다른 위치에서 참조하려면 비교 연산자와 셀 참조를 & 연산자로 연결하는 방법으로 조건을 구성합니다.

여러 조건을 모두 만족하는 셀의 개수를 셀 수 있는 COUNTIFS 함수의 구문은 다음과 같습니다.

COUNTIFS (범위1, 조건1, 범위2, 조건2, …)

범위 내 **조건**을 모두 만족하는 셀의 개수를 세어 반환합니다.

인수	설명
범위	개수를 셀 데이터 범위
조건	범위에 적용할 조건으로, 설정 방법은 COUNTIF 함수와 동일

- 이 함수는 최대 127개의 **조건**을 설정할 수 있습니다.
- **범위**와 **조건** 인수가 하나씩 짝을 이뤄 한 개의 조건이 구성되며, COUNTIFS 함수는 모든 조건이 만족되는 개수를 세므로, AND 함수와 같이 모든 조건이 TRUE인 경우의 개수를 반환합니다.
- COUNTIFS 함수는 **조건**을 하나 이상 설정할 수 있으며, 한 개만 설정하면 COUNTIF 함수와 동일합니다.

COUNTIFS(범위1, 조건1) = COUNTIF(범위, 조건)

COUNT 계열 함수와 도넛형 차트를 사용해 전체 현황 빠르게 파악하기

예제 파일 CHAPTER 05 \ COUNT 계열 함수.xlsx

01 예제 파일을 열고 왼쪽 표의 데이터를 참고해 오른쪽 표 항목을 집계해보겠습니다.

02 근무 중과 출장 중인 직원을 구분하기 위해 [I6:I8] 범위에 다음 수식을 입력합니다.

[I6] 셀 : =COUNTA(B6:B105)

[I8] 셀 : =COUNTIF(F6:F105, "출장")

[I7] 셀 : =I6-I8

	I7		⌄	⦂ × ✓ ƒx	=I6-I8							

▲	A	B	C	D	E	F	G	H	I	J	K	L
1												
2			**직 원 명 부**						**직 원**			
3												
5		사번	이름	직위	성별	출장		구분	직원수		성별	직원수
6		1	신**	사원	남			전체	100		남	
7		2	김**	과장	남			근무중	91		여	
8		3	신**	사원	남			출장	9			
9		4	정**	과장	남	출장						
10		5	신**	대리	남							
11		6	최**	사원	남							
12		7	임**	대리	남			**전체 현황**		**성별 비율**		
13		8	김**	대리	남							
14		9	조**	사원	남							
15		10	김**	부장	남	출장						
16		11	박**	사원	여							
17		12	이**	사원	여							
18		13	한**	차장	여							
19		14	박**	사원	여							
20		15	김**	과장	여							
21		16	최**	사원	여							
22		17	최**	대리	여	출장						
23		18	박**	대리	남							
102		97	윤**	차장	여							
103		98	김**	대리	남							
104		99	최**	대리	여							
105		100	박**	사원	남							
106												

엑셀마스터가 짚어주는 핵심 NOTE

도넛형 차트와 COUNT 계열 함수 수식 이해하기

하단의 도넛형 차트는 미리 구성해놓은 것으로, 직원 전체 현황을 빠르게 파악하기 위해 표 순서대로가 아니고 ①전체, ③출장, ②근무중 순서로 직원수를 집계했습니다. 이런 식의 집계 작업에서는 집계 순서가 중요한데, 순서가 잘못된 경우 복잡한 수식을 여러 번 작성할 수도 있기 때문입니다. 이번 같은 경우라면 ②근무중, ③출장을 먼저 구하고, ①전체 직원수를 합산하는 방법으로 구해도 편합니다.

[I6] 셀에 입력한 수식은 COUNTA 함수를 사용해 [B6:B105] 범위에서 데이터가 입력된 개수를 구하고 있습니다. B열의 데이터는 숫자이므로 COUNT 함수를 써도 동일한 결과가 반환되지만, 전체 개수를 셀 때는 데이터 형식과 무관하게 입력된 모든 것을 세는 COUNTA 함수를 사용하는 것이 더 좋습니다.

[I8] 셀에 입력된 수식은 COUNTIF 함수를 사용했습니다. 생략된 비교 연산자를 포함해 정확하게 조건을 입력하면 다음과 같은 수식이 됩니다.

=COUNTIF(F6:F105, "=출장")

사실 이번과 같은 경우는 COUNTA 함수를 사용해 빈 셀을 제외한 셀 개수를 세어도 됩니다.

=COUNTA(F6:F105)

다만, 빈 셀이 정말 빈 셀인지 아니면 눈에 안 보이는 문자가 입력되어 있는지는 알 수 없기 때문에 COUNTIF 함수를 사용하는 것이 더 좋은 선택입니다.

[I7] 셀은 앞선 두 개를 모두 구했다면 굳이 함수를 사용할 필요가 없어 [I6] 셀에서 [I8] 셀 값을 빼서 구합니다. 이 부분을 함수로 사용하려면 COUNTBLANK 함수 또는 COUNTIF 함수를 다음과 같이 사용할 수 있습니다.

=COUNTBLANK(F6:F105)
=COUNTIF(F6:F105, "〈〉출장")

위의 두 수식 중 하나를 사용한다면 COUNTIF 함수를 사용하는 것이 더 좋습니다.

03 이번엔 성별로 직원수를 구합니다. [L6] 셀에 다음 수식을 입력하고 채우기 핸들을 [L7] 셀까지 드래그해 수식을 복사합니다.

=COUNTIF($E$6:$E$105, K6)

엑셀마스터가 짚어주는 핵심 NOTE

COUNTIF 함수 수식 이해하기

이번 수식은 성별이 입력된 E열에서 '남', '여'와 같은 성별의 개수를 구하기 위한 것으로, COUNTIF 함수가 사용되었습니다. 이번 수식에서 생략한 부분까지 모두 입력하면 다음과 같은 수식이 됩니다.

=COUNTIF($E$6:$E$105, "=" & K6)

그러면 개수를 셀 조건은 다음과 같아집니다.

E6:E105=K6

[K6] 셀에는 '성별'이 입력되어 있으므로 조건은 다음과 같이 해석될 수 있습니다.

E6:E105="남"

즉, [E6:E105] 범위에서 [K6] 셀의 값과 동일한 값이 입력된 셀의 개수를 세는 수식으로, 이렇게 원하는 조건에 맞는 셀의 개수를 셀 때 유용하게 사용될 수 있습니다.

04 이번에는 직위별로 성별, 직원수를 따로 센 다음 합산을 합니다. [O6] 셀에 다음 수식을 입력하고 [O6] 셀의 채우기 핸들⊞을 [P6] 셀로 드래그해 수식을 복사합니다. 이어서 채우기 핸들⊞을 10행까지 드래그해 수식 복사 작업을 마무리합니다.

=COUNTIFS($D$6:$D$105, $N6, $E$6:$E$105, O$5)

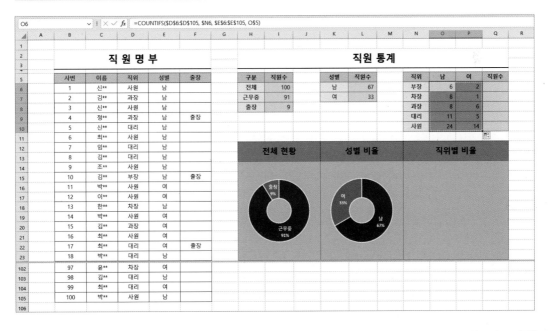

엑셀마스터가 짚어주는 핵심 NOTE

COUNTIFS 함수 수식 이해하기

이번 수식은 혼합 참조를 사용해 직위와 성별 조건을 COUNTIFS 함수에 전달하고 있습니다. 이번 수식을 쉽게 이해하기 위해서는 조건을 다음과 같이 나눠 생각하는 것이 좋습니다.

> **D6:D105=N6**
> **E6:E105=O5**

[N6] 셀은 '직위'가 입력되어 있고, [O5] 셀에는 '성별'이 입력되어 있으므로, 조건은 다음과 같이 표시될 수 있습니다.

> **D6:D105="부장"**
> **E6:E105="남"**

수식을 복사할 때마다 조건 값이 입력된 [N6] 셀과 [O5] 셀의 참조 방식이 혼합 참조 방식으로 설정되었습니다. [N6] 셀은 [N6] 셀을 포함한 모든 조건이 [N6:N10] 범위에 있으므로, 열 주소는 고정하고 행 주소만 바뀔 수 있도록 $N6과 같이 참조되었고, [O5] 셀은 [O5] 셀을 포함한 모든 조건이 [O5:P5] 범위에 있으므로, 행 주소는 고정하고 열 주소만 바뀔 수 있도록 O$5와 같이 참조되었습니다.

혼합 참조는 초보자들이 쉽게 이해할 수 있는 부분은 아니므로, 초보자라면 [O6] 셀과 [P6] 셀에 수식을 각각 따로 입력하는 것이 쉽습니다.

> **[O6] 셀 : =COUNTIFS($D$6:$D$105, N6, $E$6:$E$105, $O$5)**

> **[P6] 셀 : =COUNTIFS($D$6:$D$105, N6, $E$6:$E$105, $P$5)**

위 수식과 **04** 과정 수식을 비교해보면서 어떤 부분에 차이가 있는지 확인해보는 것을 권합니다.

05 직위별 직원수를 구하기 위해 [Q6] 셀에 다음 수식을 입력하고 [Q6] 셀의 채우기 핸들⬚을 [Q10] 셀까지 드래그해 수식을 복사합니다.

```
=SUM(O6:P6)
```

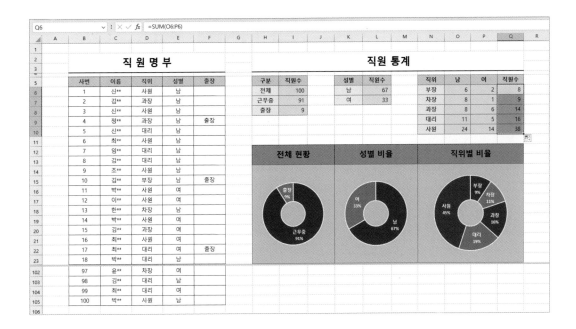

Q6 =SUM(O6:P6)

직 원 명 부

사번	이름	직위	성별	출장
1	신**	사원	남	
2	김**	과장	남	
3	신**	사원	남	
4	정**	과장	남	출장
5	신**	대리	남	
6	최**	사원	남	
7	임**	대리	남	
8	김**	대리	남	
9	조**	사원	남	
10	김**	부장	남	출장
11	박**	사원	여	
12	이**	사원	여	
13	한**	차장	남	
14	박**	사원	여	
15	김**	과장	여	
16	최**	사원	여	
17	최**	대리	여	출장
18	박**	대리	남	
97	윤**	차장	여	
98	김**	대리	남	
99	최**	대리	여	
100	박**	사원	남	

직 원 통 계

구분	직원수
전체	100
근무중	91
출장	9

성별	직원수
남	67
여	33

직위	남	여	직원수
부장	6	2	8
차장	8	1	9
과장	8	6	14
대리	11	5	16
사원	24	14	38

전체 현황 / **성별 비율** / **직위별 비율**

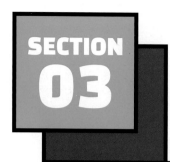

순위를 구할 땐 RANK, COUNTIF, COUNTIFS 함수

SECTION 03

COUNT 계열 함수는 단순한 용도로는 1, 2, 3, …과 같은 개수를 확인하려고 할 때 사용할 수 있습니다. 하지만 개수를 세는 방법은 다양한 응용이 가능한데, 대표적으로 순위를 구하는 작업도 개수를 세는 방법으로 처리할 수 있습니다.

RANK, RANK.EQ 함수

엑셀에는 순위를 구할 때 사용할 수 있는 RANK, RANK.EQ 함수 등이 제공되지만, 따로 조건을 설정할 수는 없습니다. RANK 함수의 구문은 다음과 같습니다.

TIP RANK 함수와 RANK.EQ 함수는 사용 방법이 동일합니다.

RANK (숫자, 범위, 정렬 방법)

숫자가 **범위** 내에서 몇 번째 값인지 순위를 반환합니다.

인수	.	설명
숫자		순위를 구할 숫자 또는 해당 값이 입력된 셀
범위		순위를 구할 숫자가 입력된 전체 범위
정렬 방법		순위를 내림차순으로 구할지, 오름차순으로 구할지 결정하는 옵션으로 생략하면 내림차순으로 순위를 구합니다. 사용할 수 있는 옵션은 다음과 같습니다.

정렬 방법	설명
0	내림차순으로, 제일 큰 값이 1등입니다.
1	오름차순으로, 제일 작은 값이 1등입니다.

RANK 함수 결과를 개수를 세는 방법으로 구하려면, 순위를 구할 값보다 큰 값이 몇 개 있는지 세어 그 결과에 1을 더해주면 됩니다. RANK 함수와 COUNTIF 함수는 다음과 같은 연관성을 갖습니다.

=RANK(숫자, 범위) = COUNTIF(범위, ")" & 숫자) + 1

일반/평균/조정/DENSE 순위를 구하는 방법

저자의 유튜브 채널에서 RANK 함수를 활용해 다양한 순위를 구하는 방법을 영상 강의로 확인할 수 있습니다.

https://youtu.be/P_4JxWTJ48I

SECTION 04

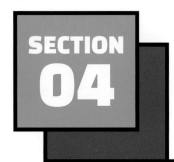

데이터를 요약할 땐 SUM, SUMIF, SUMIFS 함수

SUM, SUMIF, SUMIFS 함수

개수 대신 합계를 구하려면 SUM 함수를 사용하면 됩니다. SUM 함수는 모든 숫자의 합계를 구해주지만, SUMIF와 SUMIFS 함수를 사용하면 조건에 맞는 숫자의 합계를 구할 수 있습니다.

SUM 함수의 구문은 다음과 같습니다.

SUM (숫자1, 숫자2, 숫자3, …)

숫자의 합계를 구합니다.

인수	설명
숫자	합계를 구하려는 숫자 또는 숫자 값을 갖는 셀(또는 범위)

SUM 함수는 숫자만 더할 수 있고, 텍스트형 숫자는 더할 수 없습니다.

SUMIF 함수의 구문은 다음과 같습니다.

SUMIF (범위, 조건, 합계 범위)

조건을 만족하는 숫자의 합계를 구합니다.

인수	설명
범위	조건을 적용할 데이터 범위
조건	범위에 적용할 조건. COUNTIF 함수의 조건 설정 방법과 동일
합계 범위	합계를 구할 숫자 데이터 범위

LINK COUNTIF 함수의 조건 설정 방법은 이 책의 117페이지를 참고합니다.

합계 범위 인수는 생략할 수 있으며, 이 경우 **범위** 인수 내 숫자 데이터의 합계를 반환합니다.

SUMIFS 함수의 구문은 다음과 같습니다.

SUMIFS (합계 범위, 범위1, 조건1, 범위2, 조건2, …)

여러 **범위**에서 지정한 조건을 모두 만족하는 숫자의 합계를 구합니다.

인수	설명
합계 범위	합계를 구할 숫자 데이터 범위
범위	조건을 적용할 데이터 범위
조건	범위에 적용할 조건

- SUMIF 함수와 SUMIFS 함수의 가장 큰 차이는 **합계 범위** 인수로, SUMIF 함수에서는 마지막(세 번째) 인수이고 생략할 수 있지만, SUMIFS 함수는 첫 번째 인수이고 생략할 수 없습니다.
- SUMIFS 함수는 조건을 하나 이상 설정할 수 있으며, 한 개만 설정하면 SUMIF 함수와 동일합니다.

SUMIFS(합계 범위, 범위1, 조건1) = SUMIF(범위, 조건, 합계 범위)

SUM 계열 함수를 사용해 원하는 조건에 맞는 데이터 집계하기

예제 파일 CHAPTER 05 \ SUM 계열 함수.xlsx

01 예제 파일을 열고 왼쪽 표의 데이터를 참고해 오른쪽 표의 매출 통계를 구해보겠습니다.

	A	B	C	D	E	F	G	H	I	J	K	L
1												
2				판 매 대 장					매 출 통 계			
3												
4												
5		지점	제조사	상품	수량	판매액		지점	실적	닌텐도	판매비중	
6		고잔점	닌텐도	SWITCH	3	1,095,000		고잔점				
7		가양점	닌텐도	SWITCH	3	1,095,000		가양점				
8		성수점	마이크로소프트	XBOX	3	1,770,000		성수점				
9		고잔점	마이크로소프트	XBOX	9	5,310,000		용산점				
10		용산점	소니	PlayStation	7	3,640,000		서수원점				
11		서수원점	마이크로소프트	XBOX	2	1,180,000		수서점				
12		수서점	마이크로소프트	XBOX	7	4,130,000		화정점				
13		용산점	닌텐도	SWITCH	8	2,920,000		동백점				
14		화정점	닌텐도	SWITCH	1	365,000		자양점				
15		화정점	마이크로소프트	XBOX	8	4,720,000		청계천점				
16		동백점	닌텐도	SWITCH	7	2,555,000		신도림점				
17		용산점	소니	PlayStation	2	1,040,000		죽전점				
18		자양점	닌텐도	SWITCH	3	1,095,000						
19		동백점	소니	PlayStation	8	4,160,000						
20		화정점	마이크로소프트	XBOX	4	2,360,000						
195		자양점	닌텐도	SWITCH	2	730,000						
196		가양점	소니	PlayStation	3	1,560,000						
197		용산점	소니	PlayStation	5	2,600,000						
198		신도림점	소니	PlayStation	7	3,640,000						
199		성수점	닌텐도	SWITCH	9	3,285,000						
200		자양점	소니	PlayStation	2	1,040,000						

TIP 먼저 주어진 데이터를 이해해보겠습니다. 왼쪽 표는 지점별 상품의 판매 내역이 입력되어 있습니다. 오른쪽 표에서 지점별 매출액과 특정 제조사의 실적을 집계해 지점별 실적에서 특정 제조사의 실적이 차지하는 비중을 확인하려고 합니다. 표 집계가 끝나면 하단에 해당 실적을 잘 설명할 수 있는 차트를 구성하면 작업이 완료됩니다.

02 우선 지점별 매출액을 구합니다. [I6] 셀에 다음 수식을 입력하고 [I6] 셀의 채우기 핸들➡을 더블클릭해 수식을 복사합니다.

=SUMIF($B$6:$B$200, H6, $F$6:$F$200)

| I6 | fx | =SUMIF($B$6:$B$200, H6, $F$6:$F$200) |

	A	B	C	D	E	F	G	H	I	J	K	L
1												
2				판 매 대 장					매 출 통계			
3												
5		지점	제조사	상품	수량	판매액		지점	실적	닌텐도	판매비중	
6		고잔점	닌텐도	SWITCH	3	1,095,000		고잔점	23,575,000			
7		가양점	닌텐도	SWITCH	3	1,095,000		가양점	28,870,000			
8		성수점	마이크로소프트	XBOX	3	1,770,000		성수점	53,500,000			
9		고잔점	마이크로소프트	XBOX	9	5,310,000		용산점	83,550,000			
10		용산점	소니	PlayStation	7	3,640,000		서수원점	22,205,000			
11		서수원점	마이크로소프트	XBOX	2	1,180,000		수서점	44,825,000			
12		수서점	마이크로소프트	XBOX	7	4,130,000		화정점	35,470,000			
13		용산점	닌텐도	SWITCH	8	2,920,000		동백점	16,715,000			
14		화정점	닌텐도	SWITCH	1	365,000		자양점	57,780,000			
15		화정점	마이크로소프트	XBOX	8	4,720,000		청계천점	23,460,000			
16		동백점	닌텐도	SWITCH	7	2,555,000		신도림점	70,175,000			
17		용산점	소니	PlayStation	2	1,040,000		죽전점	25,005,000			
18		자양점	닌텐도	SWITCH	3	1,095,000						
19		동백점	소니	PlayStation	8	4,160,000						
20		화정점	마이크로소프트	XBOX	4	2,360,000						
195		자양점	닌텐도	SWITCH	2	730,000						
196		가양점	소니	PlayStation	3	1,560,000						
197		용산점	소니	PlayStation	5	2,600,000						
198		신도림점	소니	PlayStation	7	3,640,000						
199		성수점	닌텐도	SWITCH	9	3,285,000						
200		자양점	소니	PlayStation	2	1,040,000						
201												

엑셀마스터가 짚어주는 핵심 NOTE

SUMIF 함수 수식 이해하기

이번 수식은 지점별 매출 실적을 집계합니다. SUMIF 함수는 기본적으로 COUNTIF 함수와 동일하게 동작합니다. 그러므로 이번 수식의 SUMIF 함수 구성은 다음과 같이 이해하는 것이 쉽습니다.

범위	조건	합계 범위
[B6:B200]	H6	[F6:F200]

즉, 범위와 조건은 다음과 같이 연결하고 위 조건에 해당하는 [F6:F200] 범위 내 셀을 모두 더하는 방식으로 동작합니다.

B6:B200 = H6

03 이번에는 [J5] 셀에 입력된 제조사의 실적을 지점별로 구합니다. [J6] 셀에 다음 수식을 입력하고 [J6] 셀의 채우기 핸들━을 더블클릭해 수식을 복사합니다.

```
=SUMIFS($F$6:$F$200, $B$6:$B$200, H6, $C$6:$C$200, $J$5)
```

J6	⌄ : × ✓ fx	=SUMIFS($F$6:$F$200, $B$6:$B$200, H6, $C$6:$C$200, $J$5)								
▲	A	B	C	D	E	F	G	H	I	J	K	L

지점	제조사	상품	수량	판매액		지점	실적	닌텐도	판매비중
		판 매 대 장					**매 출 통 계**		
고잔점	닌텐도	SWITCH	3	1,095,000		고잔점	23,575,000	4,745,000	
가양점	닌텐도	SWITCH	3	1,095,000		가양점	28,870,000	5,110,000	
성수점	마이크로소프트	XBOX	3	1,770,000		성수점	53,500,000	7,300,000	
고잔점	마이크로소프트	XBOX	9	5,310,000		용산점	83,550,000	32,120,000	
용산점	소니	PlayStation	7	3,640,000		서수원점	22,205,000	6,935,000	
서수원점	마이크로소프트	XBOX	2	1,180,000		수서점	44,825,000	12,045,000	
수서점	마이크로소프트	XBOX	7	4,130,000		화정점	35,470,000	2,190,000	
용산점	닌텐도	SWITCH	8	2,920,000		동백점	16,715,000	6,935,000	
화정점	닌텐도	SWITCH	1	365,000		자양점	57,780,000	27,740,000	
화정점	마이크로소프트	XBOX	8	4,720,000		청계천점	23,460,000	4,380,000	
동백점	닌텐도	SWITCH	7	2,555,000		신도림점	70,175,000	25,915,000	
용산점	소니	PlayStation	2	1,040,000		죽전점	25,005,000	4,745,000	
자양점	닌텐도	SWITCH	3	1,095,000					
동백점	소니	PlayStation	8	4,160,000					
화정점	마이크로소프트	XBOX	4	2,360,000					
자양점	닌텐도	SWITCH	2	730,000					
가양점	소니	PlayStation	3	1,560,000					
용산점	소니	PlayStation	5	2,600,000					
신도림점	소니	PlayStation	7	3,640,000					
성수점	닌텐도	SWITCH	9	3,285,000					
자양점	소니	PlayStation	2	1,040,000					

엑셀마스터가 짚어주는 핵심 NOTE

SUMIFS 함수 수식 이해하기

이번 수식은 제조사 매출을 지점별로 구합니다. SUMIFS 함수는 SUMIF 함수와는 다르게 합계 범위 인수가 처음에 나오므로, 두 번째 인수부터 두 개씩 짝을 지어 이해해야 쉽습니다.

합계 범위	범위1	조건1	범위2	조건2
F6:F200	B6:B200	H6	C6:C200	J5

즉, 첫 번째 조건과 두 번째 조건은 각각 다음과 같습니다.

B6:B200 = H6
C6:C200 = J5

[H6] 셀과 [J5] 셀에는 각각 '지점'과 '제조사'가 입력되어 있으므로, 위 수식을 좀 더 이해하기 쉽게 표시하면 다음과 같습니다.

B6:B200 = "고잔점"
C6:C200 = "닌텐도"

즉, 이번 수식은 위 두 개 조건을 모두 만족하는 [F6:F200] 범위 내 셀을 더하는 수식입니다.

04 특정 제조사의 판매비중을 확인하기 위해 비율을 구합니다. [K6] 셀에 다음 수식을 입력하고 [K6] 셀의 채우기 핸들을 더블클릭해 수식을 복사합니다.

=J6/I6

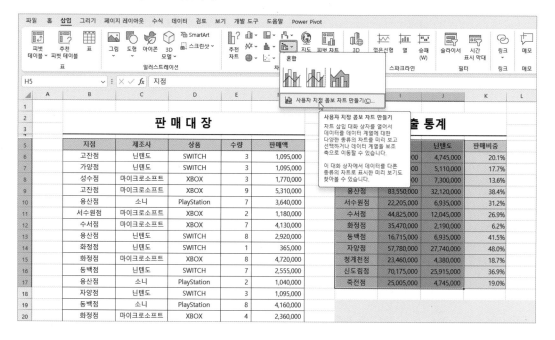

지점	실적	닌텐도	판매비중
고잔점	23,575,000	4,745,000	20.1%
가양점	28,870,000	5,110,000	17.7%
성수점	53,500,000	7,300,000	13.6%
용산점	83,550,000	32,120,000	38.4%
서수원점	22,205,000	6,935,000	31.2%
수서점	44,825,000	12,045,000	26.9%
화정점	35,470,000	2,190,000	6.2%
동백점	16,715,000	6,935,000	41.5%
자양점	57,780,000	27,740,000	48.0%
청계천점	23,460,000	4,380,000	18.7%
신도림점	70,175,000	25,915,000	36.9%
죽전점	25,005,000	4,745,000	19.0%

TIP [K6:K17] 범위 내 셀 서식은 [백분율]로 설정되어 있습니다.

05 집계된 데이터를 시각화하기 위해 막대형 차트를 생성합니다. 다만, I열의 매출과 J열의 매출은 단위 차이가 심할 수 있으므로 '콤보형 차트'를 사용합니다.

06 [H5:J17] 범위를 지정하고 리본 메뉴의 [삽입] 탭-[차트] 그룹-[콤보 차트 삽입▣]을 클릭하고 [사용자 지정 콤보 차트 만들기]를 클릭합니다.

07 [차트 삽입] 대화상자가 표시되면 [닌텐도] 계열의 차트 종류를 [꺾은 선형]에서 [묶은 세로 막대형] 차트로 변경하고 [보조 축] 확인란을 체크한 후 [확인]을 클릭합니다.

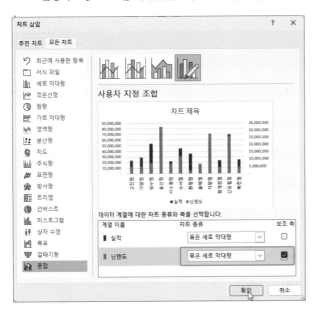

08 생성된 차트의 보조 축의 숫자 단위를 기본 축의 숫자 단위와 일치시킵니다.

09 Y 보조 축을 더블클릭하면 [축 서식] 작업 창이 열립니다.

10 [최대값]을 9.0E7로 변경하고 Enter 를 누릅니다.

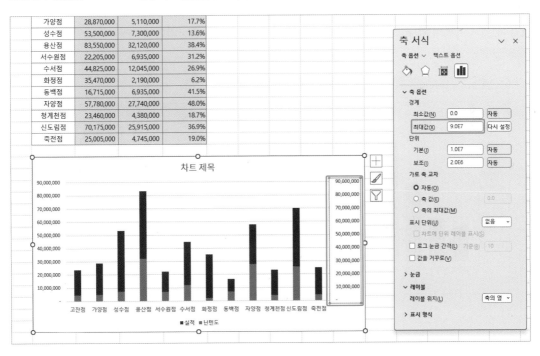

TIP 9.0E7은 지수 표기로 9*10^7을 의미합니다. 이 값은 Y 기본 축의 최댓값입니다.

11 '실적' 막대 그래프의 너비를 넓혀 가독성을 올리는 작업을 진행합니다.

12 '실적' 막대 그래프를 더블클릭하고 [데이터 계열 서식] 작업 창이 열리면 [간격 너비]를 **50%**로 변경하고 Enter 를 누릅니다. 너비가 넓어진 것을 확인합니다.

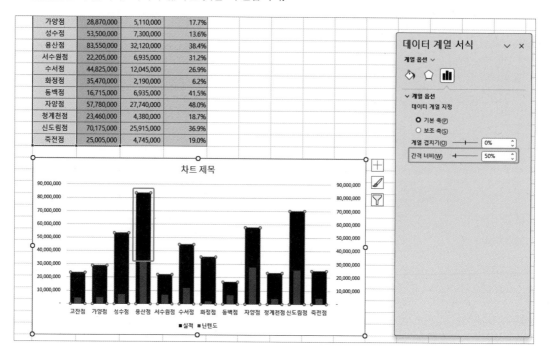

13 '닌텐도' 계열의 막대 그래프에 데이터 계열을 사용해 비율을 표시합니다.

14 '닌텐도' 계열의 막대 그래프를 클릭하고, [차트 요소] 단추 ⊞를 클릭한 후 [데이터 레이블] 확인란에 체크합니다.

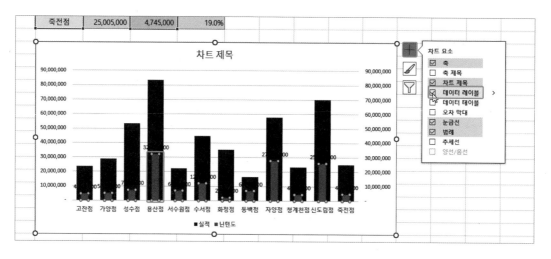

15 표시된 데이터 레이블을 비율로 변경합니다. 데이터 레이블을 더블클릭해 [데이터 레이블 서식] 작업 창을 열어줍니다.

16 [데이터 레이블 서식] 작업 창에서 [셀 값] 확인란을 체크합니다.

17 [데이터 레이블 범위] 대화상자가 표시되면 [K6:K17] 범위를 드래그해 지정한 후 [확인]을 클릭합니다.

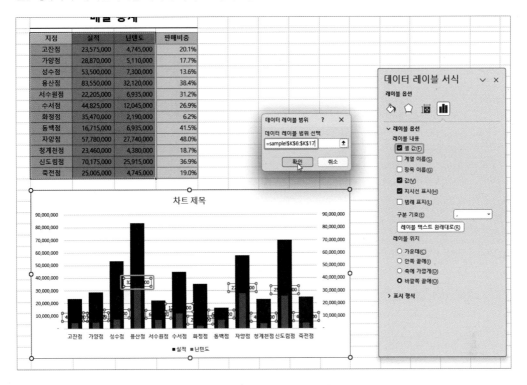

18 [데이터 레이블 서식] 작업 창에서 [값] 확인란을 체크 해제합니다.

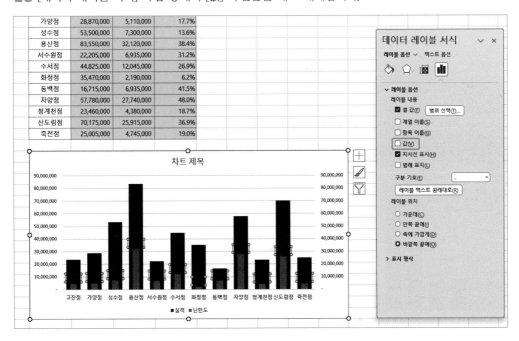

19 데이터 레이블의 글꼴 색상을 흰색으로 변경하고, 글꼴 굵기를 굵게로 설정합니다.

TIP 데이터 레이블이 선택된 상태에서 리본 메뉴 [홈] 탭-[글꼴] 그룹에서 글꼴 색상 변경과 굵게 옵션을 설정합니다.

20 작업을 끝냈다면 [J5] 셀의 제조사를 [닌텐도]에서 **소니**로 변경합니다. 제조사를 변경하면 제조사 매출이 변경되면서 차트에도 변경된 값이 그대로 표시됩니다.

매출 통계

지점	실적	소니	판매비중
고잔점	23,575,000	13,520,000	57.3%
가양점	28,870,000	11,960,000	41.4%
성수점	53,500,000	24,960,000	46.7%
용산점	83,550,000	34,320,000	41.1%
서수원점	22,205,000	520,000	2.3%
수서점	44,825,000	15,080,000	33.6%
화정점	35,470,000	2,600,000	7.3%
동백점	16,715,000	6,240,000	37.3%
자양점	57,780,000	13,520,000	23.4%
청계천점	23,460,000	7,280,000	31.0%
신도림점	70,175,000	21,840,000	31.1%
죽전점	25,005,000	7,280,000	29.1%

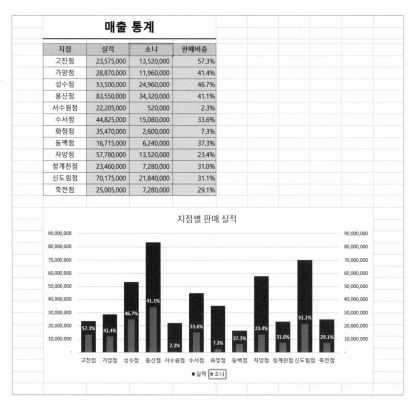

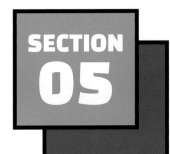
날짜 데이터에서 상위 단위 합계 구하기

엑셀의 날짜와 시간 데이터는 하나씩 설명하기는 어렵기 때문에 데이터를 설명하는 데 사용되는 상위 단위가 존재합니다. 날짜는 연도, 분기, 월, 주, 요일 등 날짜를 묶는 상위 단위를, 시간은 시간대와 같은 상위 단위를 자주 활용합니다.

다만, 함수가 이런 것들을 자동으로 해주지는 않기 때문에 필요하다면 날짜나 시간 데이터를 가지고 상위 단위 열을 생성해낼 수 있어야 합니다.

날짜 관련 상위 단위

날짜 데이터를 다룰 때 사용자가 먼저 알고 있어야 하는 것은 날짜의 기본 함수인 TODAY 함수와 NOW 함수입니다. 두 함수는 각각 오늘 날짜(=TODAY)를 반환하거나 오늘 날짜와 현재 시간(=NOW)을 반환합니다.

함수	설명	반환 예시
TODAY	오늘 날짜	2024-01-01
NOW	오늘 날짜와 현재 시간	2024-01-01 오후 1:00

위 두 함수를 사용할 때는 인수가 없어도 반드시 괄호를 열고 닫아야 한다는 점만 기억하면 됩니다.

```
=TODAY( )
=NOW( )
```

만약 [A1] 셀에 날짜 데이터가 입력되어 있고, 상위 날짜 단위를 얻어야 한다면 다음 표의 수식들을 참고합니다.

날짜 단위	수식	반환
연도	=YEAR(A1) & "년"	1900년~9999년
	=TEXT(A1, "yy년")	00년~99년
분기	=ROUNDUP(MONTH(A1)/3, 0) & "분기"	1분기~4분기
	="Q" & ROUNDUP(MONTH(A1)/3, 0)	Q1~Q4
월	=MONTH(A1) & "월"	1월~12월
	=TEXT(A1, "mm월")	01월~12월
주	=WEEKNUM(A1) & "주"	1주~54주
요일	=TEXT(A1, "aaa")	일~토

위에서 [A1] 셀을 참조하는 부분을 TODAY 함수로 변경하면 오늘 날짜를 기준으로 날짜 상위 단위를 얻을 수 있습니다. 예를 들어 올해 연도는 다음과 같은 수식을 사용하면 됩니다.

=YEAR(TODAY()) & "년"

연도나 월을 연결해 하나로 표시(예를 들면 24-01)하는 경우도 많은데, 그러면 보통 TEXT 함수를 사용해 다음과 같이 표시합니다.

=TEXT(A1, "yy-mm")

시간 관련 상위 단위

날짜에 비하면 시간은 좀 더 간단합니다. 일반적으로 시간대 정도만 분석하는 경우가 대부분입니다. 엑셀은 현재 시간을 반환해주는 함수를 따로 제공하지 않아 보통 다음과 같은 계산식을 주로 사용합니다.

=NOW() - TODAY()

[A1] 셀에 시간 데이터가 입력되어 있을 때 상위 시간대를 반환받으려면 다음과 같은 수식을 사용합니다.

시간 단위	수식	반환
시	=HOUR(A1)	0~23
분	=MINUTE(A1)	0~59
초	=SECOND(A1)	0~59

만약 시간 대의 차이를 시간 표시 단위를 넘어 표시해야 하는 경우에는 다음과 같은 계산식을 사용합니다.

=TEXT(B1−A1, "[h]")

날짜가 포함된 데이터 월별로 집계하기 | with 챗GPT

예제 파일 CHAPTER 05 \ 시계열합계.xlsx

01 예제 파일을 열고 왼쪽 표의 데이터를 월별로 집계하는 작업을 진행해보겠습니다.

	지점	판매일	상품	수량	판매액		월	실적
		판 매 대 장					**월 매출 집계**	
	성수점	2024-01-02	PlayStation	10	5,200,000		1월	
	수서점	2024-01-02	SWITCH	9	3,285,000		2월	
	가양점	2024-01-04	PlayStation	3	1,560,000		3월	
	용산점	2024-01-10	XBOX	6	3,540,000		4월	
	신도림점	2024-01-15	PlayStation	3	1,560,000		5월	
	신도림점	2024-01-17	XBOX	8	4,720,000		6월	
	성수점	2024-01-18	PlayStation	6	3,120,000		7월	
	화정점	2024-01-20	XBOX	6	3,540,000		8월	
	성수점	2024-01-22	SWITCH	9	3,285,000		9월	
	자양점	2024-01-27	SWITCH	3	1,095,000		10월	
	서수원점	2024-01-28	SWITCH	7	2,555,000		11월	
	성수점	2024-01-30	XBOX	6	3,540,000		12월	
	용산점	2024-02-05	SWITCH	5	1,825,000			
	신도림점	2024-12-23	XBOX	7	4,130,000			
	신도림점	2024-12-25	XBOX	4	2,360,000			
	가양점	2024-12-27	XBOX	3	1,770,000			
	용산점	2024-12-27	SWITCH	1	365,000			
	성수점	2024-12-30	XBOX	5	2,950,000			

02 월별 매출을 집계하는 작업에 챗GPT를 활용하기 위해 다음과 같이 프롬프트를 작성해 답변을 얻습니다.

 프롬프트

엑셀 사용 중이고, 현재 시트의 C6:C200 범위에 '판매일' 데이터가 일별로 입력되어 있고, F6:F200 범위에는 '판매액' 데이터가 숫자로 입력되어 있다.

H6:H17 범위에 '1월', '2월', … '12월'까지의 월 데이터가 입력되어 있는데, 이 값을 조건으로 I6:I17 범위에 '판매일' 데이터를 월별로, '판매액' 데이터의 합계를 구하고 싶다.

사용할 수 있는 수식을 작성해줘!

당신이 사용할 수 있는 수식은 엑셀의 SUMIFS 함수를 사용하는 것입니다. 아래와 같이 수식을 작성할 수 있습니다:

```
copy code
=SUMIFS($F$6:$F$200, TEXT($C$6:$C$200, "m", H6)
```

이 수식은 H6 셀의 월 데이터와 일치하는 판매일(C6:C200)의 판매액(F6:F200)을 합산합니다. 월 데이터는 텍스트로 입력되어 있으므로 TEXT 함수를 사용하여 'm' 형식 지정자를 이용하여 월을 추출합니다.

03 챗GPT가 알려준 수식을 [I6] 셀에 입력하고 Enter 를 누르면 다음과 같은 에러 메시지가 나타납니다.

=SUMIFS($F$6:$F$200, TEXT($C$6:$C$200, "m", H6)

	A	B	C	D	E	F	G	H	I	J	K	L	M
1													
2			판 매 대 장					월 매출 집계					
3													
4													
5		지점	판매일	상품	수량	판매액		월	실적				
6		성수점	2024-01-02	PlayStation	10	5,200,000		1월	=SUMIFS($F$6:$F$200, TEXT($C$6:$C$200, "m", H6)				
7		수서점	2024-01-02	SWITCH	9	3,285,000		2월					
8		가양점	2024-01-04	PlayStation	3	1,560,000		3월					
9		용산점	2024-01-10	XBOX	6	3,540,000		4월					
10		신도림점	2024-01-15	PlayStation	3	1,560,000		5월					
11		신도림점	2024-01-17	XBOX	8	4,720,000		6월					
12		성수점	2024-01-18	PlayStation	6	3,120,000		7월					
13		화정점	2024-01-20	XBOX	6	3,540,000		8월					
14		성수점	2024-01-22	SWITCH	9	3,285,000		9월					
15		자양점	2024-01-27	SWITCH	3	1,095,000		10월					
16		서수원점	2024-01-28	SWITCH	7	2,555,000		11월					
17		성수점	2024-01-30	XBOX	6	3,540,000		12월					
18		용산점	2024-02-05	SWITCH	5	1,825,000							
196		신도림점	2024-12-23	XBOX	7	4,130,000							
197		신도림점	2024-12-25	XBOX	4	2,360,000							
198		가양점	2024-12-27	XBOX	3	1,770,000							
199		용산점	2024-12-27	SWITCH	1	365,000							
200		성수점	2024-12-30	XBOX	5	2,950,000							
201													

수식 입력줄: =SUMIFS($F$6:$F$200, TEXT($C$6:$C$200, "m"), H6)

Microsoft Excel
⚠ 이 수식에 문제가 있습니다.

수식 입력을 원하지 않은 경우
첫 번째 문자가 등호(=)나 빼기(-) 기호일 경우 수식으로 간주됩니다.

• 입력: =1+1, 셀 표시: 2

이 문제를 해결하려면 처음에 아포스트로피(')를 입력하세요.

• 입력: '=1+1, 셀 표시: =1+1

확인(O)

TIP 에러 메시지 창은 사용 중인 버전에 따라 다를 수 있지만, 입력한 수식은 문제가 있어 계산될 수 없다는 내용으로 인식하면 됩니다.

 엑셀마스터가 짚어주는 핵심 NOTE

챗GPT가 잘못된 수식을 알려줄 때 대처 방법

앞에서 언급했듯이 챗GPT는 사용자의 질문을 분석하고 가장 확률이 높은 답변을 제시해주므로, 해당 답변이 무조건 맞다고 생각하면 안 됩니다.

이번에 알려준 수식은 다음과 같습니다.

$$=SUMIFS(\$F\$6:\$F\$200, TEXT(\$C\$6:\$C\$200, "m"), H6)$$

위 수식에서 TEXT($C$6:$C$200, "m") 부분은 MONTH($C$6:$C$200)로 변경된 답변을 얻을 수도 있는데, 일단 이런 식의 여러 결과를 반환하는 부분은 SUMIF나 SUMIFS 함수에서 사용할 수가 없습니다.

그러므로 이런 부분은 챗GPT가 잘못 학습했거나, 아직 엑셀에 대한 경험치가 부족하기 때문입니다. 앞으로 버전이 올라가면서 자연스럽게 해결될 수도 있지만, 이 책을 집필한 시점을 기준으로 볼 때 정확한 수식을 알려주지 않고 있습니다.

그러니 챗GPT가 잘못된 수식을 알려줄 수도 있다는 사실을 인지하고 있어야 합니다. 물론 이런 잘못된 답변을 얻었을 때 다음과 같은 프롬프트를 작성해 수식 수정을 요청할 수 있습니다.

프롬프트

알려준 수식이 제대로 동작하지 않는데, 다시 이전 설명을 참고해 에러가 발생하지 않도록 수식을 작성해줘!

이런 프롬프트를 통해 문제가 해결될 수도 있지만, 해결이 되지 않을 수도 있기 때문에 앞에서 저자가 운영 중인 커뮤니티를 언급해놓은 것입니다. 챗GPT에게 이런 답변을 얻어 답답하다면 아래 커뮤니티를 통해 문제 해결을 시도해볼 수 있습니다.

- 엑셀..하루에 하나씩 : https://cafe.naver.com/excelmaster

04 이런 작업을 제대로 해결하기 위해서는 두 가지 해결 방법이 있습니다. 왼쪽 표에 '1월', '2월', …과 같은 값을 갖는 열을 추가한 다음 SUMIF 함수를 사용하면 됩니다. 이 설명의 결과는 아래 화면에서 확인할 수 있습니다.

J6		fx	=SUMIF($D$6:$D$200, I6, $G$6:$G$200)							
	A	B	C	D	E	F	G	H	I	J	K

	지점	판매일	월	상품	수량	판매액		월	실적
			판 매 대 장					**월 매출 집계**	
	성수점	2024-01-02	1월	PlayStation	10	5,200,000		1월	37,000,000
	수서점	2024-01-02	1월	SWITCH	9	3,285,000		2월	25,100,000
	가양점	2024-01-04	1월	PlayStation	3	1,560,000		3월	35,820,000
	용산점	2024-01-10	1월	XBOX	6	3,540,000		4월	25,055,000
	신도림점	2024-01-15	1월	PlayStation	3	1,560,000		5월	45,700,000
	신도림점	2024-01-17	1월	XBOX	8	4,720,000		6월	59,770,000
	성수점	2024-01-18	1월	PlayStation	6	3,120,000		7월	45,015,000
	화정점	2024-01-20	1월	XBOX	6	3,540,000		8월	28,560,000
	성수점	2024-01-22	1월	SWITCH	9	3,285,000		9월	30,370,000
	자양점	2024-01-27	1월	SWITCH	3	1,095,000		10월	64,205,000
	서수원점	2024-01-28	1월	SWITCH	7	2,555,000		11월	53,685,000
	성수점	2024-01-30	1월	XBOX	6	3,540,000		12월	34,850,000
	용산점	2024-02-05	2월	SWITCH	5	1,825,000			
	신도림점	2024-12-23	12월	XBOX	7	4,130,000			
	신도림점	2024-12-25	12월	XBOX	4	2,360,000			
	가양점	2024-12-27	12월	XBOX	3	1,770,000			
	용산점	2024-12-27	12월	SWITCH	1	365,000			
	성수점	2024-12-30	12월	XBOX	5	2,950,000			

엑셀마스터가 짚어주는 핵심 NOTE

'월' 열을 추가하는 작업 방식 이해하기

이번 작업의 핵심은 D열에 '월' 열을 추가하는 방법입니다.

① D열을 선택하고, 마우스 오른쪽 버튼을 클릭한 후 단축 메뉴에서 [삽입]을 선택합니다.

② [D6] 셀에 다음 수식을 입력하고 [D6] 셀의 채우기 핸들🔳을 더블클릭해 수식을 복사합니다.

> =TEXT(C6, "m월")

그런 다음 [J6] 셀에 월별로 매출을 구하는 수식을 다음과 같이 입력합니다.

> =SUMIF($D$6:$D$200, I6, $G$6:$G$200)

즉, D열의 범위에서 [I6] 셀과 동일한 월의 G열의 숫자의 합계를 구하라는 의미입니다.

---

05 만약 '월' 열을 추가하는 작업 방식이 싫다면 SUMPRODUCT 함수를 사용해야 합니다. [I6] 셀에 수식을 다음과 같이 입력하고 [I6] 셀의 채우기 핸들🔳을 더블클릭해 수식을 복사합니다. 이 방법에 대해서는 아래 화면에서 결과를 확인할 수 있습니다.

> =SUMPRODUCT((TEXT($C$6:$C$200, "m월")=H6)*($F$6:$F$200))

I6			✕ ✓ fx	=SUMPRODUCT((TEXT($C$6:$C$200, "m월")=H6)*($F$6:$F$200))					
	A	B	C	D	E	F	G	H	I	J
1										
2			**판 매 대 장**					**월 매출 집계**		
3										
5		지점	판매일	상품	수량	판매액		월	실적	
6		성수점	2024-01-02	PlayStation	10	5,200,000		1월	37,000,000	
7		수서점	2024-01-02	SWITCH	9	3,285,000		2월	25,100,000	
8		가양점	2024-01-04	PlayStation	3	1,560,000		3월	35,820,000	
9		용산점	2024-01-10	XBOX	6	3,540,000		4월	25,055,000	
10		신도림점	2024-01-15	PlayStation	3	1,560,000		5월	45,700,000	
11		신도림점	2024-01-17	XBOX	8	4,720,000		6월	59,770,000	
12		성수점	2024-01-18	PlayStation	6	3,120,000		7월	45,015,000	
13		화정점	2024-01-20	XBOX	6	3,540,000		8월	28,560,000	
14		성수점	2024-01-22	SWITCH	9	3,285,000		9월	30,370,000	
15		자양점	2024-01-27	SWITCH	3	1,095,000		10월	64,205,000	
16		서수원점	2024-01-28	SWITCH	7	2,555,000		11월	53,685,000	
17		성수점	2024-01-30	XBOX	6	3,540,000		12월	34,850,000	
18		용산점	2024-02-05	SWITCH	5	1,825,000				
196		신도림점	2024-12-23	XBOX	7	4,130,000				
197		신도림점	2024-12-25	XBOX	4	2,360,000				
198		가양점	2024-12-27	XBOX	3	1,770,000				
199		용산점	2024-12-27	SWITCH	1	365,000				
200		성수점	2024-12-30	XBOX	5	2,950,000				

TIP 04 과정에서 D열에 '월' 열을 삽입했다면 삭제하고 진행해야 합니다.

VER. 엑셀 2021 이상 버전이나 마이크로소프트 365 버전을 사용 중이라면 SUMPRODUCT 함수 대신 SUM 함수를 사용해도 됩니다.

LINK SUMPRODUCT 함수에 대한 자세한 설명은 이 책의 141페이지를 참고합니다.

SECTION 06

SUMIFS가 안 될 땐 SUMPRODUCT 함수

COUNTIF 함수나 SUMIF 함수는 기본적으로 세로(↓) 방향 범위에서만 조건을 설정할 수 있습니다. 즉, 표가 가로(→) 방향으로 구성되어 있을 때는 해당 함수를 사용하기가 어려울 수 있습니다. 이렇게 가로 방향으로 구성된 표는 배열(array)을 이용해 계산할 수 있어야 합니다.

배열을 이용한 수식은 엑셀 초보자에게는 어려움이 있지만, 이런 작업을 비교적 쉽게 처리할 수 있는 SUMPRODUCT 함수가 있습니다.

SUMPRODUCT 함수

SUMPRODUCT 함수는 기본적으로 합계(SUM)와 곱셈(PRODUCT)을 이용하는 함수로, 자체적으로 배열(array)을 이용해 계산하는 특징 때문에 기존 IF 조건을 처리할 수 있는 함수(COUNTIF, COUNTIFS, SUMIF, SUMIFS)로는 해결할 수 없는 다양한 계산 작업을 처리할 수 있습니다.

SUMPRODUCT 함수의 구문은 다음과 같습니다.

SUMPRODUCT (배열1, 배열2, …)

데이터 범위 내 항목을 서로 곱하고 얻은 결과를 모두 더한 값을 반환해줍니다.

인수	설명
배열	계산하려는 값이 입력된 데이터 범위 또는 값 집합

- 이 함수는 덧셈을 구하는 **SUM** 함수와 곱셈을 계산하는 **PRODUCT** 함수가 결합된 함수입니다.
- **배열** 인수는 **범위** 인수와는 다르지만 실제 사용에서는 **배열** 인수에 계산할 값이 입력된 데이터 범위를 참조하는 경우가 많으므로 초보 사용자의 경우는 억지로 두 인수를 구분할 필요는 없습니다.

SUMPRODUCT 함수를 사용하면 COUNTIF, COUNTIFS, SUMIF, SUMIFS 함수를 모두 대체할 수 있습니다. 다만 계산 속도가 느리다는 단점이 있으니, COUNTIF, COUNTIFS, SUMIF, SUMIFS 함수로는 계산할 수 없는 경우에만 사용하는 것이 좋습니다.

SUMPRODUCT 함수가 대체하는 함수

COUNTIF 함수를 대체

COUNTIF 함수는 보통 다음과 같이 구성합니다.

=COUNTIF(범위, 조건)

위 수식을 SUMPRODUCT 함수로 구성하면 다음과 같습니다.

=SUMPRODUCT(N(범위=조건))

COUNTIF 함수는 범위와 조건을 구분해 별도의 인수로 사용하지만, SUMPRODUCT 함수는 두 개의 인수를 붙여 조건을 구성해 사용합니다. 다만 이 경우 TRUE, FALSE와 같은 논릿값이 배열에 저장됩니다. 하지만 SUMPRODUCT 함수는 숫자만 계산할 수 있으므로, TRUE, FALSE를 1, 0으로 변환해주는 N 함수를 추가로 사용한 부분만 주의할 수 있으면 됩니다. 반드시 N 함수를 사용해야 하는 것은 아니고, TRUE, FALSE를 숫자로 바꿀 수만 있으면 됩니다. 그러므로 다음과 같이 사용해도 동일합니다.

=SUMPRODUCT((범위=조건) * 1)
=SUMPRODUCT(--(범위=조건))

그러면 SUMPRODUCT 함수는 1을 모두 더하게 되므로 COUNTIF 함수가 범위에서 조건에 해당하는 셀 개수를 세는 것과 동일한 결과를 얻을 수 있습니다.

참고로 엑셀 2021 이상 버전이나 마이크로소프트 365 버전을 사용 중이라면 SUMPRODUCT 함수를 사용하는 것보다 SUM 함수를 사용해 계산하는 것이 더 좋습니다.

=SUM(N(범위=조건))

위 수식을 엑셀 2019 이하 버전에서도 사용은 할 수 있지만, 입력할 때 Ctrl + Shift + Enter 를 눌러야 하므로 엑셀 2019 이하 버전이라면 SUMPRODUCT 함수를 사용하는 것을 권합니다.

COUNTIFS 함수를 대체

같은 방법으로 COUNTIFS 함수도 SUMPRODUCT 함수로 대체할 수 있습니다. COUNTIFS 함수의 구성은 다음과 같습니다.

=COUNTIFS(범위1, 조건1, 범위2, 조건2, …)

앞의 구성을 SUMPRODUCT 함수로 구성하면 다음과 같습니다.

> **=SUMPRODUCT((범위1=조건1)*(범위2=조건2)* ···)**

COUNTIFS 함수는 조건이 모두 만족되는 결과의 개수를 세어주므로, 이를 SUMPRODUCT 함수로 구성할 때는 범위와 조건을 연결한 다음 곱셈 연산을 해서 논릿값을 숫자로 바꿔주면 COUNTIFS 함수와 동일한 결과를 얻을 수 있습니다.

SUMIF 함수를 대체

SUMIF 함수 역시 SUMPRODUCT 함수로 다음과 같이 대체할 수 있습니다. SUMIF 함수의 구성은 다음과 같습니다.

> **=SUMIF(범위, 조건, 합계 범위)**

SUMIF 함수를 SUMPRODUCT 함수로 변경할 때는 합계 범위만 하나 더 추가하면 됩니다. 그러므로 다음과 같이 곱하는 연산을 바로 해도 됩니다.

> **=SUMPRODUCT((범위=조건)*(합계 범위))**

아니면 두 인수를 구분하고, (범위=조건) 부분을 다음과 같이 숫자로 변경해줘도 됩니다.

> **=SUMPRODUCT(N(범위=조건), 합계 범위)**

이때 합계 범위 인수는 앞에 나와도 상관없습니다.

> **=SUMPRODUCT(합계 범위, N(범위=조건))**

SUMIFS 함수를 대체

앞의 모든 설명을 이해했다면 SUMIFS 함수는 쉽게 생각해볼 수 있습니다. 먼저 SUMIFS 함수의 구성은 다음과 같습니다.

> **=SUMIFS(합계 범위, 범위1, 조건1, 범위2, 조건2, ···)**

위 수식을 SUMPRODUCT 함수로 변경하려면 다음과 같이 구성하면 됩니다.

=SUMPRODUCT(합계 범위, (범위1=조건1)*(범위2=조건2)* ⋯)

SUMIFS 함수로 집계하기 어려운 표 SUMPRODUCT 함수로 집계하기

예제 파일 CHAPTER 05 \ SUMPRODUCT 함수.xlsx

01 예제 파일을 열고 왼쪽 표의 데이터를 참고해 오른쪽 표에서 월별로 각 지역의 실적을 집계해보겠습니다.

	기간		PlayStation		SWITCH		XBOX					월별 요약		
	분기	월	서울	경기	서울	경기	서울	경기			월	지역		
												서울	경기	
		1월	8,320,000	3,120,000	7,665,000	2,555,000	7,080,000	8,260,000			1월			
	1사분기	2월	6,240,000	2,600,000	7,665,000	3,285,000	2,950,000	2,360,000			2월			
		3월	12,040,000	14,560,000	3,650,000	8,760,000	1,770,000	7,080,000			3월			
		4월	2,080,000	4,160,000	9,490,000	4,015,000	2,950,000	2,360,000			4월			
	2사분기	5월	10,920,000	10,400,000	2,920,000	7,300,000	2,950,000	11,210,000			5월			
		6월	10,400,000	4,680,000	10,950,000	3,650,000	10,030,000	20,060,000			6월			
		7월	13,520,000	4,160,000	1,825,000	730,000	12,390,000	12,390,000			7월			
	3사분기	8월	1,040,000	9,880,000	365,000	5,475,000	10,620,000	1,180,000			8월			
		9월	2,600,000	7,800,000	2,555,000	6,205,000	1,770,000	9,440,000			9월			
		10월	16,640,000	6,760,000	17,520,000	9,125,000	3,540,000	10,620,000			10월			
	4사분기	11월	10,920,000	1,560,000	9,855,000	6,570,000	8,260,000	16,520,000			11월			
		12월	5,200,000	1,560,000	4,745,000	3,285,000	8,260,000	11,800,000			12월			

02 함수가 어떻게 동작하는지 이해하기 위해 [M7] 셀에 다음 수식을 입력합니다.

=COUNTIF($C$7:$C$18, L7)

M7 ∨ : × ✓ fx =COUNTIF($C$7:$C$18, L7)

	기간		PlayStation		SWITCH		XBOX					월별 요약		
	분기	월	서울	경기	서울	경기	서울	경기			월	지역		
												서울	경기	
		1월	8,320,000	3,120,000	7,665,000	2,555,000	7,080,000	8,260,000			1월	1		
	1사분기	2월	6,240,000	2,600,000	7,665,000	3,285,000	2,950,000	2,360,000			2월			
		3월	12,040,000	14,560,000	3,650,000	8,760,000	1,770,000	7,080,000			3월			
		4월	2,080,000	4,160,000	9,490,000	4,015,000	2,950,000	2,360,000			4월			
	2사분기	5월	10,920,000	10,400,000	2,920,000	7,300,000	2,950,000	11,210,000			5월			
		6월	10,400,000	4,680,000	10,950,000	3,650,000	10,030,000	20,060,000			6월			
		7월	13,520,000	4,160,000	1,825,000	730,000	12,390,000	12,390,000			7월			
	3사분기	8월	1,040,000	9,880,000	365,000	5,475,000	10,620,000	1,180,000			8월			
		9월	2,600,000	7,800,000	2,555,000	6,205,000	1,770,000	9,440,000			9월			
		10월	16,640,000	6,760,000	17,520,000	9,125,000	3,540,000	10,620,000			10월			
	4사분기	11월	10,920,000	1,560,000	9,855,000	6,570,000	8,260,000	16,520,000			11월			
		12월	5,200,000	1,560,000	4,745,000	3,285,000	8,260,000	11,800,000			12월			

03 조건을 하나 더 추가하기 위해 [M7] 셀의 수식을 다음과 같이 수정합니다.

=COUNTIFS($C$7:$C$18, L7, $D$6:$I$6, M6)

| M7 | ✓ : × ✓ *fx* | =COUNTIFS($C$7:$C$18, L7, $D$6:$I$6, M6) |

	A	B	C	D	E	F	G	H	I	J	K	L	M	N	O
1															
2					실적 현황표								월별 요약		
3															
5		기간		PlayStation		SWITCH		XBOX					지역		
6		분기	월	서울	경기	서울	경기	서울	경기			월	서울	경기	
7			1월	8,320,000	3,120,000	7,665,000	2,555,000	7,080,000	8,260,000			1월 ⚠	#VALUE!		
8		1사분기	2월	6,240,000	2,600,000	7,665,000	3,285,000	2,950,000	2,360,000			2월			
9			3월	12,040,000	14,560,000	3,650,000	8,760,000	1,770,000	7,080,000			3월			
10			4월	2,080,000	4,160,000	9,490,000	4,015,000	2,950,000	2,360,000			4월			
11		2사분기	5월	10,920,000	10,400,000	2,920,000	7,300,000	2,950,000	11,210,000			5월			
12			6월	10,400,000	4,680,000	10,950,000	3,650,000	10,030,000	20,060,000			6월			
13			7월	13,520,000	4,160,000	1,825,000	730,000	12,390,000	12,390,000			7월			
14		3사분기	8월	1,040,000	9,880,000	365,000	5,475,000	10,620,000	1,180,000			8월			
15			9월	2,600,000	7,800,000	2,555,000	6,205,000	1,770,000	9,440,000			9월			
16			10월	16,640,000	6,760,000	17,520,000	9,125,000	3,540,000	10,620,000			10월			
17		4사분기	11월	10,920,000	1,560,000	9,855,000	6,570,000	8,260,000	16,520,000			11월			
18			12월	5,200,000	1,560,000	4,745,000	3,285,000	8,260,000	11,800,000			12월			
19															

엑셀마스터가 짚어주는 핵심 NOTE

COUNTIFS 함수 수식 이해하고 에러 발생 원인 파악하기

이번 수식에서 COUNTIFS 함수의 구성은 다음과 같습니다.

범위1	조건1	범위2	조건2
C7:C18	L7	D6:I6	M6

즉, 월 범위(=C7:C18)가 '1월'이고, 지역 범위(=D6:I6)가 '서울'(=M6)인 건수를 세는 조건인데, 왼쪽 표에서 1월 범위는 [D7:I7] 범위이고, 여기에서 지역이 '서울'인 셀은 세 개가 있으므로 결과는 3이 나와야 합니다.

그러나 #VALUE! 에러가 발생했으므로 원인을 파악해야 합니다. 위 조건 중 첫 번째 조건은 COUNTIF 함수에서 문제가 없었으므로, 두 번째 조건에서 문제가 발생했다고 이해할 수 있습니다. 두 번째 조건의 범위는 [D6:I6] 범위로 지역명이 입력된 범위인데 가로(→) 방향입니다. 앞에서 설명했듯 IF 조건을 처리하는 집계 함수들은 가로 방향 범위에서 조건을 확인할 수 없습니다. 그렇기 때문에 에러가 발생했다고 이해하면 됩니다.

04 COUNTIFS 함수에서 에러가 발생했으므로 수식에서 사용할 함수를 SUMPRODUCT 함수로 변경합니다. [M7] 셀의 수식을 다음과 같이 수정합니다.

=SUMPRODUCT($C$7:$C$18=L7, $D$6:$I$6=M6)

M7 | =SUMPRODUCT($C$7:$C$18=L7, $D$6:$I$6=M6)

실적 현황표

기간		PlayStation		SWITCH		XBOX	
분기	월	서울	경기	서울	경기	서울	경기
1사분기	1월	8,320,000	3,120,000	7,665,000	2,555,000	7,080,000	8,260,000
	2월	6,240,000	2,600,000	7,665,000	3,285,000	2,950,000	2,360,000
	3월	12,040,000	14,560,000	3,650,000	8,760,000	1,770,000	7,080,000
2사분기	4월	2,080,000	4,160,000	9,490,000	4,015,000	2,950,000	2,360,000
	5월	10,920,000	10,400,000	2,920,000	7,300,000	2,950,000	11,210,000
	6월	10,400,000	4,680,000	10,950,000	3,650,000	10,030,000	20,060,000
3사분기	7월	13,520,000	4,160,000	1,825,000	730,000	12,390,000	12,390,000
	8월	1,040,000	9,880,000	365,000	5,475,000	10,620,000	1,180,000
	9월	2,600,000	7,800,000	2,555,000	6,205,000	1,770,000	9,440,000
4사분기	10월	16,640,000	6,760,000	17,520,000	9,125,000	3,540,000	10,620,000
	11월	10,920,000	1,560,000	9,855,000	6,570,000	8,260,000	16,520,000
	12월	5,200,000	1,560,000	4,745,000	3,285,000	8,260,000	11,800,000

월별 요약

	지역	
월	서울	경기
1월 ⚠	#VALUE!	
2월		
3월		
4월		
5월		
6월		
7월		
8월		
9월		
10월		
11월		
12월		

엑셀마스터가 짚어주는 핵심 NOTE

SUMPRODUCT 함수를 활용한 작업 방식 이해하기

이번 수식은 이전 수식과 비교해 다음 두 가지 부분이 변경되었습니다.

① COUNTIFS → SUMPRODUCT
② **범위**, **조건** 인수를 연결해 하나의 조건으로 구성

일단 고치는 작업은 제대로 했는데 왜 에러가 발생했는지 모르겠다면 앞의 설명을 제대로 이해하지 못한 겁니다. 이 수식에서 C7:C18=L7 부분은 TRUE, FALSE와 같은 논릿값을 배열에 저장해주는데, SUMPRODUCT 함수는 숫자 외에는 계산하지 못하므로, 만약 현재와 같은 구조에서 수식이 계산되도록 하려면 수식을 다음과 같이 수정해야 합니다.

=SUMPRODUCT(N($C$7:$C$18=L7), N($D$6:$I$6=M6))

N 함수로 TRUE, FALSE를 숫자로 바꿔주면 제대로 된 결과가 반환은 되겠지만, 위와 같이 구성하는 것은 비효율적이므로 **05** 과정의 수식으로 변경하는 것이 좋습니다.

05 SUMPRODUCT 함수가 제대로 된 결과를 반환할 수 있도록 [M7] 셀의 수식을 다음과 같이 수정합니다.

=SUMPRODUCT(($C$7:$C$18=L7)*($D$6:$I$6=M6))

M7 | =SUMPRODUCT(($C$7:$C$18=L7)*($D$6:$I$6=M6))

	기간		PlayStation		SWITCH		XBOX					지역	
	분기	월	서울	경기	서울	경기	서울	경기			월	서울	경기
		1월	8,320,000	3,120,000	7,665,000	2,555,000	7,080,000	8,260,000			1월	3	
	1사분기	2월	6,240,000	2,600,000	7,665,000	3,285,000	2,950,000	2,360,000			2월		
		3월	12,040,000	14,560,000	3,650,000	8,760,000	1,770,000	7,080,000			3월		
		4월	2,080,000	4,160,000	9,490,000	4,015,000	2,950,000	2,360,000			4월		
	2사분기	5월	10,920,000	10,400,000	2,920,000	7,300,000	2,950,000	11,210,000			5월		
		6월	10,400,000	4,680,000	10,950,000	3,650,000	10,030,000	20,060,000			6월		
		7월	13,520,000	4,160,000	1,825,000	730,000	12,390,000	12,390,000			7월		
	3사분기	8월	1,040,000	9,880,000	365,000	5,475,000	10,620,000	1,180,000			8월		
		9월	2,600,000	7,800,000	2,555,000	6,205,000	1,770,000	9,440,000			9월		
		10월	16,640,000	6,760,000	17,520,000	9,125,000	3,540,000	10,620,000			10월		
	4사분기	11월	10,920,000	1,560,000	9,855,000	6,570,000	8,260,000	16,520,000			11월		
		12월	5,200,000	1,560,000	4,745,000	3,285,000	8,260,000	11,800,000			12월		

실적 현황표   **월별 요약**

엑셀마스터가 짚어주는 핵심 NOTE

올바른 값이 나온 이유 이해하기

이번 수식의 SUMPRODUCT 함수는 제대로 계산이 되며, **03** 과정 수식 설명에서 말한 것처럼 1월의 서울 지역은 세 개의 셀이 있다는 것을 확인시켜줍니다. 논릿값과 논릿값을 서로 곱하면 0, 1의 숫자가 반환되므로 두 조건을 모두 만족하는 경우 1이 반환되게 되며, SUMPRODUCT 함수는 이를 더해 결과를 반환해주므로 COUNTIFS 함수를 대체할 수 있는 것입니다.

06 이제 실적 합계를 구해보겠습니다. [M7] 셀의 수식을 다음과 같이 변경합니다.

=SUMPRODUCT($D$7:$I$18, ($C$7:$C$18=L7)*($D$6:$I$6=M6))

M7 | =SUMPRODUCT($D$7:$I$18, ($C$7:$C$18=L7)*($D$6:$I$6=M6))

	기간		PlayStation		SWITCH		XBOX					지역	
	분기	월	서울	경기	서울	경기	서울	경기			월	서울	경기
		1월	8,320,000	3,120,000	7,665,000	2,555,000	7,080,000	8,260,000			1월	23,065,000	
	1사분기	2월	6,240,000	2,600,000	7,665,000	3,285,000	2,950,000	2,360,000			2월		
		3월	12,040,000	14,560,000	3,650,000	8,760,000	1,770,000	7,080,000			3월		
		4월	2,080,000	4,160,000	9,490,000	4,015,000	2,950,000	2,360,000			4월		
	2사분기	5월	10,920,000	10,400,000	2,920,000	7,300,000	2,950,000	11,210,000			5월		
		6월	10,400,000	4,680,000	10,950,000	3,650,000	10,030,000	20,060,000			6월		
		7월	13,520,000	4,160,000	1,825,000	730,000	12,390,000	12,390,000			7월		
	3사분기	8월	1,040,000	9,880,000	365,000	5,475,000	10,620,000	1,180,000			8월		
		9월	2,600,000	7,800,000	2,555,000	6,205,000	1,770,000	9,440,000			9월		
		10월	16,640,000	6,760,000	17,520,000	9,125,000	3,540,000	10,620,000			10월		
	4사분기	11월	10,920,000	1,560,000	9,855,000	6,570,000	8,260,000	16,520,000			11월		
		12월	5,200,000	1,560,000	4,745,000	3,285,000	8,260,000	11,800,000			12월		

실적 현황표   **월별 요약**

엑셀마스터가 짚어주는 핵심 NOTE

변경한 수식 이해하기

이번 수식은 **05** 과정 수식에서 더해야 할 합계 범위(=D7:I18)를 추가한 것만 다릅니다. 이번 수식에서 [D7:I18] 범위는 뒤에 인수로 추가해도 됩니다.

=SUMPRODUCT(($C$7:$C$18=L7)*($D$6:$I$6=M6), $D$7:$I$18)

또는 별도의 인수로 구분하지 않고 바로 곱해 연산을 해도 상관없습니다.

=SUMPRODUCT(($D$7:$I$18)*($C$7:$C$18=L7)*($D$6:$I$6=M6))

실무에서는 여러 사람이 자신이 원하는 방식으로 수식을 구성하므로, 이런 부분이 모두 동일한 결과를 반환해 준다는 사실만 알고 있으면 됩니다.

---

07 서울과 경기 지역의 월별 실적을 한 번에 구하도록 [M7] 셀의 참조 방식을 다음과 같이 변경합니다.

=SUMPRODUCT($D$7:$I$18, ($C$7:$C$18=$L7)*($D$6:$I$6=M$6))

엑셀마스터가 짚어주는 핵심 NOTE

참조 방식이 변경된 수식 이해하기

이번 수식에서 월 조건은 [L7:L18] 범위에 있으므로 열은 고정이고 행은 변경될 수 있습니다. 그러므로 수식을 한 번에 복사하려면 [L7] 셀의 참조 방식은 $L7과 같은 혼합 참조로 설정돼야 합니다. 그리고 지역 조건은 [M6:N6] 범위이므로, 행은 고정이고 열은 변경될 수 있어야 합니다. 그러므로 [M6] 셀의 참조 방식은 M$6과 같은 혼합 참조여야 합니다.

이런 부분은 초보자에게는 쉽지 않을 수 있다고 했으므로, 잘 이해되지 않는다면 [M7] 셀과 [N7] 셀에 각각 다음과 같은 수식을 따로 입력하고 수식을 복사해도 됩니다.

[M7] 셀 : =SUMPRODUCT($D$7:$I$18, ($C$7:$C$18=L7)*($D$6:$I$6=$M6))

[N7] 셀 : =SUMPRODUCT($D$7:$I$18, ($C$7:$C$18=L7)*($D$6:$I$6=$M6))

정답은 없으므로 여러 수식을 입력해보고 자신이 이해할 수 있는 방식으로 수식을 사용합니다.

08 [M7] 셀의 채우기 핸들 ✛을 [N7] 셀까지 드래그해 수식을 복사하고, 다시 채우기 핸들 ✛을 18행까지 드래그하면 한 번에 집계 작업을 완료할 수 있습니다.

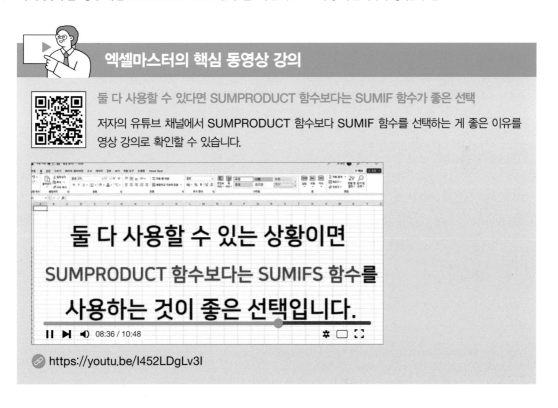

지금까지 SUMPRODUCT 함수 사용법을 알아봤습니다. 앞서 말했듯이 SUMPRODUCT 함수의 계산 속도는 SUMIF 함수나 SUMIFS 함수에 비해 느립니다. 그러므로 SUMIF 함수나 SUMIFS 함수를 사용하지 못하는 경우에만 SUMPRODUCT 함수를 제한적으로 사용하는 것이 좋습니다.

엑셀마스터의 핵심 동영상 강의

둘 다 사용할 수 있다면 SUMPRODUCT 함수보다는 SUMIF 함수가 좋은 선택

저자의 유튜브 채널에서 SUMPRODUCT 함수보다 SUMIF 함수를 선택하는 게 좋은 이유를 영상 강의로 확인할 수 있습니다.

둘 다 사용할 수 있는 상황이면
SUMPRODUCT 함수보다는 SUMIFS 함수를
사용하는 것이 좋은 선택입니다.

08:36 / 10:48

https://youtu.be/I452LDgLv3I

SECTION 07

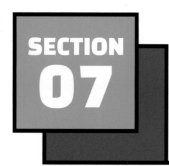

SUM과 사용 방법이 같은 AVERAGE 함수

평균을 구할 때 사용하는 AVERAGE 함수는 SUM 함수와 계산하는 값만 다르고 인수 구성 및 사용 방법은 동일합니다.

AVERAGE, AVERAGEIF, AVERAGEIFS 함수

AVERAGE 함수의 구문은 다음과 같습니다.

AVERAGE (숫자1, 숫자2, 숫자3, …)

숫자의 평균을 반환합니다.

인수	설명
숫자	평균을 구하려는 숫자 또는 숫자 값을 갖는 셀(또는 범위)

AVERAGE 함수로 구한 평균은 =SUM/COUNT 함수로 구한 계산식과 동일한 결과를 반환합니다.

AVERAGEIF 함수의 구문은 다음과 같습니다.

AVERAGEIF (범위, 조건, 평균 범위)

조건을 만족하는 숫자의 평균을 구합니다.

인수	설명
범위	조건을 적용할 데이터 범위
조건	범위에 적용할 조건을 설정. 설정 방법은 COUNTIF 함수와 동일
평균 범위	평균을 구할 숫자 데이터 범위

LINK COUNTIF 함수의 조건 설정 방법은 이 책의 117페이지를 참고합니다.

평균 범위 인수는 생략할 수 있으며, 이 경우 **범위** 인수 내 숫자 데이터의 합계를 반환합니다.

AVERAGEIFS 함수의 구문은 다음과 같습니다.

AVERAGEIFS (평균 범위, 범위1, 조건1, 범위2, 조건2, ⋯)

여러 범위에서 지정한 조건을 모두 만족하는 숫자의 평균을 구합니다.

인수	설명
평균 범위	평균을 구할 숫자 데이터 범위
범위	조건을 적용할 데이터 범위
조건	범위에 적용할 조건을 설정. 설정 방법은 COUNTIF 함수와 동일

LINK COUNTIF 함수의 조건 설정 방법은 이 책의 117페이지를 참고합니다.

AVERAGEIFS 함수의 구성은 SUMIFS 함수와 동일하며, 하나 이상의 조건을 만족하는 평균을 구할 수 있으므로 AVERAGEIF 함수를 대체할 수 있습니다.

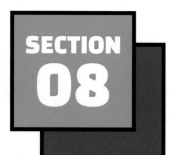

SECTION 08

데이터를 바탕으로 매출 분석할 땐 MAX, MIN 함수

MAX, MIN 함수

최대/최소를 구하는 함수로는 MAX, MIN 함수가 제공되며 조건에 맞는 최댓값, 최솟값은 MAXIFS 함수와 MINIFS 함수로 구할 수 있습니다. MAXIFS 함수와 MINIFS 함수는 엑셀 2019 버전부터 지원되며, MAXIF, MINIF 함수는 따로 제공되지 않습니다.

MAX, MIN 함수의 구문은 다음과 같습니다.

MAX (숫자1, 숫자2, 숫자3, …)

숫자의 최댓값을 반환합니다.

인수	설명
숫자	최댓값을 구할 숫자 또는 숫자 값을 갖는 셀(또는 범위)

MIN 함수는 MAX 함수와 인수 구성이 동일하며, 최솟값을 반환한다는 점만 차이가 있습니다.

MAXIFS, MINIFS 함수는 구문이 동일하며, 각각 조건을 모두 만족하는 최댓값, 최솟값을 구한다는 점만 차이가 있습니다.

MAXIFS (최댓값 범위, 범위1, 조건1, 범위2, 조건2, …)

여러 범위에서 지정한 **조건**을 모두 만족하는 가장 큰 숫자를 반환합니다.

인수	설명
최댓값 범위	최댓값을 구할 숫자 데이터 범위
범위	조건을 적용할 데이터 범위
조건	범위에 적용할 조건을 설정. 설정 방법은 COUNTIF 함수와 동일

LINK COUNTIF 함수의 조건 설정 방법은 이 책의 117페이지를 참고합니다.

• MAXIFS, MINIFS 함수의 구성은 SUMIFS, AVERAGEIFS 함수와 동일합니다.

MAX, MIN 함수로 할인에 따른 매출 분석하기

예제 파일 CHAPTER 05 \ MAX, MIN 함수.xlsx

01 예제 파일을 열고 왼쪽 표의 데이터를 참고하여 각 지점별 단가의 최저/최고가를 구해 편차가 심할수록 매출에 영향을 주는지 확인해보겠습니다.

	지점	제조사	상품	수량	단가	판매액		지점	최저	최고	편차	매출
				판 매 대 장						**SWITCH 단가 분석**		
										SWITCH		
6	고잔점	닌텐도	SWITCH	3	317,000	951,000		고잔점				
7	가양점	닌텐도	SWITCH	3	332,000	996,000		가양점				
8	성수점	마이크로소프트	XBOX	3	513,000	1,539,000		성수점				
9	고잔점	마이크로소프트	XBOX	9	548,000	4,932,000		용산점				
10	용산점	소니	PlayStation	7	447,000	3,129,000		서수원점				
11	서수원점	마이크로소프트	XBOX	2	590,000	1,180,000		수서점				
12	수서점	마이크로소프트	XBOX	7	649,000	4,543,000		화정점				
13	용산점	닌텐도	SWITCH	8	390,000	3,120,000		동백점				
14	화정점	닌텐도	SWITCH	1	379,000	379,000		자양점				
15	화정점	마이크로소프트	XBOX	8	631,000	5,048,000		청계천점				
16	동백점	닌텐도	SWITCH	7	346,000	2,422,000		신도림점				
17	용산점	소니	PlayStation	2	546,000	1,092,000		죽전점				
18	자양점	닌텐도	SWITCH	3	310,000	930,000						
19	동백점	소니	PlayStation	8	483,000	3,864,000						
20	화정점	마이크로소프트	XBOX	4	554,000	2,216,000						
198	신도림점	소니	PlayStation	7	520,000	3,640,000						
199	성수점	닌텐도	SWITCH	9	394,000	3,546,000						
200	자양점	소니	PlayStation	2	442,000	884,000						

엑셀마스터가 짚어주는 핵심 NOTE

데이터를 바탕으로 매출을 분석하는 이유

동일한 상품도 시기에 따라 가격 하락이나 가격 상승이 될 수 있고, 또 할인 행사 등으로 가격이 조정될 수 있습니다. 만약 가격 등락폭이 크다면 해당 지점을 방문하는 소비자의 경우 가격 하락을 더 크게 체감할 수 있게 됩니다. 이런 것이 매출에 영향을 줄 수 있는지 상품별로 확인해보는 것입니다.

02 먼저 각 지점의 SWITCH 상품의 최저 단가를 계산합니다. [J7] 셀에 다음 수식을 입력하고 [J7셀]의 채우기 핸들➕을 더블클릭해 수식을 복사합니다.

=MINIFS($F$6:$F$200, $B$6:$B$200, I7, $D$6:$D$200, $J$5)

J7 | =MINIFS($F$6:$F$200, $B$6:$B$200, I7, $D$6:$D$200, $J$5)

판 매 대 장

지점	제조사	상품	수량	단가	판매액
고잔점	닌텐도	SWITCH	3	317,000	951,000
가양점	닌텐도	SWITCH	3	332,000	996,000
성수점	마이크로소프트	XBOX	3	513,000	1,539,000
고잔점	마이크로소프트	XBOX	9	548,000	4,932,000
용산점	소니	PlayStation	7	447,000	3,129,000
서수원점	마이크로소프트	XBOX	2	590,000	1,180,000
수서점	마이크로소프트	XBOX	7	649,000	4,543,000
용산점	닌텐도	SWITCH	8	390,000	3,120,000
화정점	닌텐도	SWITCH	1	379,000	379,000
화정점	마이크로소프트	XBOX	8	631,000	5,048,000
동백점	닌텐도	SWITCH	7	346,000	2,422,000
용산점	소니	PlayStation	2	546,000	1,092,000
자양점	닌텐도	SWITCH	3	310,000	930,000
동백점	소니	PlayStation	8	483,000	3,864,000
화정점	마이크로소프트	XBOX	4	554,000	2,216,000
신도림점	소니	PlayStation	7	520,000	3,640,000
성수점	닌텐도	SWITCH	9	394,000	3,546,000
자양점	소니	PlayStation	2	442,000	884,000

SWITCH 단가 분석

지점	SWITCH			
	최저	최고	편차	매출
고잔점	317,000			
가양점	332,000			
성수점	310,000			
용산점	321,000			
서수원점	313,000			
수서점	328,000			
화정점	379,000			
동백점	335,000			
자양점	310,000			
청계천점	332,000			
신도림점	324,000			
죽전점	354,000			

엑셀마스터가 짚어주는 핵심 NOTE

MINIFS 함수 수식 이해하기

MINIFS 함수는 SUMIFS 함수와 동일하게 동작합니다. 이번 MINIFS 함수의 구성은 다음과 같습니다.

최솟값 범위	범위1	조건1	범위2	조건2
F6:F200	B6:B200	I7	D6:D200	J5

즉, 첫 번째 조건과 두 번째 조건은 각각 다음과 같습니다.

B6:B200 = I7
D6:D200 = J5

[I7] 셀과 [J5] 셀에는 각각 '지점'과 '상품'이 입력되어 있으므로, 위 수식을 좀 더 이해하기 쉽게 표시하면 다음과 같습니다.

B6:B200 = "고잔점"
D6:D200 = "SWITCH"

그러므로 이번 수식은 위 두 조건을 만족하는 단가 범위 내 최솟값을 반환하라는 의미가 됩니다.

MINIFS 함수는 엑셀 2019 버전부터 지원됩니다. 그러므로 엑셀 2016 버전을 포함한 하위 버전에서는 다음과 같은 수식을 사용해야 합니다.

=MIN(IF(($B$6:$B$200=I7)*($D$6:$D$200=$J$5), $F$6:$F$200))

단, 위 수식은 배열 수식이므로 Ctrl + Shift + Enter 를 눌러 입력해야 정확한 결과를 반환해줍니다.

03 동일한 방법으로 해당 상품의 최고 단가를 구합니다. [K7] 셀에 다음 수식을 입력하고 [K7] 셀의 채우기 핸들 을 더블클릭해 수식을 복사합니다.

=MAXIFS($F$6:$F$200, $B$6:$B$200, I7, $D$6:$D$200, $J$5)

| K7 | | : | × ✓ | fx | =MAXIFS($F$6:$F$200, $B$6:$B$200, I7, $D$6:$D$200, $J$5) | | | | | | | | |

	A	B	C	D	E	F	G	H	I	J	K	L	M	N
1														
2				판 매 대 장						SWITCH 단가 분석				
3														
4														
5		지점	제조사	상품	수량	단가	판매액				SWITCH			
6		고잔점	닌텐도	SWITCH	3	317,000	951,000		지점	최저	최고	편차	매출	
6		고잔점	닌텐도	SWITCH	3	317,000	951,000		고잔점	317,000	332,000			
7		가양점	닌텐도	SWITCH	3	332,000	996,000		가양점	332,000	346,000			
8		성수점	마이크로소프트	XBOX	3	513,000	1,539,000		성수점	310,000	394,000			
9		고잔점	마이크로소프트	XBOX	9	548,000	4,932,000		용산점	321,000	394,000			
10		용산점	소니	PlayStation	7	447,000	3,129,000		서수원점	313,000	390,000			
11		서수원점	마이크로소프트	XBOX	2	590,000	1,180,000		수서점	328,000	397,000			
12		수서점	마이크로소프트	XBOX	7	649,000	4,543,000		화정점	379,000	379,000			
13		용산점	닌텐도	SWITCH	8	390,000	3,120,000		동백점	335,000	368,000			
14		화정점	닌텐도	SWITCH	1	379,000	379,000		자양점	310,000	401,000			
15		화정점	마이크로소프트	XBOX	8	631,000	5,048,000		청계천점	332,000	354,000			
16		동백점	닌텐도	SWITCH	7	346,000	2,422,000		신도림점	324,000	394,000			
17		용산점	소니	PlayStation	2	546,000	1,092,000		죽전점	354,000	397,000			
18		자양점	닌텐도	SWITCH	3	310,000	930,000							
19		동백점	소니	PlayStation	8	483,000	3,864,000							
20		화정점	마이크로소프트	XBOX	4	554,000	2,216,000							
198		신도림점	소니	PlayStation	7	520,000	3,640,000							
199		성수점	닌텐도	SWITCH	9	394,000	3,546,000							
200		자양점	소니	PlayStation	2	442,000	884,000							
201														

엑셀마스터가 짚어주는 핵심 NOTE

MAXIFS 함수 수식 이해하기

이번 수식은 **02** 과정에서 입력한 수식과 동일하며 함수만 MINIFS 함수에서 MAXIFS 함수로 변경되었습니다. MAXIFS 함수 역시 엑셀 2019 버전부터 지원되므로 엑셀 2016 버전을 포함한 하위 버전에서는 이번 수식을 다음과 같이 변경해야 합니다.

=MAX(IF(($B$6:$B$200=I7)*($D$6:$D$200=$J$5), $F$6:$F$200))

위 수식도 배열 수식이므로 Ctrl + Shift + Enter 를 눌러 입력해야 정확한 결과를 반환해줍니다.

04 최고 단가와 최저 단가와의 편차를 계산해봅니다. [L7] 셀에 다음 수식을 입력하고 [L7] 셀의 채우기 핸들 을 더블클릭해 수식을 복사합니다.

=K7 - J7

| L7 | ⋮ × ✓ fx | =K7-J7 |

▲	A	B	C	D	E	F	G	H	I	J	K	L	M	N
1														
2				판 매 대 장							SWITCH 단가 분석			
3														
5		지점	제조사	상품	수량	단가	판매액					SWITCH		
5		지점	제조사	상품	수량	단가	판매액		지점	최저	최고	편차	매출	
6		고잔점	닌텐도	SWITCH	3	317,000	951,000		고잔점	317,000	332,000	15,000		
7		가양점	닌텐도	SWITCH	3	332,000	996,000		가양점	332,000	346,000	14,000		
8		성수점	마이크로소프트	XBOX	3	513,000	1,539,000		성수점	310,000	394,000	84,000		
9		고잔점	마이크로소프트	XBOX	9	548,000	4,932,000		용산점	321,000	394,000	73,000		
10		용산점	소니	PlayStation	7	447,000	3,129,000		서수원점	313,000	390,000	77,000		
11		서수원점	마이크로소프트	XBOX	2	590,000	1,180,000		수서점	328,000	397,000	69,000		
12		수서점	마이크로소프트	XBOX	7	649,000	4,543,000		화정점	379,000	379,000			
13		용산점	닌텐도	SWITCH	8	390,000	3,120,000		동백점	335,000	368,000	33,000		
14		화정점	닌텐도	SWITCH	1	379,000	379,000		자양점	310,000	401,000	91,000		
15		화정점	마이크로소프트	XBOX	8	631,000	5,048,000		청계천점	332,000	354,000	22,000		
16		동백점	닌텐도	SWITCH	7	346,000	2,422,000		신도림점	324,000	394,000	70,000		
17		용산점	소니	PlayStation	2	546,000	1,092,000		죽전점	354,000	397,000	43,000		
18		자양점	닌텐도	SWITCH	3	310,000	930,000							
19		동백점	소니	PlayStation	8	483,000	3,864,000							
20		화정점	마이크로소프트	XBOX	4	554,000	2,216,000							
198		신도림점	소니	PlayStation	7	520,000	3,640,000							
199		성수점	닌텐도	SWITCH	9	394,000	3,546,000							
200		자양점	소니	PlayStation	2	442,000	884,000							
201														

TIP 가격 편차가 크다면 상대적으로 더 크게 가격 하락을 체감하게 됩니다.

05 비교를 위해 지점별 매출 실적을 집계합니다. [M7] 셀에 다음 수식을 입력하고 [M7] 셀의 채우기 핸들 ![채우기핸들]을 더블클릭해 수식을 복사합니다.

> =SUMIFS($G$6:$G$200, $B$6:$B$200, I7, $D$6:$D$200, $J$5)

| M7 | ⋮ × ✓ fx | =SUMIFS($G$6:$G$200, $B$6:$B$200, I7, $D$6:$D$200, $J$5) |

▲	A	B	C	D	E	F	G	H	I	J	K	L	M	N
1														
2				판 매 대 장							SWITCH 단가 분석			
3														
5		지점	제조사	상품	수량	단가	판매액					SWITCH		
5		지점	제조사	상품	수량	단가	판매액		지점	최저	최고	편차	매출	
6		고잔점	닌텐도	SWITCH	3	317,000	951,000							
7		가양점	닌텐도	SWITCH	3	332,000	996,000		고잔점	317,000	332,000	15,000	4,231,000	
8		성수점	마이크로소프트	XBOX	3	513,000	1,539,000		가양점	332,000	346,000	14,000	4,704,000	
9		고잔점	마이크로소프트	XBOX	9	548,000	4,932,000		성수점	310,000	394,000	84,000	7,524,000	
10		용산점	소니	PlayStation	7	447,000	3,129,000		용산점	321,000	394,000	73,000	31,153,000	
11		서수원점	마이크로소프트	XBOX	2	590,000	1,180,000		서수원점	313,000	390,000	77,000	6,486,000	
12		수서점	마이크로소프트	XBOX	7	649,000	4,543,000		수서점	328,000	397,000	69,000	12,454,000	
13		용산점	닌텐도	SWITCH	8	390,000	3,120,000		화정점	379,000	379,000	-	2,274,000	
14		화정점	닌텐도	SWITCH	1	379,000	379,000		동백점	335,000	368,000	33,000	6,607,000	
15		화정점	마이크로소프트	XBOX	8	631,000	5,048,000		자양점	310,000	401,000	91,000	27,101,000	
16		동백점	닌텐도	SWITCH	7	346,000	2,422,000		청계천점	332,000	354,000	22,000	4,028,000	
17		용산점	소니	PlayStation	2	546,000	1,092,000		신도림점	324,000	394,000	70,000	25,966,000	
18		자양점	닌텐도	SWITCH	3	310,000	930,000		죽전점	354,000	397,000	43,000	4,833,000	
19		동백점	소니	PlayStation	8	483,000	3,864,000							
20		화정점	마이크로소프트	XBOX	4	554,000	2,216,000							
198		신도림점	소니	PlayStation	7	520,000	3,640,000							
199		성수점	닌텐도	SWITCH	9	394,000	3,546,000							
200		자양점	소니	PlayStation	2	442,000	884,000							
201														

TIP 기본적으로 MAXIFS, MINIFS 함수와 구성과 조건이 동일합니다. G열의 '판매액'을 더하는 것만 다릅니다.

06 가격 편차와 매출의 연관성을 설명하려면 '분산형 차트'를 생성합니다. [L7:M18] 범위를 지정하고, 리본 메뉴의 [삽입] 탭-[차트] 그룹-[분산형 차트 또는 거품형 차트 삽입]을 클릭하고 [분산형] 차트를 클릭합니다.

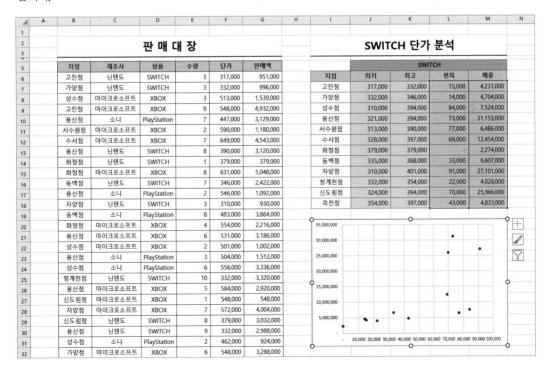

TIP '분산형' 차트는 다른 차트와 달리 숫자 데이터 범위만 선택해야 합니다.

07 생성된 차트를 [I20:M31] 범위에 맞춰 크기를 조정한 후 차트 제목을 선택하고 Delete 를 눌러 삭제합니다.

엑셀마스터가 짚어주는 핵심 NOTE

분산형 차트 이해하기

차트의 X축은 편차이고 Y축은 매출입니다. 차트의 표식이 우상향하므로, 두 값은 연관성이 있다고 판단할 수 있습니다. 다만 연관성이 어느 정도인지는 판단하기 어렵습니다. 차트에서 연관성을 정확한 수치로 반환받으려면 선형 추세선을 이용하면 됩니다.

08 선형 추세선을 추가합니다. 차트가 선택된 상태에서 [차트 요소] 단추⊞를 클릭하고 [추세선] 항목에 체크합니다.

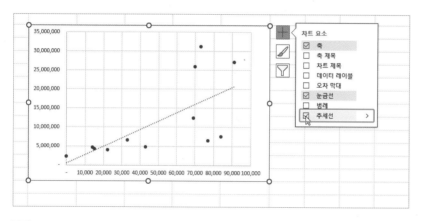

TIP 편차와 매출의 관계를 직선으로 표시해줍니다.

09 추세선을 더블클릭한 다음 [추세선 서식] 작업 창 하단의 [R–제곱 값을 차트에 표시] 항목에 체크합니다.

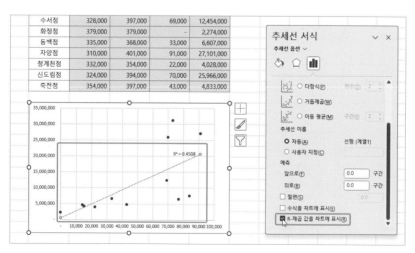

엑셀마스터가 짚어주는 핵심 NOTE

'R-제곱 값'이란?

두 값(변수)의 관계를 설명하고 싶을 때 상관관계를 분석하는 경우가 많습니다. 상관관계는 두 변수의 연관성을 수치로 계산해줄 수 있는데, 이 값을 상관계수라고 하고, 상관계수는 보통 R로 표현합니다. R은 −1~1 사이의 값을 갖는데 0에 가까울수록 연관성이 없으며, −1이나 1에 가까울수록 연관성이 크다고 설명됩니다.

추세선의 R-제곱 값은 상관계수인 R의 제곱 값을 의미하며, R-제곱 값은 R의 −1~1의 제곱 값이므로 0~1 사이의 값이 반환됩니다. 상관계수와 해석은 동일하며 1에 가까울수록 연관성이 높다고 얘기할 수 있습니다. 보통 0.7 이상의 값이 반환될 경우 매우 높은 연관성이 있다고 설명합니다.

10 SWITCH 상품의 경우 각 지점의 단가 편차와 매출의 R-제곱 값은 0.45로 연관성이 있다고 얘기할 수는 있지만, 매출에 지대한 영향을 끼친 정도는 아니라고 얘기할 수 있습니다.

SWITCH 단가 분석

지점	최저	최고	편차	매출
	SWITCH			
고잔점	317,000	332,000	15,000	4,231,000
가양점	332,000	346,000	14,000	4,704,000
성수점	310,000	394,000	84,000	7,524,000
용산점	321,000	394,000	73,000	31,153,000
서수원점	313,000	390,000	77,000	6,486,000
수서점	328,000	397,000	69,000	12,454,000
화정점	379,000	379,000	-	2,274,000
동백점	335,000	368,000	33,000	6,607,000
자양점	310,000	401,000	91,000	27,101,000
청계천점	332,000	354,000	22,000	4,028,000
신도림점	324,000	394,000	70,000	25,966,000
죽전점	354,000	397,000	43,000	4,833,000

R² = 0.4508

11 [J5] 병합 셀의 값을 XBOX로 수정하면 XBOX에 대한 집계값이 반환됩니다. XBOX의 경우는 SWITCH(0.45)보다도 R-제곱 값(0.36)이 낮습니다. 이러면 단가를 조정한 것이 매출에는 영향을 많이 끼치지 못했다고 판단할 수 있습니다.

XBOX 단가 분석

| 지점 | XBOX | | | |
	최저	최고	편차	매출
고잔점	548,000	548,000	-	4,932,000
가양점	501,000	643,000	142,000	11,136,000
성수점	501,000	649,000	148,000	19,959,000
용산점	531,000	625,000	94,000	16,995,000
서수원점	507,000	619,000	112,000	13,614,000
수서점	507,000	649,000	142,000	18,113,000
화정점	519,000	649,000	130,000	30,316,000
동백점	613,000	625,000	12,000	3,726,000
자양점	525,000	643,000	118,000	15,533,000
청계천점	507,000	649,000	142,000	12,087,000
신도림점	548,000	649,000	101,000	23,231,000
죽전점	501,000	631,000	130,000	12,014,000

12 이번에는 [J5] 병합 셀의 값을 PlayStation으로 수정합니다. PlayStation의 R-제곱 값은 0.61로 다른 상품보다 R-제곱 값이 높습니다. 이것으로 현재 데이터상으로는 PlayStation을 할인했을 때 매출에 가장 큰 영향을 줬다고 판단할 수 있습니다.

PlayStation 단가 분석

| 지점 | PlayStation | | | |
	최저	최고	편차	매출
고잔점	442,000	546,000	104,000	12,904,000
가양점	457,000	566,000	109,000	12,219,000
성수점	462,000	566,000	104,000	25,152,000
용산점	447,000	572,000	125,000	34,014,000
서수원점	514,000	514,000	-	514,000
수서점	442,000	535,000	93,000	14,123,000
화정점	447,000	447,000	-	2,235,000
동백점	483,000	483,000	-	5,796,000
자양점	442,000	566,000	124,000	12,520,000
청계천점	468,000	520,000	52,000	7,072,000
신도림점	457,000	556,000	99,000	22,326,000
죽전점	478,000	509,000	31,000	7,002,000

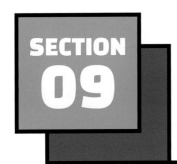

SECTION 09

n번째 데이터를 얻을 땐 LARGE, SMALL 함수

LARGE, SMALL 함수

엑셀 함수 중에는 MAX, MIN 함수와 유사하지만, 좀 더 실용적인 LARGE, SMALL 함수가 있습니다. LARGE, SMALL 함수는 n번째로 크거나 작은 값을 반환해주는 함수입니다. LARGE 함수의 구문은 다음과 같습니다.

LARGE (배열, 순위)

데이터 범위에서 큰 순서로 n번째 순위에 해당하는 숫자를 반환합니다.

인수	설명
배열	숫자 데이터 범위
순위	원하는 값의 순위를 의미하는 숫자 값. 예를 들어 1은 첫 번째로 큰 값을 가리킴

LARGE 함수는 MAX 함수와 다음과 같은 연관성이 존재합니다.

LARGE(A1:A10, 1) = MAX(A1:A10)

SMALL 함수는 LARGE 함수와 구문이 동일하며, n번째로 작은 값을 구한다는 점만 다릅니다.

SMALL (배열, 순위)

데이터 범위에서 작은 순서로 n번째 순위에 해당하는 숫자를 반환합니다.

SMALL 함수는 MIN 함수와 다음과 같은 연관성이 존재합니다.

SMALL(A1:A10, 1) = MIN(A1:A10)

LARGE, SMALL 함수로 상위/하위 명단 정리하기

예제 파일 CHAPTER 05 \ LARGE, SMALL 함수.xlsx

01 예제 파일을 열고 왼쪽 표 데이터에서 '고과'(F열)를 참고해 오른쪽에 상위/하위 3위까지의 명단을 따로 정리해보겠습니다.

	A	B	C	D	E	F	G	H	I	J	K	L	M	N	O
1															
2			**진급 대상자**						**상위 3 명단**				**하위 3 명단**		
3															
5			사번	이름	직위	성별	고과		상위	고과	이름		상위	고과	이름	
6			2	김호준	과장	남	260		1				1			
7			4	정성호	과장	남	261		2				2			
8			15	김시은	과장	여	260		3				3			
9			22	조은영	과장	여	264									
10			28	최민아	과장	여	279									
11			29	박찬성	과장	남	275									
12			44	박소은	과장	여	269									
13			59	김명호	과장	남	299									
14			65	윤철호	과장	남	232									
15			67	오준영	과장	남	196									
16			69	이은미	과장	여	239									
17			82	이승호	과장	남	268									
18			84	김준수	과장	남	288									
19			95	장미래	과장	여	175									
20																

02 먼저 고과 점수에서 가장 높은 순서로 세 개의 값을 추출합니다. [I6] 셀에 다음 수식을 입력하고 [I6] 셀의 채우기 핸들 ➕을 더블클릭해 수식을 복사합니다.

=LARGE($F$6:$F$19, H6)

I6   fx   =LARGE($F$6:$F$19, H6)

	A	B	C	D	E	F	G	H	I	J	K	L
1												
2			**진급 대상자**						**상위 3 명단**			하
3												
5			사번	이름	직위	성별	고과		상위	고과	이름	상위
6			2	김호준	과장	남	260		1	299		1
7			4	정성호	과장	남	261		2	288		2
8			15	김시은	과장	여	260		3	279		3
9			22	조은영	과장	여	264					
10			28	최민아	과장	여	279					
11			29	박찬성	과장	남	275					
12			44	박소은	과장	여	269					
13			59	김명호	과장	남	299					
14			65	윤철호	과장	남	232					
15			67	오준영	과장	남	196					
16			69	이은미	과장	여	239					
17			82	이승호	과장	남	268					
18			84	김준수	과장	남	288					
19			95	장미래	과장	여	175					
20												

엑셀마스터가 짚어주는 핵심 NOTE

LARGE 함수 수식 이해하기

이번 수식은 [F6:F19] 범위에서 n번째로 큰 값을 LARGE 함수로 돌려받습니다. [H6:H8] 범위에는 순위가 1, 2, 3과 같이 입력되어 있으므로 이 값을 이용해 n번째 큰 값을 돌려받을 수 있는데, 만약 이런 값이 없다면 수식을 다음과 같이 수정해 사용할 수 있습니다.

=LARGE($F$6:$F$19, ROW(A1))

ROW 함수는 참조한 셀의 행 번호를 반환하는 함수로, 행 방향(↓)으로 수식을 복사할 때 순서대로 1, 2, 3, … 과 같은 일련번호를 반환받을 수 있어 자주 사용되는 함수입니다.
참고로 열 방향(→)으로 수식을 복사할 때는 COLUMN 함수를 사용하면 됩니다.

챗GPT로 수식 얻기

LARGE 함수 수식 얻는 방법

이런 작업을 챗GPT를 이용해 처리하고 싶다면 다음과 같은 프롬프트를 작성해볼 수 있습니다.

 프롬프트

엑셀 사용 중이고 F6:F19 범위에 '고과' 점수가 입력되어 있다.
I6:I8 범위에 '고과' 점수가 높은 세 개의 값이 표시되도록 수식을 작성해줘!

 챗GPT

다음과 같은 배열 수식을 사용하여 '고과' 점수가 높은 상위 세 개 값을 표시할 수 있습니다. 이를 위해서는 아래 수식을 I6 셀에 입력하고, Ctrl + Shift + Enter 를 눌러 배열 수식으로 입력해야 합니다. 그 후 아래로 복사하여 I7:I8 범위까지 확장합니다.

```
                                                              copy code
=LARGE($F$6:$F$19, ROW(F6:F19)-ROW(F$6)+1)
```

이 수식은 'LARGE' 함수를 사용하여 F6:F19 범위에서 상위 N번째 값을 찾습니다. 'ROW(F6:F19)- ROW(F$6)+1' 부분은 배열을 생성하여 순서대로 1, 2, 3, … 값을 제공합니다. 이를 통해 'LARGE' 함수가 상위 1번째, 2번째, 3번째 값 등을 순서대로 반환할 수 있습니다.

챗GPT가 작성해준 수식은 조금 복잡하긴 하지만 기본적으로 앞서 살펴본 다음 수식과 동일한 결과를 반환해주는 수식입니다.

=LARGE($F$6:$F$19, ROW(A1))

단, 이 수식은 답변 내용에도 있지만 Ctrl + Shift + Enter 를 눌러 입력해야 합니다. 그런데 이 부분도 엑셀 2019 버전까지는 맞지만, 엑셀 2021 이상 버전을 사용하거나 마이크로소프트 365 버전을 사용 중이라면 동적 배열이 지원되므로 Enter 를 눌러 입력해도 동일한 결과를 얻을 수 있습니다.

> TIP 이 책을 집필하는 시점을 기준으로는 챗GPT가 버전을 완벽히 구분해 설명해주진 않으므로 Ctrl + Shift + Enter 를 누르란 설명이 나오면 엑셀 2019 버전을 포함한 하위 버전에서만 작업하면 된다고 이해하는 것이 좋습니다.

이렇게 챗GPT를 이용하는 부분은 항상 효율적인 수식보다는 동작 가능한 수식을 알려준다는 점에서 아쉬움이 있지만, 챗GPT가 학습하는 속도에 따라 얼마든지 달라질 수 있으므로, 아쉬움과 기대를 함께 가지고 챗GPT를 활용하면 좋겠습니다.

03 고과 상위 세 명에 해당하는 직원 이름을 J열에 추가합니다. [J6] 셀에 다음 수식을 입력하고 [J6] 셀의 채우기 핸들 ▦ 을 더블클릭해 수식을 복사합니다.

=INDEX($C$6:$C$19, MATCH(I6, $F$6:$F$19, 0))

J6			✓ : × ✓ fx	=INDEX($C$6:$C$19, MATCH(I6, $F$6:$F$19, 0))						
◢	A	B	C	D	E	F	G	H	I	J	K	L
1												
2			**진급 대상자**						**상위 3 명단**			하
3												
5		사번	이름	직위	성별	고과		상위	고과	이름		상위
6		2	김호준	과장	남	260		1	299	김명호		1
7		4	정성호	과장	남	261		2	288	김준수		2
8		15	김시은	과장	여	260		3	279	최민아		3
9		22	조은영	과장	여	264						
10		28	최민아	과장	여	279						
11		29	박찬성	과장	남	275						
12		44	박소은	과장	여	269						
13		59	김명호	과장	남	299						
14		65	윤철호	과장	남	232						
15		67	오준영	과장	남	196						
16		69	이은미	과장	여	239						
17		82	이승호	과장	남	268						
18		84	김준수	과장	남	288						
19		95	장미래	과장	여	175						
20												

04 고과 상위 세 명의 데이터를 추출했던 방식대로 하위 세 명의 데이터를 추출합니다.

엑셀마스터가 짚어주는 핵심 NOTE

하위 세 명의 데이터 추출하기

고과 점수별 하위 세 명 데이터를 추출하는 방법은 LARGE 함수와 INDEX, MATCH 함수를 사용해 동일하게 얻을 수 있습니다. 같은 방법으로 작업한다면, [M6] 셀과 [N6] 셀의 수식은 다음과 같습니다.

> **[M6] 셀 : =SMALL($F$6:$F$19, L6)**
> **[N6] 셀 : =INDEX($C$6:$C$19, MATCH(M6, $F$6:$F$19, 0))**

그런 다음 수식을 복사하면 고과 점수별 하위 세 명 데이터를 얻을 수 있습니다. 상위 버전에서는 이런 작업에서 사용할 수 있는 FILTER, SORT 등의 함수가 추가되었으므로, 이 함수를 사용해 결과를 얻을 수 있는 방법은 **05** 과정부터 진행되는 작업을 참고합니다.

⟩·· **X** 엑셀 2021 이상/마이크로소프트 365 버전 사용자

05 동일한 작업을 엑셀 2021 이상 버전이나 마이크로소프트 365 버전에서 새로 추가된 함수를 사용해 작업해보겠습니다. [M6] 셀에 다음 수식을 입력합니다.

=FILTER(C6:F19, F6:F19<=SMALL(F6:F19, 3))

	M6			⌄ : × ✓ fx =FILTER(C6:F19, F6:F19<=SMALL(F6:F19, 3))												
◢	A	B	C	D	E	F	G	H	I	J	K	L	M	N	O	P	Q
1																	
2			**진급 대상자**						**상위 3 명단**				**하위 3 명단**				
3																	
4																	
5		사번	이름	직위	성별	고과		상위	고과	이름		상위	고과	이름			
6		2	김호준	과장	남	260		1	299	김명호		1	윤철호	과장	남	232	
7		4	정성호	과장	남	261		2	288	김준수		2	오준영	과장	남	196	
8		15	김시은	과장	여	260		3	279	최민아		3	장미래	과장	여	175	
9		22	조은영	과장	여	264											
10		28	최민아	과장	여	279											
11		29	박찬성	과장	남	275											
12		44	박소은	과장	여	269											
13		59	김명호	과장	남	299											
14		65	윤철호	과장	남	232											
15		67	오준영	과장	남	196											
16		69	이은미	과장	여	239											
17		82	이승호	과장	남	268											
18		84	김준수	과장	남	288											
19		95	장미래	과장	여	175											
20																	

FILTER 함수 수식 이해하기

이번 수식을 이해하기 위해서는 먼저 FILTER 함수에 대해 알아야 합니다. FILTER 함수는 엑셀 2021 이상 버전과 마이크로소프트 365 버전에서 사용할 수 있는 함수로 구문은 다음과 같습니다.

FILTER (배열, 필터 조건, IF_EMPTY)

원본 데이터 범위(또는 **배열**)에서 **필터 조건**에 맞는 데이터를 동적 배열로 반환합니다.

인수	설명
배열	데이터를 추출할 원본 데이터 범위 또는 배열
필터 조건	데이터를 추출한 조건
IF_EMPTY	조건에 맞는 데이터가 없을 때 반환할 값

- 필터 조건 인수는 다음과 같이 구성합니다.
  - 조건이 한 개 : **범위=조건**
  - 조건이 여러 개(AND) : **(범위1=조건1)*(범위2=조건2)*···**
  - 조건이 여러 개(OR) : **(범위1=조건1)+(범위2=조건2)+···**
- 추출할 데이터가 없는데 **IF_EMPTY** 인수가 생략되면 #CALC! 에러가 발생합니다.
- 이 함수는 동적 배열 함수로 여러 개 값을 반환할 수 있으며, 값을 반환할 범위 내 다른 데이터가 있으면 #SPILL! 에러가 발생합니다.

그러므로 이번 수식은 FILTER 함수를 이용해 왼쪽 표에서 고과 하위 세 개 데이터를 추출한 것입니다. 원본 범위는 고과와 이름이 모두 포함된 다음과 같은 범위로 설정했습니다.

C6:F19

해당 범위에서 추출한 필터 조건은 다음과 같습니다.

F6:F19 <= SMALL(F6:F19, 3)

왼쪽 [F6:F19] 범위는 필터를 걸 열을 의미하며, 조건은 SMALL 함수를 사용해 [F6:F19] 범위에서 세 번째로 작은 값보다 작거나 같은 값을 대상으로 합니다.

이렇게 하면 세 개의 행 데이터가 반환되지만 원본 범위의 열이 모두 반환되어 [M6:P8] 범위에 값이 표시됩니다. 이것은 이름과 고과 열만 반환하도록 수정하면 되는데, P열의 고과가 작은 값 순서대로 표시되지 않는 것도 확인할 수 있습니다.

06 반환된 데이터를 고과 점수가 작은 순으로 정렬합니다. [M6] 셀의 수식을 다음과 같이 수정합니다.

> **=SORT(FILTER(C6:F19, F6:F19<=SMALL(F6:F19, 3)), 4, 1)**

M6   fx   =SORT(FILTER(C6:F19, F6:F19<=SMALL(F6:F19, 3)), 4, 1)

진급 대상자

사번	이름	직위	성별	고과
2	김호준	과장	남	260
4	정성호	과장	남	261
15	김시온	과장	여	260
22	조은영	과장	여	264
28	최민아	과장	여	279
29	박찬성	과장	남	275
44	박소은	과장	여	269
59	김명호	과장	남	299
65	윤철호	과장	남	232
67	오준영	과장	남	196
69	이은미	과장	여	239
82	이승호	과장	남	268
84	김준수	과장	남	288
95	장미래	과장	여	175

상위 3 명단

상위	고과	이름
1	299	김명호
2	288	김준수
3	279	최민아

하위 3 명단

상위	고과	이름		
1	장미래	과장	여	175
2	오준영	과장	남	196
3	윤철호	과장	남	232

엑셀마스터가 짚어주는 핵심 NOTE

SORT 함수 수식 이해하기

이 수식 내에서 사용한 SORT 함수는 배열의 데이터를 정렬할 때 사용하는 함수입니다. SORT 함수의 구문은 다음과 같습니다.

SORT (배열, 열 번호, 정렬 방법, 정렬 방향)

데이터 범위(또는 **배열**)에서 정렬한 결과를 반환합니다.

인수	설명
배열	원본 데이터 또는 배열
열 번호	정렬할 열(또는 행)의 인덱스 번호로 생략하면 1
정렬 방법	데이터를 정렬할 방법을 결정하는 옵션. 기본값은 1로, 생략하면 오름차순으로 정렬합니다. <table><tr><th>정렬 방법</th><th>설명</th></tr><tr><td>1</td><td>오름차순 정렬</td></tr><tr><td>−1</td><td>내림차순 정렬</td></tr></table>
정렬 방향	정렬할 데이터가 세로 방향(↓)인지, 가로 방향(→)인지 결정하는 옵션. 기본값은 FALSE로, 생략하면 세로 방향(↓)으로 데이터 정렬합니다. <table><tr><th>정렬 방법</th><th>설명</th></tr><tr><td>TRUE</td><td>가로 방향 데이터 정렬</td></tr><tr><td>FALSE</td><td>세로 방향 데이터 정렬</td></tr></table>

이 함수는 동적 배열 함수로 값을 반환할 범위 내 다른 데이터가 있으면 #SPILL! 에러가 발생합니다.

이번 수식을 좀 더 이해하기 쉽게 정리하면 다음과 같습니다.

=SORT(FILTER(…), 4, 1)

즉, FILTER 함수로 추출된 배열에서 네 번째 열을 오름차순(1)으로 정렬하라는 의미이며, SORT 함수는 기본 정렬 방법이 오름차순이므로 마지막 인수인 1은 생략해도 동일한 결과를 돌려받을 수 있습니다.

07 정렬된 데이터에서 고과 열과 이름 열의 데이터만 표시합니다. [M6] 셀의 수식을 다음과 같이 수정합니다.

=CHOOSECOLS(SORT(FILTER(C6:F19, F6:F19<=SMALL(F6:F19, 3)), 4, 1), {4, 1})

| M6 | | | fx | =CHOOSECOLS(SORT(FILTER(C6:F19, F6:F19<=SMALL(F6:F19, 3)), 4, 1), {4,1}) | | | | | | | | | | |

진급 대상자 / **상위 3 명단** / **하위 3 명단**

사번	이름	직위	성별	고과		상위	고과	이름		상위	고과	이름
2	김호준	과장	남	260		1	299	김명호		1	175	장미래
4	정성호	과장	남	261		2	288	김준수		2	196	오준영
15	김시은	과장	여	260		3	279	최민아		3	232	윤철호
22	조은영	과장	여	264								
28	최민아	과장	여	279								
29	박찬성	과장	남	275								
44	박소은	과장	여	269								
59	김명호	과장	남	299								
65	윤철호	과장	남	232								
67	오준영	과장	남	196								
69	이은미	과장	여	239								
82	이승호	과장	남	268								
84	김준수	과장	남	288								
95	장미래	과장	여	175								

엑셀마스터가 짚어주는 핵심 NOTE

CHOOSECOLS 함수 수식 이해하기

이번 수식에서 사용된 CHOOSECOLS 함수는 마이크로소프트 365버전에서 사용 가능한 함수로, 2022년 9월 15일부터 지원이 됐습니다. 그러므로 연도 버전의 오피스는 엑셀 2024 버전에서나 사용이 가능합니다. 함수의 구문은 다음과 같습니다.

CHOOSECOLS (배열, 열 번호1, 열 번호2, …)

배열에서 지정한 열 데이터만 반환합니다.

인수	설명
배열	원본 데이터 또는 배열
열 번호	반환할 열 번호를 의미

이 함수는 동적 배열 함수로 값을 반환할 범위 내 다른 데이터가 있으면 #SPILL! 에러가 발생합니다.

이번 수식을 좀 더 단순화하면 다음과 같습니다.

=CHOOSECOLS(SORT(…), {4,1})

즉, 앞의 SORT 함수를 사용해 정렬된 데이터 범위에서 네 번째 열(고과)과 첫 번째 열(이름)을 반환하란 의미가 됩니다.

다만 CHOOSECOLS 함수는 마이크로소프트 365 버전에서만 사용할 수 있으므로, 엑셀 2021 버전이라면 INDEX 함수를 사용해 다음과 같이 구성하면 됩니다.

=INDEX(SORT(FILTER(C6:F19, F6:F19<=SMALL(F6:F19, 3)), 4, 1), {1;2;3}, {4,1})

위 수식도 CHOOSECOLS 함수처럼 단순화시키면 다음과 같습니다.

=INDEX(SORT(…), {1;2;3}, {4,1})

{1;2;3} 은 1, 2, 3 행을 의미하며, {4,1}은 네 번째 열과 첫 번째 열을 의미합니다. 즉, CHOOSECOLS 함수와 전반적으로 비슷한 방식으로 동작하지만, 참조할 행 번호{1;2;3}을 별도로 지정해줘야 한다는 점만 차이가 있습니다.

CHAPTER 06

꼭 알아야 하는 핵심 함수③ : 참조 함수

이번 CHAPTER의 핵심!

- 데이터를 가져오는
  참조 함수 사용하기
- 신규 참조 함수로
  작업 쉽게 하기

엑셀에서 다양한 데이터를 다루는 작업을 하다 보면 다른 표의 데이터를 현재 위치로 가져와 사용해야 하는 경우가 빈번하게 발생합니다. 이런 작업을 '참조'라고 합니다.

위치가 바뀌지 않는 셀 데이터를 가져올 때는 '=A1'과 같은 참조 수식을 사용할 수 있습니다. 다만 이런 수식은 원하는 조건의 데이터를 참조할 수는 없습니다. 그러므로 엑셀은 원하는 조건의 데이터를 참조할 때 사용할 수 있는 다양한 함수를 제공하는데 VLOOKUP, HLOOKUP, LOOKUP, INDEX, MATCH 등의 함수 등이 대표적입니다.

물론 엑셀 2021 버전부터는 XLOOKUP, XMATCH 등과 같은 새로운 함수가 추가되어 기존 함수에서 처리하지 못하는 참조 작업을 보다 쉽게 처리할 수 있도록 지원합니다.

모든 참조 함수들을 알고 있다면 상황에 맞게 사용할 수 있겠지만, 처음부터 그렇게 할 수는 없으므로 다음과 같은 순서로 참조 함수를 연습하는 것이 좋습니다.

VLOOKUP, HLOOKUP → INDEX, MATCH → LOOKUP → XLOOKUP

이번 CHAPTER에서는 실무에서 자주 만나게 되는 다양한 사례를 통해 참조 함수를 어떻게 활용할 수 있는지 알아보겠습니다.

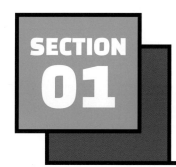

SECTION 01

데이터 값을 참조할 땐 VLOOKUP, HLOOKUP 함수

VLOOKUP, HLOOKUP 함수

다른 표에서 조건에 맞는 값을 참조할 때 가장 많이 사용하는 함수는 VLOOKUP과 HLOOKUP 함수입니다. 두 함수는 동작되는 방법이 동일하기 때문에 어떤 부분이 다른지 이해할 수 있다면 쉽게 사용할 수 있습니다.

VLOOKUP 함수의 V는 Vertical(수직)의 약어로 값을 세로 방향(↓)의 데이터 범위에서 찾는 함수입니다. HLOOKUP 함수의 H는 Horizental(수평)의 약어로 값을 가로 방향(→)의 데이터 범위에서 찾는 함수입니다.

VLOOKUP 함수

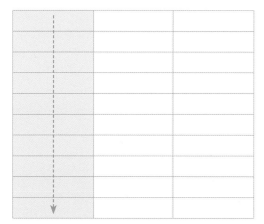

표의 첫 번째 열에서 값을 찾습니다.

HLOOKUP 함수

표의 첫 번째 행에서 값을 찾습니다.

즉, 두 함수는 표에서 값을 찾는 방법의 차이만 있고 기본적인 사용 방법은 동일합니다.

VLOOKUP 함수의 구문은 다음과 같습니다.

VLOOKUP (찾을 값, 표, 열 번호, 찾는 방법)

표의 첫 번째 열에서 원하는 값을 찾아 오른쪽 열의 값을 참조합니다.

인수	설명
찾을 값	표의 왼쪽 첫 번째 열에서 찾으려는 값
표	찾을 값이 입력된 열부터 참조할 값이 입력된 열까지의 데이터 범위
열 번호	표에서 참조할 값을 갖는 열의 인덱스 번호
찾는 방법	찾을 값을 표의 왼쪽 첫 번째 열에서 어떻게 찾아야 하는지 설정하는 옵션입니다.

	찾는 방법	설명
	TRUE 또는 생략	표의 왼쪽 첫 번째 열이 오름차순으로 정렬되어 있다고 가정하고 값을 찾는데, 찾을 값보다 큰 값을 만날 때까지 동일한 값을 찾지 못하면 찾을 값보다 작은 값 중에서 가장 큰 값의 위치를 찾습니다.
	FALSE	표의 왼쪽 첫 번째 열에서 찾을 값과 정확하게 일치하는 첫 번째 위치를 찾습니다.

- **찾을 값**을 **표**의 첫 번째 열에서 찾지 못하면 #N/A 오류가 반환됩니다.
- **표**의 첫 번째 열에서만 값을 찾을 수 있으며, 오른쪽 열의 값만 참조할 수 있습니다.

HLOOKUP 함수의 구문은 다음과 같습니다.

HLOOKUP (찾을 값, 표, 행 번호, 찾는 방법)

표의 첫 번째 행에서 원하는 값을 찾아 아래쪽 행의 값을 참조합니다.

인수	설명
찾을 값	표의 첫 번째 행에서 찾으려는 값
표	찾을 값이 입력된 행부터 참조할 값이 입력된 행까지의 데이터 범위
행 번호	표에서 참조할 값을 갖는 행의 인덱스 번호
찾는 방법	찾을 값을 표의 첫 번째 행에서 어떻게 찾아야 하는지 설정하는 옵션입니다.

	찾는 방법	설명
	TRUE 또는 생략	표의 첫 번째 행이 오름차순으로 정렬되어 있다고 가정하고 값을 찾는데, 찾을 값보다 큰 값을 만날 때까지 동일한 값을 찾지 못하면 찾을 값보다 작은 값 중에서 가장 큰 값의 위치를 찾습니다.
	FALSE	표의 첫 번째 행에서 찾을 값과 정확하게 일치하는 첫 번째 위치를 찾습니다.

- **찾을값**을 **표**의 첫 번째 행에서 찾지 못하면 #N/A 오류가 반환됩니다.
- **표**의 첫 번째 행에서만 값을 찾을 수 있으며, 아래쪽 행의 값만 참조할 수 있습니다.

1차 가공된 집계표에서 필요한 정보만 참조해 요약하기

예제 파일 CHAPTER 06 \ VLOOKUP, HLOOKUP 함수.xlsx

01 예제 파일을 열고 왼쪽 표의 분기와 제품별 실적을 오른쪽 표에 요약해보겠습니다.

	기간		PlayStation		SWITCH		XBOX		전체		요약	
분기	월		서울	경기	서울	경기	서울	경기	실적		분기	실적
1사분기	1월	8,320,000	3,120,000	7,665,000	2,555,000	7,080,000	8,260,000			1사분기	
	2월	6,240,000	2,600,000	7,665,000	3,285,000	2,950,000	2,360,000	109,960,000		2사분기	
	3월	12,040,000	14,560,000	3,650,000	8,760,000	1,770,000	7,080,000			3사분기	
2사분기	4월	2,080,000	4,160,000	9,490,000	4,015,000	2,950,000	2,360,000			4사분기	
	5월	10,920,000	10,400,000	2,920,000	7,300,000	2,950,000	11,210,000	130,525,000			
	6월	10,400,000	4,680,000	10,950,000	3,650,000	10,030,000	20,060,000			제품	실적
3사분기	7월	13,520,000	4,160,000	1,825,000	730,000	12,390,000	12,390,000			SWITCH	
	8월	1,040,000	9,880,000	365,000	5,475,000	10,620,000	1,180,000	103,945,000		XBOX	
	9월	2,600,000	7,800,000	2,555,000	6,205,000	1,770,000	9,440,000			PLAYSTATION	
4사분기	10월	16,640,000	6,760,000	17,520,000	9,125,000	3,540,000	10,620,000				
	11월	10,920,000	1,560,000	9,855,000	6,570,000	8,260,000	16,520,000	152,740,000			
	12월	5,200,000	1,560,000	4,745,000	3,285,000	8,260,000	11,800,000				
전체	실적		171,160,000		140,160,000		185,850,000					

02 VLOOKUP 함수를 활용해 [M6:M9] 범위에 분기별 실적을 참조해옵니다.

엑셀마스터가 짚어주는 핵심 NOTE

VLOOKUP 함수를 쓸 수 있는 표 구조 이해하기

분기별 실적을 왼쪽 표에서 참조해오려고 하는데, 왼쪽 표에서 분기는 B열에 세로 방향(↓)으로 입력되어 있고, 참조해올 값은 J열(=오른쪽 열)에 입력되어 있습니다. 이런 구조의 표에서 원하는 값을 참조하려고 할 때 VLOOKUP 함수를 사용할 수 있습니다.

	기간		PlayStation		SWITCH		XBOX		전체
분기	월		서울	경기	서울	경기	서울	경기	실적
1사분기	1월	8,320,000	3,120,000	7,665,000	2,555,000	7,080,000	8,260,000		
	2월	6,240,000	2,600,000	7,665,000	3,285,000	2,950,000	2,360,000	109,960,000	
	3월	12,040,000	14,560,000	3,650,000	8,760,000	1,770,000	7,080,000		
2사분기	4월	2,080,000	4,160,000	9,490,000	4,015,000	2,950,000	2,360,000		
	5월	10,920,000	10,400,000	2,920,000	7,300,000	2,950,000	11,210,000	130,525,000	
	6월	10,400,000	4,680,000	10,950,000	3,650,000	10,030,000	20,060,000		
3사분기	7월	13,520,000	4,160,000	1,825,000	730,000	12,390,000	12,390,000		
	8월	1,040,000	9,880,000	365,000	5,475,000	10,620,000	1,180,000	103,945,000	
	9월	2,600,000	7,800,000	2,555,000	6,205,000	1,770,000	9,440,000		
4사분기	10월	16,640,000	6,760,000	17,520,000	9,125,000	3,540,000	10,620,000		
	11월	10,920,000	1,560,000	9,855,000	6,570,000	8,260,000	16,520,000	152,740,000	
	12월	5,200,000	1,560,000	4,745,000	3,285,000	8,260,000	11,800,000		
전체	실적		171,160,000		140,160,000		185,850,000		

03 [M6] 셀에 다음 수식을 입력하고 [M6] 셀의 채우기 핸들➕을 더블클릭해 수식을 복사합니다.

=VLOOKUP(L6, $B$7:$J$18, 9, FALSE)

	실적 현황표								요약	
	기간		PlayStation		SWITCH		XBOX		전체	분기	실적
	분기	월	서울	경기	서울	경기	서울	경기	실적	1사분기	109,960,000
		1월	8,320,000	3,120,000	7,665,000	2,555,000	7,080,000	8,260,000		2사분기	130,525,000
	1사분기	2월	6,240,000	2,600,000	7,665,000	3,285,000	2,950,000	2,360,000	109,960,000	3사분기	103,945,000
		3월	12,040,000	14,560,000	3,650,000	8,760,000	1,770,000	7,080,000		4사분기	152,740,000
		4월	2,080,000	4,160,000	9,490,000	4,015,000	2,950,000	2,360,000			
	2사분기	5월	10,920,000	10,400,000	2,920,000	7,300,000	2,950,000	11,210,000	130,525,000	제품	실적
		6월	10,400,000	4,680,000	10,950,000	3,650,000	10,030,000	20,060,000		SWITCH	
		7월	13,520,000	4,160,000	1,825,000	730,000	12,390,000	12,390,000		XBOX	
	3사분기	8월	1,040,000	9,880,000	365,000	5,475,000	10,620,000	1,180,000	103,945,000	PLAYSTATION	
		9월	2,600,000	7,800,000	2,555,000	6,205,000	1,770,000	9,440,000			
		10월	16,640,000	6,760,000	17,520,000	9,125,000	3,540,000	10,620,000			

엑셀마스터가 짚어주는 핵심 NOTE

VLOOKUP 함수 수식 이해하기

이번 수식은 분기별 실적을 왼쪽 표에서 참조해오기 위한 것으로, 사용된 VLOOKUP 함수의 인수를 정리하면 다음과 같습니다.

인수	설정
찾을 값	L6
표	B7:J18
열 번호	9
찾는 방법	FALSE

즉, [L6] 셀의 값과 똑같은(FALSE) 값을 표의 왼쪽 첫 번째 열(B7:B18)에서 찾아, 표의 아홉 번째 열(J7:J18)의 값을 반환하라는 의미가 됩니다.

참고로 실무에서는 입력 횟수를 줄이기 위해 FALSE 대신 0 값을 많이 사용하기도 하므로, 함께 알아두는 것이 좋습니다.

=VLOOKUP(L6, $B$7:$J$18, 9, 0)

이렇게 찾을 값이 하나의 열에 있고, 참조할 값도 하나이며, 숫자인 경우에는 SUMIF 함수를 사용할 수도 있습니다. SUMIF 함수를 사용하는 수식은 다음과 같습니다.

=SUMIF($B$7:$B$18, L6, $J$7:$J$18)

함수는 표의 구성에 따라 다양한 수식을 사용할 수 있으므로, 다양한 활용 방법에 대해 고민해보면 수식 작성 능력을 키워나가는 데 도움이 됩니다.

04 이번에는 HLOOKUP 함수를 활용해 [M12:M14] 범위에 제품별 실적을 참조해옵니다.

엑셀마스터가 짚어주는 핵심 NOTE

HLOOKUP 함수를 쓸 수 있는 표 구조 이해하기

제품별 실적을 참조해오려면 [L12] 셀의 값을 5행에서 찾아 19행의 실적을 참조해야 합니다. 이렇게 가로 방향(→)으로 값을 찾아 그 아래에 있는 데이터를 참조할 때는 **HLOOKUP** 함수를 사용할 수 있습니다.

기간		PlayStation		SWITCH		XBOX		전체
분기	월	서울	경기	서울	경기	서울	경기	실적
1사분기	1월	8,320,000	3,120,000	7,665,000	2,555,000	7,080,000	8,260,000	109,960,000
	2월	6,240,000	2,600,000	7,665,000	3,285,000	2,950,000	2,360,000	
	3월	12,040,000	14,560,000	3,650,000	8,760,000	1,770,000	7,080,000	
2사분기	4월	2,080,000	4,160,000	9,490,000	4,015,000	2,950,000	2,360,000	130,525,000
	5월	10,920,000	10,400,000	2,920,000	7,300,000	2,950,000	11,210,000	
	6월	10,400,000	4,680,000	10,950,000	3,650,000	10,030,000	20,060,000	
3사분기	7월	13,520,000	4,160,000	1,825,000	730,000	12,390,000	12,390,000	103,945,000
	8월	1,040,000	9,880,000	365,000	5,475,000	10,620,000	1,180,000	
	9월	2,600,000	7,800,000	2,555,000	6,205,000	1,770,000	9,440,000	
4사분기	10월	16,640,000	6,760,000	17,520,000	9,125,000	3,540,000	10,620,000	152,740,000
	11월	10,920,000	1,560,000	9,855,000	6,570,000	8,260,000	16,520,000	
	12월	5,200,000	1,560,000	4,745,000	3,285,000	8,260,000	11,800,000	
전체	실적		171,160,000		140,160,000		185,850,000	

05 [M12] 셀에 다음 수식을 입력하고 [M12] 셀의 채우기 핸들🔲을 더블클릭해 수식을 복사합니다.

=HLOOKUP(L12, $D$5:$I$19, 15, FALSE)

TIP 이번 수식에서 사용된 HLOOKUP 함수는 VLOOKUP 함수와 구성 및 사용 방법이 동일하므로 상세한 설명은 **03** 과정의 NOTE 설명을 참고합니다.

오름차순으로 정렬된 구간에서 숫자의 위치를 찾아 데이터 참조하기

예제 파일 CHAPTER 06 \ VLOOKUP 함수-구간.xlsx

01 예제 파일을 열고 E열의 근속년수에 해당하는 포상금액을 오른쪽 표에서 참조해보겠습니다.

	A	B	C	D	E	F	G	H	I	J
1										
2					장기근속자 포상					
3										
4										
5		사번	이름	입사일	근속년수	포상금액		근속년수	포상금액	
6		E-23081	박지훈	2014-01-22	10			5년 이상	1,000,000	
7		E-21092	최서현	2005-10-19	19			10년 이상	2,000,000	
8		E-20043	박현우	2017-07-04	7			15년 이상	3,000,000	
9		E-20004	정시우	2009-08-15	15					
10		E-18089	이은서	2013-10-17	11					
11		E-22099	오서윤	2019-05-06	5					
12		E-23065	최우선	2023-05-13	1					
13		E-24092	김은서	2008-03-26	16					
14		E-21066	김종수	2010-02-28	14					
15		E-24035	이정현	2020-05-20	4					
16										

02 E열에는 숫자로 근속년수가 입력돼 있고 이 값을 [H6:H8] 범위(↓)에서 찾아야 하므로 VLOOKUP 함수를 사용할 수 있습니다. 다만, [H6:H8] 범위의 값이 숫자로 동일하게 입력되어 있지 않으므로, 구간의 최솟값을 입력하고 근삿값을 찾는 방법을 이용해야 합니다.

엑셀마스터가 짚어주는 핵심 NOTE

VLOOKUP 함수를 활용할 때 선제 조건

VLOOKUP 함수와 HLOOKUP 함수의 네 번째 인수는 **찾는 방법** 인수로, 똑같은 값을 찾을 땐 FALSE를, 근삿값을 찾을 땐 TRUE를 사용합니다. 단, 근삿값을 찾으려면 다음과 같은 선제 조건이 필요합니다.

첫째, 표의 첫 번째 열이 오름차순으로 정렬되어 있어야 합니다. 내림차순은 VLOOKUP 함수에서는 안 되지만, INDEX, MATCH 함수는 가능합니다.
둘째, 구간을 대표하는 값을 입력해야 하며 규칙은 다음과 같습니다.

구간	입력 필요	함수 사용
오름차순	구간의 최솟값	VLOOKUP, HLOOKUP, INDEX/MATCH 함수 모두 가능
내림차순	구간의 최댓값	INDEX/MATCH 함수만 가능

03 구간의 최솟값을 입력하기 위해 I열을 선택하고 Ctrl + Shift + + 를 눌러 열을 하나 삽입합니다.

> **TIP** 단축키가 동작하지 않는다면 리본 메뉴의 [홈] 탭–[셀] 그룹–[삽입 ▦]을 클릭합니다.

04 [I5] 셀의 머리글에는 **최소값**을 입력하고, [I6:I8] 범위는 순서대로 5, 10, 15를 입력합니다.

| | I8 | | ⌄ | : × ✓ fx | 15 | | | | | |

장기근속자 포상

사번	이름	입사일	근속년수	포상금액		근속년수	최소값	포상금액
E-23081	박지훈	2014-01-22	10			5년 이상	5	1,000,000
E-21092	최서현	2005-10-19	19			10년 이상	10	2,000,000
E-20043	박현우	2017-07-04	7			15년 이상	15	3,000,000
E-20004	정시우	2009-08-15	15					
E-18089	이은서	2013-10-17	11					
E-22099	오서윤	2019-05-06	5					
E-23065	최우선	2023-05-13	1					
E-24092	김은서	2008-03-26	16					
E-21066	김종수	2010-02-28	14					
E-24035	이정현	2020-05-20	4					

05 이제 [F6] 셀에 다음 수식을 입력하고 [F6] 셀의 채우기 핸들➕을 더블클릭해 수식을 복사합니다.

=VLOOKUP(E6, $I$6:$J$8, 2, TRUE)

| | F6 | | ⌄ | : × ✓ fx | =VLOOKUP(E6, $I$6:$J$8, 2, TRUE) | | | | | |

장기근속자 포상

사번	이름	입사일	근속년수	포상금액		근속년수	최소값	포상금액
E-23081	박지훈	2014-01-22	10	2,000,000		5년 이상	5	1,000,000
E-21092	최서현	2005-10-19	19	3,000,000		10년 이상	10	2,000,000
E-20043	박현우	2017-07-04	7	1,000,000		15년 이상	15	3,000,000
E-20004	정시우	2009-08-15	15	3,000,000				
E-18089	이은서	2013-10-17	11	2,000,000				
E-22099	오서윤	2019-05-06	5	1,000,000				
E-23065	최우선	2023-05-13	1	#N/A				
E-24092	김은서	2008-03-26	16	3,000,000				
E-21066	김종수	2010-02-28	14	2,000,000				
E-24035	이정현	2020-05-20	4	#N/A				

엑셀마스터가 짚어주는 핵심 NOTE

VLOOKUP 함수 수식 이해하기

이번 수식은 E열의 근속년수를 I열에 찾아 오른쪽 J열의 포상금액을 참조해옵니다. 수식에서 사용된 VLOOKUP 함수의 마지막 인수는 생략할 수 있으므로 다음과 같이 구성해도 동일한 결과를 반환받을 수 있지만, 헷갈릴 수 있으니 생략하는 것보다는 사용하는 것을 권장합니다.

=VLOOKUP(E6, $I$6:$J$8, 2)

이번 수식을 복사했을 때 #N/A 에러가 발생하는 위치가 있는데, 왼쪽의 근속년수가 1, 4입니다. 즉 5년 미만의 근속년수의 경우 오른쪽 표에서 찾을 수 없으므로, 표를 변경하거나 에러를 다른 값으로 대체할 필요가 있습니다. 만약 표를 변경하는 방법으로 문제를 해결하려면 표를 다음과 같이 구성해야 합니다.

근속년수	최소값	포상금액
5년 미만	0	–
5년 이상	5	1,000,000
10년 이상	10	2,000,000
15년 이상	15	3,000,000

즉, 5년 미만에 해당하는 행을 하나 추가하고 VLOOKUP 함수에서 추가된 행 범위를 포함하도록 하면 #N/A 에러가 발생하지 않습니다. IFERROR 함수를 활용해 문제를 해결하는 방법은 06~07 과정을 참고합니다.

06 IFERROR 함수를 사용해 #N/A 에러를 0으로 변경해보겠습니다.

TIP IFERROR 함수는 수식 에러를 사용자가 원하는 값으로 변경할 때 사용합니다.

07 [F6] 셀의 수식을 다음과 같이 수정하고 [F6] 셀의 채우기 핸들🔳을 더블클릭해 수식을 복사합니다.

=IFERROR(**VLOOKUP(E6, \$I\$6:\$J\$8, 2, TRUE)**, 0)

F6		∨	:	× ✓ fx	=IFERROR(VLOOKUP(E6, $I$6:$J$8, 2, TRUE), 0)					
▲	A	B	C	D	E	F	G	H	I	J	K

장기근속자 포상

사번	이름	입사일	근속년수	포상금액		근속년수	최소값	포상금액
E-23081	박지훈	2014-01-22	10	2,000,000		5년 이상	5	1,000,000
E-21092	최서현	2005-10-19	19	3,000,000		10년 이상	10	2,000,000
E-20043	박현우	2017-07-04	7	1,000,000		15년 이상	15	3,000,000
E-20004	정시우	2009-08-15	15	3,000,000				
E-18089	이은서	2013-10-17	11	2,000,000				
E-22099	오서윤	2019-05-06	5	1,000,000				
E-23065	최우선	2023-05-13	1					
E-24092	김은서	2008-03-26	16	3,000,000				
E-21066	김종수	2010-02-28	14	2,000,000				
E-24035	이정현	2020-05-20	4	–				

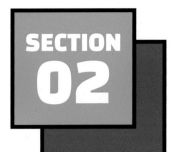

VLOOKUP 함수로 여러 개 열에서 값을 찾는 방법

SECTION 02

VLOOKUP, HLOOKUP 함수는 기본적으로 한 개의 열 또는 행 범위에서만 값을 찾을 수 있습니다. 하지만 여러 열 또는 행에서 값을 찾아야 한다면, 찾아야 하는 값이 입력된 열을 하나로 연결해놓고 값을 찾으면 됩니다.

찾아야 할 값이 여러 열에 있는 경우 VLOOKUP 함수로 처리하기

예제 파일 CHAPTER 06 \ VLOOKUP 함수-다중 조건.xlsx

01 예제 파일을 열고 왼쪽 표 데이터를 참고해 오른쪽 표에 성별로 나뉜 고과 순위 명단을 정리해보겠습니다.

	A	B	C	D	E	F	G	H	I	J	K	L	M	N	O
1															
2				진급 대상자							결과 정리				
3															
4															
5							순위				남		여		
6		사번	이름	직위	성별	고과	전체	구분		순위	이름	고과	이름	고과	
7		2	김호준	과장	남	260	9	6		1					
8		4	정성호	과장	남	261	8	5		2					
9		15	김시은	과장	여	260	9	4		3					
10		22	조은영	과장	여	264	7	3		4					
11		28	최민아	과장	여	279	3	1		5					
12		29	박찬성	과장	남	275	4	3		6					
13		44	박소은	과장	여	269	5	2		7					
14		59	김명호	과장	남	299	1	1		8					
15		65	윤철호	과장	남	232	12	7		9					
16		67	오준영	과장	남	196	13	8		10					
17		69	이은미	과장	여	239	11	5							
18		82	이승호	과장	남	268	6	4							
19		84	김준수	과장	남	288	2	2							
20		95	장미래	과장	여	175	14	6							

엑셀마스터가 짚어주는 핵심 NOTE

제시된 데이터 파악하기

왼쪽 표를 보면 진급 대상자 명단이 입력되어 있습니다. 이 데이터에서 E열의 성별과 H열의 고과 순위에 맞는 '이름'과 '고과' 점수를 오른쪽 표에 정리합니다. 이렇게 원하는 조건을 모두 만족하는 값을 오른쪽 표에 정리하려면 다음과 같은 두 개 열에서 값을 찾아야 합니다.

세로 방향(↓)으로 값을 찾으니 VLOOKUP 함수를 사용할 수 있을 것 같지만, 앞에서 언급한 것처럼 VLOOKUP 함수는 한 개 열에서만 값을 찾을 수 있습니다. 이런 경우에는 복잡한 수식을 사용하지 않으려면 찾아야 하는 값을 하나로 만드는 작업이 필요합니다.

02 찾아야 할 두 개의 열을 하나로 연결합니다. [A7] 셀에 다음 수식을 입력하고 [A7] 셀의 채우기 핸들 ⊞을 더블클릭해 수식을 복사합니다.

=E7&H7

03 이제 생성한 열에서 값을 찾아 남자의 고과 순위에 맞는 이름을 참조합니다. [K7] 셀에 다음 수식을 입력하고 [K7] 셀의 채우기 핸들 🔲 을 더블클릭해 수식을 복사합니다.

=VLOOKUP($K$5 & J7, $A$7:$C$20, 3, FALSE)

K7		▼	:	×	✓	fx	=VLOOKUP($K$5 & J7, $A$7:$C$20, 3, FALSE)				
	A	B	C	D	E	F	G	H	I	J	K	L

					진급 대상자						결과 정	
							순위				남	
		사번	이름	직위	성별	고과	전체	구분		순위	이름	고과
남6	2	김호준	과장	남	260	9	6		1	김명호	
남5	4	정성호	과장	남	261	8	5		2	김준수	
여4	15	김시은	과장	여	260	9	4		3	박진성	
여3	22	조은영	과장	여	264	7	3		4	이승호	
여1	28	최민아	과장	여	279	3	1		5	정성호	
남3	29	박진성	과장	남	275	4	3		6	김호준	
여2	44	박소은	과장	여	269	5	2		7	윤철호	
남1	59	김명호	과장	남	299	1	1		8	오준영	
남7	65	윤철호	과장	남	232	12	7		9	#N/A	
남8	67	오준영	과장	남	196	13	8		10	#N/A	
여5	69	이은미	과장	여	239	11	5				
남4	82	이승호	과장	남	268	6	4				
남2	84	김준수	과장	남	288	2	2				
여6	95	장미래	과장	여	175	14	6				

엑셀마스터가 짚어주는 핵심 NOTE

VLOOKUP 함수 수식 이해하기

이번 수식은 남자 직원들의 고과순으로 이름을 참조해오는 수식입니다. 이번 수식의 VLOOKUP 함수 인수를 정리하면 다음과 같습니다.

인수	설정	참조 방식
찾을 값	K5 & J7	[K5] 셀은 고정, [J7] 셀은 변경
표	A7:C20	표 범위는 변경되지 않으므로 절대 참조
열 번호	3	–
찾는 방법	FALSE	–

즉, [K5] 셀의 성별과 [J7] 셀의 순위를 연결해 '남1', '남2', '남3', …과 같은 값을 표의 첫 번째 열([A7:A20])에서 찾아 세 번째 열([C7:C20])의 값을 참조해오라는 의미입니다.

04 #N/A 에러를 빈 문자로 대체합니다. [K7] 셀의 수식에 IFERROR 함수를 다음과 같이 추가해 수정하고 [K7] 셀의 채우기 핸들 🔲 을 더블클릭해 수식을 복사합니다.

=IFERROR(VLOOKUP($K$5 & J7, $A$7:$C$20, 3, FALSE), " ")

| K7 | | | | | f_x | =IFERROR(VLOOKUP($K$5 & J7, $A$7:$C$20, 3, FALSE), "") | | | | | | |

	A	B	C	D	E	F	G	H	I	J	K	L
1												
2					진급 대상자							결과 정
3												
5							순위				남	
6		사번	이름	직위	성별	고과	전체	구분		순위	이름	고과
7	남6	2	김호준	과장	남	260	9	6		1	김명호	
8	남5	4	정성호	과장	남	261	8	5		2	김준수	
9	여4	15	김시은	과장	여	260	9	4		3	박찬성	
10	여3	22	조은영	과장	여	264	7	3		4	이승호	
11	여1	28	최민아	과장	여	279	3	1		5	정성호	
12	남3	29	박찬성	과장	남	275	4	3		6	김호준	
13	여2	44	박소은	과장	여	269	5	2		7	윤철호	
14	남1	59	김명호	과장	남	299	1	1		8	오준영	
15	남7	65	윤철호	과장	남	232	12	7		9		
16	남8	67	오준영	과장	남	196	13	8		10		
17	여5	69	이은미	과장	여	239	11	5				
18	남4	82	이승호	과장	남	268	6	4				
19	남2	84	김준수	과장	남	288	2	2				
20	여6	95	장미래	과장	여	175	14	6				
21												

05 K열에 참조된 이름을 찾아 고과 점수를 참조합니다.

TIP **03** 과정처럼 '남1', '남2', …를 찾아 고과 점수를 참조할 수 있는데, K열에 참조된 이름이 고유한 경우라면 이렇게 하는 게 수식을 구성하기 더 간단합니다.

06 [L7] 셀에 다음 수식을 입력하고 [L7] 셀의 채우기 핸들 ╋ 을 더블클릭해 수식을 복사합니다.

=IFERROR(VLOOKUP(K7, $C$7:$F$20, 4, FALSE), "")

| L7 | | | | | f_x | =IFERROR(VLOOKUP(K7, $C$7:$F$20, 4, FALSE), "") | | | | | | | |

	A	B	C	D	E	F	G	H	I	J	K	L	M
1													
2					진급 대상자							결과 정리	
3													
5							순위				남		
6		사번	이름	직위	성별	고과	전체	구분		순위	이름	고과	이름
7	남6	2	김호준	과장	남	260	9	6		1	김명호	299	
8	남5	4	정성호	과장	남	261	8	5		2	김준수	288	
9	여4	15	김시은	과장	여	260	9	4		3	박찬성	275	
10	여3	22	조은영	과장	여	264	7	3		4	이승호	268	
11	여1	28	최민아	과장	여	279	3	1		5	정성호	261	
12	남3	29	박찬성	과장	남	275	4	3		6	김호준	260	
13	여2	44	박소은	과장	여	269	5	2		7	윤철호	232	
14	남1	59	김명호	과장	남	299	1	1		8	오준영	196	
15	남7	65	윤철호	과장	남	232	12	7		9			
16	남8	67	오준영	과장	남	196	13	8		10			
17	여5	69	이은미	과장	여	239	11	5					
18	남4	82	이승호	과장	남	268	6	4					
19	남2	84	김준수	과장	남	288	2	2					
20	여6	95	장미래	과장	여	175	14	6					
21													

엑셀마스터가 짚어주는 핵심 NOTE

IFERROR 함수와 VLOOKUP 함수 수식 이해하기

이번 수식은 K열의 '이름'을 왼쪽 표의 C열의 '이름'에서 찾아 F열의 '고과'를 참조해오는 수식입니다. IFERROR 함수는 VLOOKUP 함수에서 #N/A 에러가 발생하는 경우를 대체하기 위한 것입니다.

만약 이름이 중복되어 있다면 이런 수식을 사용할 수 없으므로, **04** 과정과 같은 수식을 사용하는 것이 좋습니다. 그렇게 하려면 다음과 같은 수식을 입력해야 합니다.

=IFERROR(VLOOKUP($K$5 & J7, $A$7:$F$20, 6, FALSE), "")

이 경우 동점자가 없다면, 원하는 조건에 해당하는 값이 한 개일 수밖에 없으므로, A열 없이 성별(=E열)과 순위 (=H열)만 가지고도 원하는 결과를 얻을 수 있습니다. 그렇게 하려면 다음과 같은 수식을 입력해야 합니다.

=SUMIFS($F$7:$F$20, $E$7:$E$20, $K$5, $H$7:$H$20, J7)

이렇게 VLOOKUP 함수에서 참조할 값이 숫자이고, 조건에 해당하는 값이 한 개만 존재할 때는 SUMIF 함수나 SUMIFS 함수로 대체가 가능합니다.

07 여자의 고과 순위에 맞는 데이터는 남자의 고과 순위를 구하는 것과 동일한 방법으로 작업하면 됩니다.

> **X** 마이크로소프트 365 버전 사용자

08 마이크로소프트 365 버전을 사용한다면 [M7] 셀에 다음 수식을 입력해 한 번에 명단을 얻을 수 있습니다.

=CHOOSECOLS(SORT(FILTER(C7:F20, E7:E20=M5), 4, −1), 1, 4)

| M7 | | | fx | =CHOOSECOLS(SORT(FILTER(C7:F20, E7:E20=M5), 4, -1), 1, 4) | | | | | | | | | | |

진급 대상자

결과 정리

사번	이름	직위	성별	고과	순위 전체	순위 구분		순위	남 이름	남 고과	여 이름	여 고과
2	김호준	과장	남	260	9	6		1	김명호	299	최민아	279
4	정성호	과장	남	261	8	5		2	김준수	288	박소은	269
15	김시은	과장	여	260	9	4		3	박찬성	275	조은영	264
22	조은영	과장	여	264	7	3		4	이승호	268	김시은	260
28	최민아	과장	여	279	3	1		5	정성호	261	이은미	239
29	박찬성	과장	남	275	4	3		6	김호준	260	장미래	175
44	박소은	과장	여	269	5	2		7	윤철호	232		
59	김명호	과장	남	299	1	1		8	오준영	196		
65	윤철호	과장	남	232	12	7		9				
67	오준영	과장	남	196	13	8		10				
69	이은미	과장	여	239	11	5						
82	이승호	과장	남	268	6	4						
84	김준수	과장	남	288	2	2						
95	장미래	과장	여	175	14	6						

엑셀마스터가 짚어주는 핵심 NOTE

CHOOSECOLS 함수를 포함한 다양한 함수 수식 이해하기

CHOOSECOLS 함수를 활용한 이번 수식은 마이크로소프트 365 버전에서만 가능한 수식입니다. 이 수식을 이해하기 쉽게 정리하면 다음과 같습니다.

=CHOOSECOLS(SORT(FILTER(C7:F20, E7:E20="여"), 4, −1), 1, 4)

이 수식에서 계산되는 부분을 하나씩 설명하면, 먼저 FILTER 함수 부분부터 봐야 합니다.

FILTER(C7:F20, E7:E20="여")

즉, [C7:F20] 범위에서 E열의 값이 '여'인 경우의 데이터만 동적 배열로 반환하라는 의미입니다. 그 다음은 SORT 함수를 사용해 다음과 같이 정렬합니다.

SORT(FILTER(⋯), 4, −1)

이것은 고과순으로 데이터가 정렬되어야 순위별로 데이터가 반환되므로 SORT 함수를 사용해 네 번째 열(F열)의 값을 내림차순(−1)으로 정렬하는 의미입니다. 그런 다음 원하는 열만 반환하도록 합니다.

=CHOOSECOLS(SORT(⋯), 1, 4)

여기서 사용된 CHOOSECOLS 함수는 2022년도부터 지원된 함수이기 때문에 엑셀 2021 버전에서는 사용할 수 없습니다. 엑셀 2021 버전 사용자라면 CHOOSECOLS 함수를 INDEX 함수로 바꿀 수 있는데 다음과 같은 수식을 사용하면 됩니다.

=INDEX(SORT(⋯), {1;2;3;4;5;6}, {1,4})

LINK 이런 방법은 앞에서 설명해놓은 부분이 있으니 이 책의 168페이지를 참고합니다.

이런 방식의 수식을 사용해 남자의 결과도 얻고 싶다면, [K7:L16] 범위를 지정하고 Delete 를 눌러 기존 수식을 삭제한 후 [K7] 셀에 다음 수식을 입력하면 됩니다.

=CHOOSECOLS(SORT(FILTER(C7:F20, E7:E20=K5), 4, −1), 1, 4)

INDEX, MATCH 함수를 사용한 값 참조

INDEX, MATCH 함수

VLOOKUP, HLOOKUP 함수는 모두 하나의 열이나 행에서만 값을 찾을 수 있습니다. 이런 단점을 극복하려면 INDEX, MATCH 함수를 함께 사용하면 됩니다. INDEX 함수는 참조만 하는 함수이고, MATCH 함수는 찾기만 할 수 있는 함수이지만 두 함수를 중첩해서 사용하면 VLOOKUP 함수나 HLOOKUP 함수로는 어려운 작업을 처리할 수 있습니다.

INDEX 함수의 구문은 다음과 같습니다.

INDEX (표, 행 번호, 열 번호)

표에서 지정한 좌표(**행 번호, 열 번호**가 교차하는) 값을 참조합니다.

인수	설명
표	참조해올 값이 입력된 데이터 범위
행 번호	표에서 참조할 값이 위치한 행의 인덱스 번호
열 번호	표에서 참조할 값이 위치한 열의 인덱스 번호

표 범위가 [A1:C10] 범위일 때 **행 번호**가 3이고 **열 번호**가 2이면 [B3] 셀을 참조합니다.

MATCH 함수의 구문은 다음과 같습니다.

MATCH (찾을 값, 찾을 범위, 찾는 방법)

찾는 값이 지정된 범위 내 몇 번째에 위치하는지 해당 인덱스 값을 반환합니다.

인수	설명
찾을 값	찾을 범위에서 찾으려는 값
찾을 범위	찾을 값이 포함된 한 개의 열(또는 행) 데이터 범위

	찾을 값을 어떻게 찾아야 하는지에 대한 옵션입니다.	
찾는 방법	**찾는 방법**	**설명**
	1 또는 생략	범위의 값이 오름차순으로 정렬되어 있다고 가정하고 순서대로 값을 찾습니다. 찾을 값보다 큰 값을 만날 때까지 일치하는 값이 없다면, 찾을 값보다 작은 값 중에서 가장 큰 값의 위치를 찾습니다.
	0	정렬과 무관하게 정확하게 일치하는 첫 번째 값 위치를 찾습니다.
	-1	범위의 값이 내림차순으로 정렬되어 있다고 가정하고 순서대로 값을 찾습니다. 찾을 값보다 작은 값을 만날 때까지 일치하는 값이 없다면, 찾을 값보다 큰 값 중에서 가장 작은 값의 위치를 찾습니다.

INDEX 함수의 행 번호, 열 번호 인수 부분에 MATCH 함수가 사용되어 참조해올 값의 좌표를 알려주는 역할을 합니다.

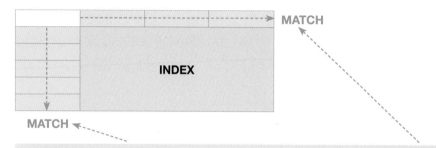

=INDEX(표, MATCH(찾을 값,열 범위,찾는 방법), MATCH(찾을 값,행 범위, 찾는 방법))

표에서 원하는 값의 위치를 찾아 단가와 할인율 값 참조하기

예제 파일 CHAPTER 06 \ INDEX, MATCH 함수.xlsx

01 예제 파일을 열면 [sample 1] 시트가 나옵니다. 왼쪽 표 데이터에서 조건에 맞는 단가와 할인율을 오른쪽 표에 참조해보겠습니다.

	A	B	C	D	E	F	G	H	I	J	K	L	M	N	O
1															
2			**단가 및 할인 기준표**								**주문내역**				
3															
4															
5		제품군	모델명	단가	5대 미만	10대 미만	10대 이상		번호	제품군	모델명	수량	단가	할인율	
6			L200	834,000	5.0%	7.5%	10.0%		1	무한잉크젯복합기	AP-5500W	2			
7			L350	1,223,000	5.0%	8.0%	12.0%		2	레이저복합기	L800	6			
8		레이저복합기	L500	1,110,000	5.0%	8.0%	12.0%		3	잉크젯복합기	AP-3200	12			
9			L650	936,000	5.0%	7.5%	10.0%		4	잉크젯복합기	AP-5500	5			
10			L800	1,256,000	5.0%	8.0%	12.0%		5	레이저복합기	L200	3			
11		무한레이저복합기	L800C	1,136,000	5.0%	8.0%	12.0%								
12		무한잉크젯복합기	AP-3300W	304,000	0.0%	5.0%	8.5%								
13			AP-5500W	314,000	0.0%	5.0%	8.5%								
14			AP-3200	245,000	0.0%	5.0%	8.5%								
15		잉크젯복합기	AP-3300	290,000	0.0%	5.0%	8.5%								
16			AP-4900	446,000	0.0%	5.0%	8.5%								

< > | sample 1 | sample 2 | +

02 먼저 단가를 참조합니다. 단가는 K열의 모델명을 C열에서 찾아 참조하면 됩니다.

엑셀마스터가 짚어주는 핵심 NOTE

제시된 데이터 파악하기

왼쪽 표에서 값을 찾을 위치와 참조해올 값의 위치를 표시하면 다음과 같습니다.

제품군	모델명	단가	5대 미만	10대 미만	10대 이상
레이저복합기	L200	834,000	5.0%	7.5%	10.0%
	L350	1,223,000	5.0%	8.0%	12.0%
	L500	1,110,000	5.0%	8.0%	12.0%
	L650	936,000	5.0%	7.5%	10.0%
	L800	1,256,000	5.0%	8.0%	12.0%
무한레이저복합기	L800C	1,136,000	5.0%	8.0%	12.0%
무한잉크젯복합기	AP-3300W	304,000	0.0%	5.0%	8.5%
	AP-5500W	314,000	0.0%	5.0%	8.5%
잉크젯복합기	AP-3200	245,000	0.0%	5.0%	8.5%
	AP-3300	290,000	0.0%	5.0%	8.5%
	AP-4900	446,000	0.0%	5.0%	8.5%
	AP-5500	968,000	5.0%	7.5%	10.0%

이렇게 세로 방향(↓)으로 값을 찾아 오른쪽 값을 참조하려면 VLOOKUP 함수를 사용합니다.

03 [M6] 셀에 다음 수식을 입력하고 [M6] 셀의 채우기 핸들을 더블클릭해 수식을 복사합니다.

=VLOOKUP(K6, $C$6:$D$17, 2, FALSE)

	A	B	C	D	E	F	G	H	I	J	K	L	M	N	O
1															
2			**단가 및 할인 기준표**							**주문내역**					
3															
4															
5		제품군	모델명	단가	5대 미만	10대 미만	10대 이상		번호	제품군	모델명	수량	단가	할인율	
6			L200	834,000	5.0%	7.5%	10.0%		1	무한잉크젯복합기	AP-5500W	2	314,000		
7			L350	1,223,000	5.0%	8.0%	12.0%		2	레이저복합기	L800	6	1,256,000		
8		레이저복합기	L500	1,110,000	5.0%	8.0%	12.0%		3	잉크젯복합기	AP-3200	12	245,000		
9			L650	936,000	5.0%	7.5%	10.0%		4	잉크젯복합기	AP-5500	5	968,000		
10			L800	1,256,000	5.0%	8.0%	12.0%		5	레이저복합기	L200	3	834,000		
11		무한레이저복합기	L800C	1,136,000	5.0%	8.0%	12.0%								
12		무한잉크젯복합기	AP-3300W	304,000	0.0%	5.0%	8.5%								
13			AP-5500W	314,000	0.0%	5.0%	8.5%								
14			AP-3200	245,000	0.0%	5.0%	8.5%								
15		잉크젯복합기	AP-3300	290,000	0.0%	5.0%	8.5%								
16			AP-4900	446,000	0.0%	5.0%	8.5%								
17			AP-5500	968,000	5.0%	7.5%	10.0%								
18															

04 이번에는 할인율을 참조합니다. 할인율을 참조하기 위해서는 모델명이 같아야 하며 L열의 수량을 [E5:G5] 범위에서 찾아야 합니다.

제시된 데이터 파악하기

할인율을 참조하려면 모델명과 수량을 찾아야 합니다. 왼쪽 표에서 값을 찾아야 하는 위치를 표시하면 다음과 같습니다.

제품군	모델명	단가	5대 미만	10대 미만	10대 이상
레이저복합기	L200	834,000	5.0%	7.5%	10.0%
	L350	1,223,000	5.0%	8.0%	12.0%
	L500	1,110,000	5.0%	8.0%	12.0%
	L650	936,000	5.0%	7.5%	10.0%
	L800	1,256,000	5.0%	8.0%	12.0%
무한레이저복합기	L800C	1,136,000	5.0%	8.0%	12.0%
무한잉크젯복합기	AP-3300W	304,000	0.0%	5.0%	8.5%
	AP-5500W	314,000	0.0%	5.0%	8.5%
잉크젯복합기	AP-3200	245,000	0.0%	5.0%	8.5%
	AP-3300	290,000	0.0%	5.0%	8.5%
	AP-4900	446,000	0.0%	5.0%	8.5%
	AP-5500	968,000	5.0%	7.5%	10.0%

이렇게 세로 방향(↓)과 가로 방향(→)으로 모두 찾아 두 위치가 교차하는 위치의 값을 참조해야 하므로 이번 작업에서는 INDEX, MATCH 함수를 사용해야 합니다.

05 [E5:G5] 범위의 수량은 숫자를 오름차순으로 정렬된 구간으로 정리해놓은 것으로 이렇게 정리된 구간에서 값을 찾으려면 구간의 최솟값을 입력해야 합니다. [D19:G19] 범위에 다음 화면을 참고해 각 구간의 '최소값'을 입력해놓습니다.

	A	B	C	D	E	F	G	H	I
1									
2			**단가 및 할인 기준표**						
3									
4									
5		제품군	모델명	단가	5대 미만	10대 미만	10대 이상		번호
6			L200	834,000	5.0%	7.5%	10.0%		1
7			L350	1,223,000	5.0%	8.0%	12.0%		2
8		레이저복합기	L500	1,110,000	5.0%	8.0%	12.0%		3
9			L650	936,000	5.0%	7.5%	10.0%		4
10			L800	1,256,000	5.0%	8.0%	12.0%		5
11		무한레이저복합기	L800C	1,136,000	5.0%	8.0%	12.0%		
12		무한잉크젯복합기	AP-3300W	304,000	0.0%	5.0%	8.5%		
13			AP-5500W	314,000	0.0%	5.0%	8.5%		
14			AP-3200	245,000	0.0%	5.0%	8.5%		
15		잉크젯복합기	AP-3300	290,000	0.0%	5.0%	8.5%		
16			AP-4900	446,000	0.0%	5.0%	8.5%		
17			AP-5500	968,000	5.0%	7.5%	10.0%		
18									
19				최소값	1	5	10		
20									

입력한 최솟값 이해하기

[E5:G5] 범위의 값은 가로 방향(→)으로 나열되어 있으며 순서대로 보면 작은 값부터 표시되는 오름차순 정렬의 구조를 가지고 있습니다.

오름차순으로 정렬된 구간에서 숫자의 근삿값을 구하려면 구간의 최솟값이 입력되어 있어야 합니다.

LINK 이와 관련된 자세한 설명은 이 책의 178페이지를 참고합니다.

[E5] 셀의 5대 미만은 1~4대가 팔릴 때를 기준으로 한 것이므로 최솟값은 1이 됩니다.
[F5] 셀의 10대 미만은 5~9대가 팔릴 때를 기준으로 한 것이므로 최솟값은 5가 됩니다.
[G5] 셀의 10대 이상은 10대부터 그 이상의 숫자가 모두 포함되므로 최솟값은 10이 됩니다.

06 이제 [N6] 셀에 다음 수식을 입력합니다.

=INDEX($E$6:$G$17, 1, 1)

N6		∨	: × ✓ fx	=INDEX($E$6:$G$17, 1, 1)										
	A	B	C	D	E	F	G	H	I	J	K	L	M	N	O

단가 및 할인 기준표

주문내역

제품군	모델명	단가	5대 미만	10대 미만	10대 이상		번호	제품군	모델명	수량	단가	할인율
레이저복합기	L200	834,000	5.0%	7.5%	10.0%		1	무한잉크젯복합기	AP-5500W	2	314,000	5.0%
	L350	1,223,000	5.0%	8.0%	12.0%		2	레이저복합기	L800	6	1,256,000	
	L500	1,110,000	5.0%	8.0%	12.0%		3	잉크젯복합기	AP-3200	12	245,000	
	L650	936,000	5.0%	7.5%	12.0%		4	잉크젯복합기	AP-5500	5	968,000	
	L800	1,256,000	5.0%	8.0%	12.0%		5	레이저복합기	L200	3	834,000	
무한레이저복합기	L800C	1,136,000	5.0%	8.0%	12.0%							
무한잉크젯복합기	AP-3300W	304,000	0.0%	5.0%	8.5%							
	AP-5500W	314,000	0.0%	5.0%	8.5%							
잉크젯복합기	AP-3200	245,000	0.0%	5.0%	8.5%							
	AP-3300	290,000	0.0%	5.0%	8.5%							
	AP-4900	446,000	0.0%	5.0%	8.5%							
	AP-5500	968,000	5.0%	7.5%	10.0%							

엑셀마스터가 짚어주는 핵심 NOTE

INDEX 함수 수식 이해하기

이번 수식은 INDEX 함수가 어떻게 동작하는지 여러분께 확인시켜드리기 위한 것입니다. INDEX 함수는 참조할 값(=할인율) 범위를 첫 번째 인수로 지정한 뒤 좌표를 행 번호와 열 번호로 각각 지정하면 해당 위치의 값이 참조됩니다. 즉, 현재 구성은 다음과 같습니다.

인수	설정
표	E6:G17
행 번호	1
열 번호	1

[E6:G17] 범위의 첫 번째 행과 첫 번째 열 위치의 값을 참조하라는 의미가 되므로, [E6] 셀의 값(5.0%)이 그대로 반환되는 것을 볼 수 있습니다.

INDEX, MATCH 함수 사용이 익숙하다면, 그냥 수식을 작성해도 되지만 그렇지 않다면 이렇게 INDEX 함수를 구성하고, 행 번호와 열 번호 위치의 숫자를 MATCH 함수로 변경하는 방법을 사용하는 것도 좋습니다.

07 INDEX 함수의 행 번호 인수를 MATCH 함수로 변경합니다. [N6] 셀의 수식을 다음과 같이 변경하고 [N6] 셀의 채우기 핸들을 더블클릭해 수식을 복사합니다.

=INDEX($E$6:$G$17, MATCH(K6, $C$6:$C$17, 0), 1)

| N6 | | | fx | =INDEX($E$6:$G$17, MATCH(K6, $C$6:$C$17, 0), 1) |

단가 및 할인 기준표

제품군	모델명	단가	5대 미만	10대 미만	10대 이상
레이저복합기	L200	834,000	5.0%	7.5%	10.0%
	L350	1,223,000	5.0%	8.0%	12.0%
	L500	1,110,000	5.0%	8.0%	12.0%
	L650	936,000	5.0%	7.5%	10.0%
	L800	1,256,000	5.0%	8.0%	12.0%
무한레이저복합기	L800C	1,136,000	5.0%	8.0%	12.0%
무한잉크젯복합기	AP-3300W	304,000	0.0%	5.0%	8.5%
	AP-5500W	314,000	0.0%	5.0%	8.5%
잉크젯복합기	AP-3200	245,000	0.0%	5.0%	8.5%
	AP-3300	290,000	0.0%	5.0%	8.5%
	AP-4900	446,000	0.0%	5.0%	8.5%
	AP-5500	968,000	5.0%	7.5%	10.0%
	최소값		1	5	10

주문내역

번호	제품군	모델명	수량	단가	할인율
1	무한잉크젯복합기	AP-5500W	2	314,000	0.0%
2	레이저복합기	L800	6	1,256,000	5.0%
3	잉크젯복합기	AP-3200	12	245,000	0.0%
4	잉크젯복합기	AP-5500	5	968,000	5.0%
5	레이저복합기	L200	3	834,000	5.0%

엑셀마스터가 짚어주는 핵심 NOTE

MATCH 함수를 사용해 변경한 수식 이해하기

이번 수식은 기존 수식에서 INDEX 함수의 두 번째 인수인 행 번호를 MATCH 함수를 사용해 변경한 것입니다. MATCH 함수의 구성은 다음과 같습니다.

인수	설정
찾을 값	K6
찾을 범위	C6:C17
찾는 방법	0

즉, [K6] 셀의 값을 [C6:C17] 범위에서 찾을 때 똑같은 값의 위치를 찾으라는 의미입니다. 이렇게 하면 K열의 모델명에 맞는 5대 미만 판매했을 때의 할인율이 모두 나와야 합니다.

08 INDEX 함수의 열 번호 인수를 MATCH 함수로 변경합니다. [N6] 셀의 수식을 다음과 같이 변경하고 [N6] 셀의 채우기 핸들 을 더블클릭해 수식을 복사합니다.

=INDEX($E$6:$G$17, MATCH(K6, $C$6:$C$17, 0), MATCH(L6, $E$19:$G$19, 1)**)**

N6					fx	=INDEX($E$6:$G$17, MATCH(K6, $C$6:$C$17, 0), MATCH(L6, $E$19:$G$19, 1))							
	A	B	C	D	E	F	G	H	I	J	K	L	M	N	O

단가 및 할인 기준표

제품군	모델명	단가	5대 미만	10대 미만	10대 이상
레이저복합기	L200	834,000	5.0%	7.5%	10.0%
	L350	1,223,000	5.0%	8.0%	12.0%
	L500	1,110,000	5.0%	8.0%	12.0%
	L650	936,000	5.0%	7.5%	10.0%
	L800	1,256,000	5.0%	8.0%	12.0%
무한레이저복합기	L800C	1,136,000	5.0%	8.0%	12.0%
무한잉크젯복합기	AP-3300W	304,000	0.0%	5.0%	8.5%
	AP-5500W	314,000	0.0%	5.0%	8.5%
잉크젯복합기	AP-3200	245,000	0.0%	5.0%	8.5%
	AP-3300	290,000	0.0%	5.0%	8.5%
	AP-4900	446,000	0.0%	5.0%	8.5%
	AP-5500	968,000	5.0%	7.5%	10.0%
	최소값		1	5	10

주문내역

번호	제품군	모델명	수량	단가	할인율
1	무한잉크젯복합기	AP-5500W	2	314,000	0.0%
2	레이저복합기	L800	6	1,256,000	8.0%
3	잉크젯복합기	AP-3200	12	245,000	8.5%
4	잉크젯복합기	AP-5500	5	968,000	7.5%
5	레이저복합기	L200	3	834,000	5.0%

엑셀마스터가 짚어주는 핵심 NOTE

MATCH 함수를 사용해 변경한 수식 이해하기

이번 수식은 기존 수식에서 INDEX 함수의 세 번째 인수인 열 번호를 MATCH 함수를 사용해 변경한 것입니다. MATCH 함수의 구성은 다음과 같습니다.

인수	설정
찾을 값	L6
찾을 범위	E19:G19
찾는 방법	1

즉, 위와 같이 구성하면 [L6] 셀의 값을 [E19:G19] 범위에서 찾을 때 근삿값을 찾게 되는데, 이해하기 쉽게 설명하면 오름차순으로 정렬된 구간에서 찾으란 의미가 됩니다. 이렇게 하면 L열의 수량을 찾을 때 해당 수량보다 큰 값을 만날 때까지 찾다가 동일한 값을 찾지 못하면 작은 값 중에서 가장 큰 값의 위치를 찾게 됩니다. 예를 들어 [L6]셀의 2는 [E19] 셀의 위치가 찾아지게 됩니다.

내림차순으로 정렬된 구간의 값을 찾아 원하는 값 참조하기

예제 파일 CHAPTER 06 \ INDEX, MATCH 함수.xlsx

01 예제 파일을 열고 [sample 2] 시트를 선택합니다. 직원의 근로소득세를 오른쪽 표에서 참조해보겠습니다.

	이름	급여	부양가족수	근로소득세		과세표준급여		공제대상 가족수			
						최저	최고	1	2	3	4
	박지훈	5,820,000	4			5,820	5,840	485,260	438,260	358,630	339,880
	유준혁	4,200,000	3			4,200	4,220	237,660	209,500	149,040	130,290
	이서연	2,400,000	2			3,360	3,380	125,100	100,100	62,010	48,880
	김민준	3,360,000	3			3,300	3,320	117,770	93,020	57,220	44,090
	최서현	2,580,000	1			2,700	2,710	58,750	41,250	21,890	17,390
	박현우	3,300,000	3			2,580	2,590	48,480	31,340	18,220	14,850
	정시우	2,700,000	4			2,400	2,410	33,570	25,380	14,530	11,160
	이은서	2,400,000	2			(단위 : 천원)					

근로소득세 계산

sample 1 sample 2 +

엑셀마스터가 짚어주는 핵심 NOTE

제시된 데이터 파악하기

근로소득세를 계산하려면 국세청에서 제공하는 근로소득 간이세액표를 참조해야 합니다. 근로소득 간이세액표는 오른쪽 표와 같이 구성되어 있습니다. 그러므로 자신의 급여와 부양가족수를 다음과 같은 위치에서 찾을 수 있어야 합니다.

과세표준급여		공제대상 가족수			
최저	최고	1	2	3	4
5,820	5,840	485,260	438,260	358,630	339,880
4,200	4,220	237,660	209,500	149,040	130,290
3,360	3,380	125,100	100,100	62,010	48,880
3,300	3,320	117,770	93,020	57,220	44,090
2,700	2,710	58,750	41,250	21,890	17,390
2,580	2,590	48,480	31,340	18,220	14,850
2,400	2,410	33,570	25,380	14,530	11,160
	(단위 : 천원)				

TIP 화면상의 근로소득 간이세액표는 정부에서 배포한 것 중 일부만 가지고 편집되었습니다.

이렇게 찾아야 할 값이 세로 방향(↓)과 가로 방향(→)에 모두 존재하면 INDEX, MATCH 함수를 사용하는 것이 좋습니다. 또한 급여는 최저/최고 값을 나눠 입력되어 있는데, 첫 번째 값이 가장 큰 급여고 아래로 내려갈수록 작은 급여이니, 내림차순으로 정렬되어 있다고 생각할 수 있습니다. 그렇다면 따로 값을 입력할 필요는 없고, 최곳값이 입력된 열에서 값을 찾아야 합니다.

02 먼저 INDEX 함수로 근로소득세를 참조하는 수식을 작성합니다. [E6] 셀에 다음 수식을 입력합니다.

`=INDEX($I$7:$L$13, 1, 1)`

E6		∨ : × ✓ fx		=INDEX($I$7:$L$13, 1, 1)							
◢	A	B	C	D	E	F	G	H	I	J	K	L	M

<table>
<tr><td colspan="13" align="center">근로소득세 계산</td></tr>
<tr><td></td><td>이름</td><td>급여</td><td>부양가족수</td><td>근로소득세</td><td></td><td colspan="2">과세표준급여</td><td colspan="4">공제대상 가족수</td></tr>
<tr><td></td><td></td><td></td><td></td><td></td><td></td><td>최저</td><td>최고</td><td>1</td><td>2</td><td>3</td><td>4</td></tr>
<tr><td>박지훈</td><td>5,820,000</td><td>4</td><td>485,260</td><td></td><td>5,820</td><td>5,840</td><td>485,260</td><td>438,260</td><td>358,630</td><td>339,880</td></tr>
<tr><td>유준혁</td><td>4,200,000</td><td>3</td><td></td><td></td><td>4,200</td><td>4,220</td><td>237,660</td><td>209,500</td><td>149,040</td><td>130,290</td></tr>
<tr><td>이서연</td><td>2,400,000</td><td>2</td><td></td><td></td><td>3,360</td><td>3,380</td><td>125,100</td><td>100,100</td><td>62,010</td><td>48,880</td></tr>
<tr><td>김민준</td><td>3,360,000</td><td>3</td><td></td><td></td><td>3,300</td><td>3,320</td><td>117,770</td><td>93,020</td><td>57,220</td><td>44,090</td></tr>
<tr><td>최서현</td><td>2,580,000</td><td>1</td><td></td><td></td><td>2,700</td><td>2,710</td><td>58,750</td><td>41,250</td><td>21,890</td><td>17,390</td></tr>
<tr><td>박현우</td><td>3,300,000</td><td>3</td><td></td><td></td><td>2,580</td><td>2,590</td><td>48,480</td><td>31,340</td><td>18,220</td><td>14,850</td></tr>
<tr><td>정시우</td><td>2,700,000</td><td>4</td><td></td><td></td><td>2,400</td><td>2,410</td><td>33,570</td><td>25,380</td><td>14,530</td><td>11,160</td></tr>
<tr><td>이은서</td><td>2,400,000</td><td>2</td><td></td><td></td><td colspan="6" align="center">(단위 : 천원)</td></tr>
</table>

엑셀마스터가 짚어주는 핵심 NOTE

INDEX 함수 수식 이해하기

이번 수식은 INDEX 함수를 사용해 오른쪽 표에서 근로소득세를 참조할 수 있도록 구성한 것으로, 좌표는 일단 (1, 1)로 첫 번째 행과 첫 번째 열의 값을 참조해오도록 한 것입니다.

인수	설정
표	I7:L13
행 번호	1
열 번호	1

결과는 [I7] 셀의 값이 참조됩니다.

03 이제 INDEX 함수의 행 번호 위치를 급여액을 기준으로 찾도록 수식을 수정합니다.

04 [E6] 셀의 수식을 다음과 같이 수정하고 [E6] 셀의 채우기 핸들⊞을 더블클릭해 수식을 복사합니다.

`=INDEX($I$7:$L$13, MATCH(C6/1000, $H$7:$H$13, -1), 1)`

| E6 | | | ▼ | : × ✓ fx | =INDEX($I$7:$L$13, MATCH(C6/1000, $H$7:$H$13, -1), 1) | | | | | | | |

	A	B	C	D	E	F	G	H	I	J	K	L	M
1													
2					**근로소득세 계산**								
3													
4													
5		이름	급여	부양가족수	근로소득세		과세표준급여		공제대상 가족수				
							최저	최고	1	2	3	4	
6		박지훈	5,820,000	4	485,260		5,820	5,840	485,260	438,260	358,630	339,880	
7		유준혁	4,200,000	3	237,660		4,200	4,220	237,660	209,500	149,040	130,290	
8		이서연	2,400,000	2	33,570		3,360	3,380	125,100	100,100	62,010	48,880	
9		김민준	3,360,000	3	125,100		3,300	3,320	117,770	93,020	57,220	44,090	
10		최서현	2,580,000	1	48,480		2,700	2,710	58,750	41,250	21,890	17,390	
11		박현우	3,300,000	3	117,770		2,580	2,590	48,480	31,340	18,220	14,850	
12		정시우	2,700,000	4	58,750		2,400	2,410	33,570	25,380	14,530	11,160	
13		이은서	2,400,000	2	33,570								
14							(단위 : 천원)						
15													

엑셀마스터가 짚어주는 핵심 NOTE

MATCH 함수를 사용해 변경한 수식 이해하기

이번 수식은 **02** 과정에서 작성한 수식 내 INDEX 함수의 두 번째 인수를 1 대신, MATCH 함수로 찾도록 변경한 것입니다. MATCH 함수 부분은 다음과 같습니다.

MATCH(C6/1000, $H$7:$H$13, −1)

위 MATCH 함수의 구성은 다음과 같습니다.

인수	설정
찾을 값	C6/1000
찾을 범위	H7:H13
찾는 방법	-1

찾을 값 인수에 [C6] 셀의 급여를 1000으로 나눴는데, 이 부분은 오른쪽 과세표준급여가 '천' 단위로 입력됐기 때문에 단위를 맞추기 위해 넣은 것입니다.

그리고 오른쪽 표의 과세표준급여는 최저부터 최고 급여를 묶는 구간으로 정리되어 있으며, 높은 급여부터 나타나므로 내림차순으로 정렬되어 있다는 것을 알 수 있습니다. 이런 구간에서 값을 찾을 땐 MATCH 함수를 사용해 구간의 최댓값 범위([H7:H13])에서 찾아야 하고, 마지막 **찾는 방법** 옵션은 −1이 되어야 합니다.

찾아진 결과는 C열의 급여에 해당하는 근로소득세가 반환되는데, 반환된 값은 모두 공제가족대상수(=부양가족수)가 한 명인 경우에 해당합니다.

급여	부양가족수	근로소득세		과세표준급여			공제대상
				최저	최고	1	2
5,820,000	4	485,260		5,820	5,840	485,260	438,260
4,200,000	3	237,660		4,200	4,220	237,660	209,500
2,400,000	2	33,570		3,360	3,380	125,100	100,100
3,360,000	3	125,100		3,300	3,320	117,770	93,020
2,580,000	1	48,480		2,700	2,710	58,750	41,250
3,300,000	3	117,770		2,580	2,590	48,480	31,340
2,700,000	4	58,750		2,400	2,410	33,570	25,380
2,400,000	2	33,570					
				(단위 : 천원)			

이제 부양가족수에 맞는 근로소득세가 반환되도록 수식을 수정하면 INDEX, MATCH 함수 구성을 완료할 수 있습니다.

05 이번에는 부양가족수를 오른쪽 표에서 찾습니다. [E6] 셀의 수식을 다음과 같이 수정하고 [E6]셀의 채우기 핸들 을 더블클릭해 수식을 복사합니다.

=INDEX($I$7:$L$13, MATCH(C6/1000, $H$7:$H$13, −1), MATCH(D6, $I$6:$L$6, 0))

E6 ✕ ✓ fx =INDEX($I$7:$L$13, MATCH(C6/1000, $H$7:$H$13, -1), MATCH(D6, $I$6:$L$6, 0))

근로소득세 계산

이름	급여	부양가족수	근로소득세		과세표준급여		공제대상 가족수			
					최저	최고	1	2	3	4
박지훈	5,820,000	4	339,880		5,820	5,840	485,260	438,260	358,630	339,880
유준혁	4,200,000	3	149,040		4,200	4,220	237,660	209,500	149,040	130,290
이서연	2,400,000	2	25,380		3,360	3,380	125,100	100,100	62,010	48,880
김민준	3,360,000	3	62,010		3,300	3,320	117,770	93,020	57,220	44,090
최서현	2,580,000	1	48,480		2,700	2,710	58,750	41,250	21,890	17,390
박현우	3,300,000	3	57,220		2,580	2,590	48,480	31,340	18,220	14,850
정시우	2,700,000	4	17,390		2,400	2,410	33,570	25,380	14,530	11,160
이은서	2,400,000	2	25,380							
					(단위 : 천원)					

엑셀마스터가 짚어주는 핵심 NOTE

MATCH 함수를 사용해 변경한 수식 이해하기

이번 수식은 04 과정에서 작성한 수식 내 INDEX 함수의 세 번째 인수를 1 대신, MATCH 함수로 찾도록 변경한 것입니다. MATCH 함수 부분은 다음과 같습니다.

MATCH(D6, $I$6:$L$6, 0)

위 MATCH 함수의 구성은 다음과 같습니다.

인수	설정
찾을 값	D6
찾을 범위	I6:L6
찾는 방법	0

함수를 그대로 해석하면 [D6] 셀의 값(=부양가족수)을 [I6:L6] 범위(공제대상 가족수)에서 찾으라는 의미가 되며, 찾는 방법 인수가 0이므로 똑같은 값의 위치를 찾게 됩니다.

결과를 보면 부양가족수에 따라 근로소득세가 다르게 반환되는 것을 확인할 수 있습니다.

급여	부양가족수	근로소득세		과세표준급여		공제대상 가족수			
				최저	최고	1	2	3	4
5,820,000	4	339,880		5,820	5,840	485,260	438,260	358,630	339,880
4,200,000	3	149,040		4,200	4,220	237,660	209,500	149,040	130,290
2,400,000	2	25,380		3,360	3,380	125,100	100,100	62,010	48,880
3,360,000	3	62,010		3,300	3,320	117,770	93,020	57,220	44,090
2,580,000	1	48,480		2,700	2,710	58,750	41,250	21,890	17,390
3,300,000	3	57,220		2,580	2,590	48,480	31,340	18,220	14,850
2,700,000	4	17,390		2,400	2,410	33,570	25,380	14,530	11,160
2,400,000	2	25,380							
				(단위 : 천원)					

VLOOKUP과 반대로 값을 찾는 XLOOKUP 함수

XLOOKUP 함수

엑셀 2021 이상 버전이나 마이크로소프트 365 버전에서는 새로운 참조 함수인 XLOOKUP 함수를 사용할 수 있습니다. XLOOKUP 함수가 기존의 VLOOKUP 함수와 다른 점은 값을 찾을 때 위에서 아래 방향(↓)으로만 찾는 것이 아니라 아래에서 위 방향(↑)으로도 값을 찾을 수 있다는 점입니다.

이렇게 하면 동일한 값이 여러 개 입력되어 있을 때 가장 최근에 입력된 데이터 값을 참조해올 수 있다는 장점이 생기게 됩니다.

XLOOKUP 함수의 구문은 다음과 같습니다.

XLOOKUP (찾을 값, 찾을 범위, 참조 범위, IF_NOT_FOUND, 찾는 방법, 찾는 방향)

찾을 범위에서 원하는 값을 찾아 **참조 범위** 내 값을 참조해 반환합니다.

인수	설명
찾을 값	찾으려는 값
찾을 범위	**찾을 값**이 포함된 한 개의 열(또는 행) 데이터 범위
참조 범위	참조해올 값이 포함된 한 개의 열(또는 행) 데이터 범위
IF_NOT_FOUND	찾을 값이 찾을 범위에 없을 때 #N/A 에러 대신 반환할 값
찾는 방법	값을 찾는 방법을 설정하는 옵션으로, 생략하면 기본값은 0으로 똑같은 값의 위치를 찾습니다. {찾는 방법 표}

찾는 방법	설명
1	정확하게 일치하거나, 다음으로 큰 값을 찾습니다.
0	정확하게 일치하는 값을 찾습니다.
-1	정확하게 일치하거나, 다음으로 작은 값을 찾습니다.
2	와일드 카드 문자(*, ?, ~)를 사용해 값을 찾습니다.

	값을 찾는 방향을 설정하는 옵션으로, 생략하면 기본값은 1로 **찾을 범위**가 열이면 위에서 아래 방향(↓)으로 찾고, **찾을 범위**가 행이면 왼쪽에서 오른쪽 방향(→)으로 찾습니다.	
찾는 방향	**찾는 방향**	**설명**
찾는 방향	1	**찾을 범위** 내 첫 번째 항목부터 찾습니다.
	-1	**찾을 범위** 내 마지막 항목부터 역순으로 찾습니다.
	2	오름차순으로 정렬된 범위에서 이진 검색으로 찾습니다.
	-2	내림차순으로 정렬된 범위에서 이진 검색으로 찾습니다.

- VLOOKUP 함수는 **찾는 방법** 인수를 생략하면, 오름차순으로 정렬된 구간에서 근삿값을 찾고, XLOOKUP 함수는 **찾는 방법** 인수를 생략하면 똑같은 값을 갖는 위치를 찾습니다.
- XLOOKUP 함수의 네 번째 인수(**IF_NOT_FOUND**)부터는 모두 생략이 가능합니다.
- XLOOKUP 함수의 여섯 번째 인수(**찾는 방향**)를 −1로 지정하면, 아래에서 위 방향(↑)으로 찾거나 오른쪽에서 왼쪽 방향(←)으로 찾습니다.

XMATCH 함수

XLOOKUP 함수와 마찬가지로 범위 내 원하는 값의 위치를 찾는 MATCH 함수도 XMATCH 함수로 엑셀 2021 이상 버전이나 마이크로소프트 365 버전에서 사용할 수 있습니다. 이 함수는 INDEX 함수와 결합해 사용할 수 있습니다.

XMATCH 함수의 구문은 다음과 같습니다.

XMATCH (찾을 값, 찾을 범위, 찾는 방법, 찾는 방향)

찾을 값이 **찾을 범위** 내 몇 번째 위치에 있는지 찾아 해당 인덱스 번호를 반환합니다.

인수	설명	
찾을 값	찾으려는 값	
찾을 범위	찾을 값이 포함된 한 개의 열(또는 행) 데이터 범위	
찾는 방법	값을 찾는 방법을 설정하는 옵션으로, 생략하면 기본값은 0으로 똑같은 값의 위치를 찾습니다.	
	찾는 방법	**설명**
	1	정확하게 일치하거나, 다음으로 큰 값을 찾습니다.
	0	정확하게 일치하는 값을 찾습니다.
	-1	정확하게 일치하거나, 다음으로 작은 값을 찾습니다.
	2	와일드 카드 문자(*, ?, ~)를 사용해 값을 찾습니다.

	값을 찾는 방향을 설정하는 옵션으로, 생략하면 기본값은 1로 **찾을 범위**가 열이면 위에서 아래(↓)로 찾고, **찾을 범위**가 행이면 왼쪽에서 오른쪽 방향(→)으로 찾습니다.	
찾는 방향	**찾는 방향**	**설명**
	1	**찾을 범위** 내 첫 번째 항목부터 찾습니다.
	-1	**찾을 범위** 내 마지막 항목부터 역순으로 찾습니다.
	2	오름차순으로 정렬된 범위에서 이진 검색으로 찾습니다.
	-2	내림차순으로 정렬된 범위에서 이진 검색으로 찾습니다.

- MATCH 함수는 **찾는 방법** 인수를 생략하면, 오름차순으로 정렬된 구간에서 근삿값을 찾고, XMATCH 함수는 **찾는 방법** 인수를 생략하면 똑같은 값을 갖는 위치를 찾습니다.
- XMATCH 함수의 네 번째 인수(**찾는 방향**)를 -1로 지정하면, 아래에서 위 방향(↑)으로 찾거나 오른쪽에서 왼쪽 방향(←)으로 찾습니다.

단가표에서 최근 단가 참조하기

예제 파일 CHAPTER 06 \ XLOOKUP, XMATCH 함수.xlsx

01 예제 파일을 열고 왼쪽의 단가표를 참고해 가장 최근 단가를 K열에 참조해보겠습니다.

단가표

제품군	모델명	가격변경일	단가
레이저복합기	L200	2023-07-18	834,000
	L200	2024-03-01	751,000
	L350	2024-05-15	1,125,000
	L500	2024-06-03	1,110,000
	L650	2024-02-28	936,000
	L800	2023-07-23	1,256,000
	L800	2024-05-01	1,068,000
무한레이저복합기	L800C	2024-07-01	1,136,000
무한잉크젯복합기	AP-3300W	2024-01-02	304,000
	AP-5500W	2024-11-21	314,000
잉크젯복합기	AP-3200	2024-01-21	245,000
	AP-3200	2024-03-15	225,000
	AP-3300	2024-07-01	290,000
	AP-4900	2023-12-27	446,000
	AP-5500	2023-01-16	968,000
	AP-5500	2024-05-02	823,000

주문내역

번호	제품군	모델명	수량	단가
1	무한잉크젯복합기	AP-5500W	2	
2	레이저복합기	L800	6	
3	잉크젯복합기	AP-3200	12	
4	잉크젯복합기	AP-5500	5	
5	레이저복합기	L200	3	

TIP C열의 색상이 적용된 셀은 중복된 모델로 하단의 단가가 더 최신 단가입니다.

02 먼저 VLOOKUP 함수가 어떻게 데이터를 참조하는지 확인해보겠습니다. [K6] 셀에 다음 수식을 입력하고 [K6] 셀의 채우기 핸들 ┲을 더블클릭해 수식을 복사합니다.

=VLOOKUP(I6, $C$6:$E$21, 3, FALSE)

K6	∨	:	× ✓ ƒx	=VLOOKUP(I6, $C$6:$E$21, 3, FALSE)							
◢	A	B	C	D	E	F	G	H	I	J	K	L
1												
2			**단가표**						**주문내역**			
3												
5		제품군	모델명	가격변경일	단가		번호	제품군	모델명	수량	단가	
6			L200	2023-07-18	834,000		1	무한잉크젯복합기	AP-5500W	2	314,000	
7			L200	2024-03-01	751,000		2	레이저복합기	L800	6	1,256,000	
8			L350	2024-05-15	1,125,000		3	잉크젯복합기	AP-3200	12	245,000	
9		레이저복합기	L500	2024-06-03	1,110,000		4	잉크젯복합기	AP-5500	5	968,000	
10			L650	2024-02-28	936,000		5	레이저복합기	L200	3	834,000	
11			L800	2023-07-23	1,256,000							
12			L800	2024-05-01	1,068,000							
13		무한레이저복합기	L800C	2024-07-01	1,136,000							
14		무한잉크젯복합기	AP-3300W	2024-01-02	304,000							
15			AP-5500W	2024-11-21	314,000							
16			AP-3200	2024-01-21	245,000							
17			AP-3200	2024-03-15	225,000							
18		잉크젯복합기	AP-3300	2024-07-01	290,000							
19			AP-4900	2023-12-27	446,000							
20			AP-5500	2023-01-16	968,000							
21			AP-5500	2024-05-02	823,000							

엑셀마스터가 짚어주는 핵심 NOTE

VLOOKUP 함수 수식 이해하기

이번 수식은 VLOOKUP 함수를 사용해 모델명을 찾아 E열의 단가를 참조해옵니다. VLOOKUP 함수의 인수 구성은 다음과 같습니다.

인수	설정
찾을 값	I6
표	C6:E21
열 번호	3
찾는 방법	FALSE

함수 구성에는 문제가 없으므로, 중복된 모델의 단가를 어떻게 참조하는지 확인해보면 [K7] 셀의 L800 모델의 단가가 1,256,000원입니다.

2	레이저복합기	L800		6	1,256,000

왼쪽 단가표를 확인해보면 L800 모델의 단가는 다음과 같습니다.

L800	2023-07-23	1,256,000
L800	2024-05-01	1,068,000

위 단가표를 보면 2024-05-01일로 단가가 조정되었으므로, [K7] 셀의 단가는 1,068,000원이 되어야 합니다.

이렇게 VLOOKUP 함수는 값을 찾을 때 위에서 아래 방향(↓)으로 값을 찾습니다. 값을 찾으면 더 이상 값을 찾지 않고, 해당 위치의 값을 참조하므로 표의 첫 번째 열에 중복이 있으면 원하는 값을 골라 참조해올 수가 없습니다.

⟨X⟩ 엑셀 2021 이상/마이크로소프트 365 버전 사용자

03 최신 단가를 가져오기 위해 XLOOKUP 함수를 사용합니다.

VER. XLOOKUP 함수를 사용하려면, 엑셀 2021 이상 또는 마이크로소프트 365 버전이 필요합니다. 엑셀 2019 이하 버전은 **06** 과정의 수식을 참고합니다.

04 [K6] 셀의 수식을 다음과 같이 수정하고 [K6] 셀의 채우기 핸들➕을 더블클릭해 수식을 복사합니다.

=XLOOKUP(I6, $C$6:$C$21, $E$6:$E$21,,,−1)

| K6 | | fx | =XLOOKUP(I6, $C$6:$C$21, $E$6:$E$21,,,-1) | | | | | | | | |

	A	B	C	D	E	F	G	H	I	J	K	L
2				단가표					주문내역			
5		제품군	모델명	가격변경일	단가		번호	제품군	모델명	수량	단가	
6		레이저복합기	L200	2023-07-18	834,000		1	무한잉크젯복합기	AP-5500W	2	314,000	
7			L200	2024-03-01	751,000		2	레이저복합기	L800	6	1,068,000	
8			L350	2024-05-15	1,125,000		3	잉크젯복합기	AP-3200	12	225,000	
9			L500	2024-06-03	1,110,000		4	잉크젯복합기	AP-5500	5	823,000	
10			L650	2024-02-28	936,000		5	레이저복합기	L200	3	751,000	
11			L800	2023-07-23	1,256,000							
12			L800	2024-05-01	1,068,000							
13		무한레이저복합기	L800C	2024-07-01	1,136,000							
14		무한잉크젯복합기	AP-3300W	2024-01-02	304,000							
15			AP-5500W	2024-11-21	314,000							
16		잉크젯복합기	AP-3200	2024-01-21	245,000							
17			AP-3200	2024-03-15	225,000							
18			AP-3300	2024-07-01	290,000							
19			AP-4900	2023-12-27	446,000							
20			AP-5500	2023-01-16	968,000							
21			AP-5500	2024-05-02	823,000							

엑셀마스터가 짚어주는 핵심 NOTE

XLOOKUP 함수 수식 이해하기

이번에 XLOOKUP 함수를 사용할 때 몇 개의 인수를 생략했는데, 생략하면 기본값이 설정됩니다. XLOOKUP 함수의 구성은 다음과 같습니다.

인수	설정
찾을 값	I6
찾을 범위	C6:C21
참조 범위	E6:E21
IF_NOT_FOUND	생략
찾는 방법	생략
찾는 방향	-1

먼저 생략된 **IF_NOT_FOUND** 인수는 생략하면 찾는 값이 없을 때 #N/A 에러를 발생시킵니다. 그리고 **찾는 방법** 인수도 생략됐는데 이 경우 똑같은 값을 찾도록 설정됩니다. 나아가 **찾는 방향** 인수는 -1이고, **찾을 범위**가 세로 방향의 범위이므로 아래에서 위 방향(↑)으로 찾게 됩니다.

결과가 올바른지 확인해보면 [K7] 셀의 단가는 1,068,000원으로 최신 단가를 제대로 참조해왔다는 것을 확인할 수 있습니다.

2	레이저복합기	L800	6	1,068,000

05 XMATCH 함수를 사용해 INDEX 함수와 함께 최신 단가를 참조합니다. [K6] 셀의 수식을 다음과 같이 수정하고 [K6] 셀의 채우기 핸들을 더블클릭해 수식을 복사합니다.

=INDEX($E$6:$E$21, XMATCH(I6, $C$6:$C$21,, -1))

	A	B	C	D	E	F	G	H	I	J	K	L
2				단가표					주문내역			
3												
5			제품군	모델명	가격변경일	단가		번호	제품군	모델명	수량	단가
6				L200	2023-07-18	834,000		1	무한잉크젯복합기	AP-5500W	2	314,000
7				L200	2024-03-01	751,000		2	레이저복합기	L800	6	1,068,000
8				L350	2024-05-15	1,125,000		3	잉크젯복합기	AP-3200	12	225,000
9			레이저복합기	L500	2024-06-03	1,110,000		4	잉크젯복합기	AP-5500	5	823,000
10				L650	2024-02-28	936,000		5	레이저복합기	L200	3	751,000
11				L800	2023-07-23	1,256,000						
12				L800	2024-05-01	1,068,000						
13			무한레이저복합기	L800C	2024-07-01	1,136,000						
14			무한잉크젯복합기	AP-3300W	2024-01-02	304,000						
15				AP-5500W	2024-11-21	314,000						
16				AP-3200	2024-01-21	245,000						
17				AP-3200	2024-03-15	225,000						
18			잉크젯복합기	AP-3300	2024-07-01	290,000						
19				AP-4900	2023-12-27	446,000						
20				AP-5500	2023-01-16	968,000						
21				AP-5500	2024-05-02	823,000						
22												

엑셀마스터가 짚어주는 핵심 NOTE

XMATCH 함수와 INDEX 함수의 중첩 수식 이해하기

이번 수식은 INDEX 함수와 XMATCH 함수의 중첩으로 구성됩니다. INDEX 함수는 모든 버전에서 동일하게 동작합니다. INDEX 함수의 구성은 다음과 같습니다.

인수	설정
표	E6:E21
행 번호	XMATCH
열 번호	생략

즉, [E6:E21] 범위의 단가를 참조하려고 하고, 열이 하나이므로 **열 번호** 인수는 생략됐습니다. **열 번호** 인수를 생략하면 1이므로 무조건 첫 번째 열의 데이터를 참조합니다.

XMATCH 함수의 구성은 다음과 같습니다.

인수	설정
찾을 값	I6
찾을 범위	C6:C21
찾는 방법	생략
찾는 방향	−1

먼저 **찾는 방법** 인수가 생략됐는데 이 경우 XLOOKUP 함수와 동일하게 똑같은 값을 찾도록 설정됩니다. 그리고 **찾는 방향** 인수는 −1이고, **찾을 범위**가 세로 방향의 범위이므로, 아래에서 위 방향(↑)으로 찾게 됩니다.

결과는 XLOOKUP 함수와 동일합니다.

⊠ 엑셀 2019 버전을 포함한 하위 버전 사용자

06 엑셀 2019 버전을 포함한 하위 버전 사용자라면 LOOKUP 함수를 사용할 수 있습니다. [K6] 셀의 수식을 다음과 같이 수정하고 [K6] 셀의 채우기 핸들🔳을 더블클릭해 수식을 복사합니다.

=LOOKUP(2, 1/($C$6:$C$21=I6), $E$6:$E$21)

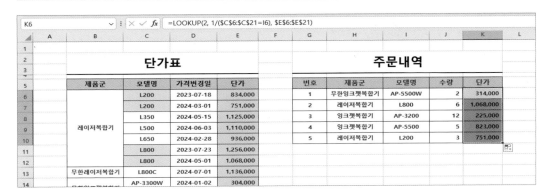

LOOKUP 함수 수식 이해하기

이번 수식에서 사용한 LOOKUP 함수는 VLOOKUP, HLOOKUP 함수와 유사한 함수로, MATCH 함수와 동일하게 **찾을 범위**가 세로 방향(↓)이나 가로 방향(→)으로 입력되어 있어도 모두 찾을 수 있습니다. LOOKUP 함수의 구문은 다음과 같습니다.

LOOKUP (찾을 값, 찾을 범위, 참조 범위)

하나의 열이나 행에서 값을 찾아, 참조 범위에서 동일한 위치의 값을 반환합니다.

인수	설명
찾을 값	찾을 범위에서 찾으려는 값
찾을 범위	찾을 값이 포함된 한 개의 열(또는 행) 데이터 범위
참조 범위	참조해올 값이 포함된 한 개의 열(또는 행) 데이터 범위

- **찾을 범위**는 반드시 오름차순으로 정렬되어 있어야 정확한 값의 위치를 찾을 수 있습니다.
- **찾을 값**을 **찾을 범위**에서 찾지 못하면 #N/A 오류가 반환됩니다.
- **찾을 범위**와 **참조 범위** 인수는 반드시 동일한 셀 개수를 가져야 합니다. 예를 들어 **찾을 범위**가 [A1:A10] 범위라면 **참조 범위** 역시 [B1:B10]처럼 10개의 셀을 포함하고 있어야 합니다.

LOOKUP 함수는 특히 배열을 지원해주는 함수로, 이번처럼 조건에 맞는 마지막 값을 참조하는 데 사용할 수 있습니다. 이번 수식을 정리하면 다음과 같습니다.

=LOOKUP(2, 1/(범위=조건), 참조 범위)

이번 수식을 이해하기 위해서는 두 번째 인수의 계산식을 이해할 수 있어야 합니다.

1/($C$6:$C$21=I6)

즉, [C6:C21] 범위의 값이 [I6] 셀과 동일한지 판단한 결과로 1을 나누는 연산인데, [I6] 셀의 AP−5500W 모델은 중복이 없으므로, 이 수식이 복사된 [K7] 셀의 수식에서 사용하는 [I7] 셀의 결과가 어떻게 계산돼 결과를 반환하는지 설명하면 다음과 같습니다.

C6:C21	I6	9×1 배열	1/배열
L200		FALSE	#DIV/0!
L200		FALSE	#DIV/0!
...		...	...
L800	= L800	TRUE	1
L800		TRUE	1
...		...	...
AP−5500		FALSE	#DIV/0!

1을 FALSE로 나누면, FALSE를 0으로 처리해 계산하므로 =1/0이 되므로 #DIV/0! 에러가 발생되며, TRUE로 나눌 경우에는 TRUE는 1로 처리하므로 =1/1의 결과인 1이 발생합니다. 즉 1/(범위=조건)의 결과는 항상 #DIV/0! 에러와 1이 혼합된 형태로 값이 반환됩니다.

이때 중복된 데이터가 있다면 1이 여러 번 출현할 수 있고, LOOKUP 함수에서 찾는 2는 존재하지 않습니다. 그런데 어떻게 마지막 값을 찾을 수 있는 걸까요?

LOOKUP 함수는 기본적으로 **찾을 범위** 인수의 범위(=배열)가 오름차순으로 정렬되어 있다고 가정하고 찾으므로 **찾을 값** 인수의 값과 동일한 값의 위치를 찾지 못하면 2보다 작은 값(=여기서는 1)이 입력된 마지막 위치를 찾게 됩니다. 이런 원리를 이용해 마지막 값을 참조할 때 이런 수식을 사용하게 됩니다.

CHAPTER 07

업무에
반드시 필요한
빠른 채우기

이번 CHAPTER의 핵심!

- 다양한 빠른 채우기 사례 알아보기
- 빠른 채우기 단점 해결하기

엑셀에는 입력된 값을 기반으로 나머지 값을 자동으로 완성해주는 자동 채우기 기능이 제공되기 때문에 많은 엑셀 사용자가 자동 채우기를 이용해 반복적이거나 일정하게 증가(또는 감소)하는 값을 쉽게 입력하고 있습니다. 이번 CHAPTER에서 소개하려는 빠른 채우기 기능은 엑셀 2013 버전부터 추가된 기능으로 자동 채우기와 유사하지만 더 발전된 기능입니다.

빠른 채우기는 사용자가 입력한 값을 표의 좌측(또는 우측) 열에서 찾는데, 만약 입력된 값이 존재하는 경우 해당 열을 기반으로 해서 나머지 값을 자동으로 완성해줍니다. 이런 작업은 하나의 열을 분리하거나 수정된 결과가 필요한 경우에 매우 유용하게 사용될 수 있습니다.

빠른 채우기는 엑셀 2010 버전까지 사용하던 텍스트 나누기, 바꾸기 기능 또는 LEFT, MID, RIGHT, FIND, SEARCH, SUBSTITUTE 등의 함수를 대체할 수 있어 매우 편리합니다. 이번 CHAPTER에서 실무를 할 때 반드시 알아야 하는 빠른 채우기를 사용하는 방법을 상세하게 알아보겠습니다.

SECTION 01

빠른 채우기를 이용한 열 데이터 분할

빠른 채우기란?

엑셀은 다양한 기능을 제공하지만, 그중에서도 쉽게 사용이 가능하고 생산성을 높여주는 대표적인 기능이 하나 있습니다. 바로 빠른 채우기 기능입니다.

빠른 채우기는 엑셀 2013 버전부터 추가된 기능으로, 사용자가 입력하는 값의 패턴을 다른 열 데이터와 분석해 나머지 값을 자동으로 채워주는 기능입니다. 기존에 제공되던 자동 채우기 기능이 숫자나 날짜 데이터의 일정한 증가/감소 부분 정도만 채워줄 수 있는 한계 때문에 아쉬운 부분이 있었습니다. 빠른 채우기는 엑셀 사용자가 여러 함수나 기능을 가지고 처리했던 일들을 손쉽게 해결해줄 수 있도록 해주므로 편리합니다.

[빠른 채우기]는 리본 메뉴의 [데이터] 탭−[데이터 도구] 그룹에서 제공됩니다.

🖥 업무가 빨라지는 엑셀 단축키

- 빠른 채우기 단축키는 Ctrl + E 입니다.

엑셀은 필연적으로 많은 데이터를 원하는 대로 가공하는 작업이 필수적입니다. 그렇기 때문에 함수를 자주 사용할 수밖에 없으며, 여러 기능이 언제 어디에서 필요한지 잘 이해하고 있어야 합니다. 하지만 빠른 채우기 기능은 기존에 여러 기능이나 함수로 처리해야 할 작업을 대부분 대체할 수 있어 편리합니다.

다양한 실습을 통해 빠른 채우기 기능이 어떻게 동작하는지 확인해보겠습니다.

빠른 채우기로 다른 셀에 입력된 데이터 일부 얻어내기

예제 파일 CHAPTER 07 \ 빠른 채우기-열 분할1.xlsx

01 예제 파일을 열면 다음과 같은 데이터가 입력된 표를 확인할 수 있습니다. C열의 주소에서 '시도' 명만 분리한 값을 D열에 입력해보겠습니다.

	A	B	C	D	E
1					
2		거래처	주소	시도	
3		금화	경상북도 상주시 경상대로 2560-3		
4		길가온	서울특별시 용산구 원효로90길 11		
5		나래백화점	경기도 광명시 철산로30번길 15		
6		SDI네트워크	강원도 원주시 학성길 67		
7		동서미래	인천광역시 연수구 학나래로6번길 62		
8		미성화학	서울특별시 서대문구 모래내로13길 25		
9		GI인터내셔널	서울특별시 서초구 서초대로 142		
10		칠성	서울특별시 영등포구 영등포로2길 7		
11		한정상사	부산광역시 부산진구 가야대로510번길 24		
12					

TIP C열의 주소에서 '시도' 명은 모두 한 칸 띄어쓰기로 구분되어 있습니다.

02 [D3] 셀에 첫 번째 시도명 **경상북도**를 입력합니다. [D4] 셀에 두 번째 시도명 서울특별시의 **서**를 입력하면 [D3:D4] 범위에 입력된 값을 C열의 데이터와 패턴을 매칭해 나머지 입력값을 미리보기 목록으로 표시해줍니다.

D4		✕ ✓ *fx*	서울특별시		
	A	B	C	D	E
1					
2		거래처	주소	시도	
3		금화	경상북도 상주시 경상대로 2560-3	경상북도	
4		길가온	서울특별시 용산구 원효로90길 11	서울특별시	
5		나래백화점	경기도 광명시 철산로30번길 15	경기도	
6		SDI네트워크	강원도 원주시 학성길 67	강원도	
7		동서미래	인천광역시 연수구 학나래로6번길 62	인천광역시	
8		미성화학	서울특별시 서대문구 모래내로13길 25	서울특별시	
9		GI인터내셔널	서울특별시 서초구 서초대로 142	서울특별시	
10		칠성	서울특별시 영등포구 영등포로2길 7	서울특별시	
11		한정상사	부산광역시 부산진구 가야대로510번길 24	부산광역시	
12					

TIP 미리보기 목록이 표시되지 않으면 [D5] 셀에서 빠른 채우기 단축키 Ctrl + E 를 누릅니다.

03 미리보기 목록의 결과로 나머지 셀에 데이터를 입력하려면 Enter 를 누릅니다.

TIP 미리보기 목록의 결과를 사용하지 않으려면 Esc 를 누릅니다.

04 빠른 채우기로 얻은 결과를 수식으로 얻고 싶을 때는 아래 과정을 참고합니다.

05 [D3] 셀에 다음 수식을 입력하고 [D3] 셀의 채우기 핸들➕을 더블클릭해 수식을 복사합니다.

=LEFT(C3, FIND(" ", C3)-1)

D3	⌄ ⋮ ✕ ✓ fx	=LEFT(C3, FIND(" ", C3)-1)	

▲	A	B	C	D	E
1					
2		거래처	주소	시도	
3		금화	경상북도 상주시 경상대로 2560-3	경상북도	
4		길가온	서울특별시 용산구 원효로90길 11	서울특별시	
5		나래백화점	경기도 광명시 철산로30번길 15	경기도	
6		SDI네트워크	강원도 원주시 학성길 67	강원도	
7		동서미래	인천광역시 연수구 학나래로6번길 62	인천광역시	
8		미성화학	서울특별시 서대문구 모래내로13길 25	서울특별시	
9		GI인터내셔널	서울특별시 서초구 서초대로 142	서울특별시	
10		칠성	서울특별시 영등포구 영등포로2길 7	서울특별시	
11		한정상사	부산광역시 부산진구 가야대로510번길 24	부산광역시	
12					

엑셀마스터가 짚어주는 핵심 NOTE

LEFT 함수와 FIND 함수 수식 이해하기

빠른 채우기는 엑셀 2013 버전부터 사용할 수 있으므로 엑셀 2010 버전을 포함한 하위 버전에서는 사용할 수 없습니다. 그러므로 수식으로 동일한 결과를 얻을 수 있는 방법을 익혀두는 것이 좋습니다.

이번 수식은 LEFT 함수를 사용해 공백 문자로 띄어쓰기 된 첫 번째 단어를 반환합니다. 함께 사용된 FIND 함수는 아래 구문을 참고합니다.

FIND (찾을 문자, 문자열, 시작 위치)

특정 **문자열** 내 **찾을 문자**가 몇 번째 위치에 입력되어 있는지 반환합니다.

인수	설명
찾을 문자	셀에서 찾으려는 문자(또는 문자열)
문자열	찾을 문자가 포함된 전체 문자열 또는 셀
시작 위치	문자열의 몇 번째 문자 위치부터 찾을지 결정하는 값으로, 보통 생략하면 문자열의 왼쪽 첫 번째 문자 위치부터 찾습니다.

이번 수식을 다양하게 활용하려면 해당 수식을 다음과 같이 이해하는 것이 좋습니다.

=LEFT(C3, FIND(구분 기호, C3)-1)

즉, 이번 수식은 구분 기호로 구분된 첫 번째 단어를 얻을 때 사용할 수 있는 수식이며, 활용도가 높으므로 패턴을 잘 이해하면 좋습니다.

06 지역명은 줄여서 표현하는 경우가 많은데 예를 들어 경상북도를 경북으로, 서울특별시를 서울로 각각 반환받고 싶다면 아래 과정을 참고합니다.

07 먼저 D열에서 얻은 값을 변환하고 싶어 하는 값과 함께 화면 우측에 다음과 같은 표를 생성합니다.

	A	B	C	D	E	F	G	H
1								
2		거래처	주소	시도		시도	변환	
3		금화	경상북도 상주시 경상대로 2560-3	경상북도		서울특별시	서울	
4		길가온	서울특별시 용산구 원효로90길 11	서울특별시		인천광역시	인천	
5		나래백화점	경기도 광명시 철산로30번길 15	경기도		부산광역시	부산	
6		SDI네트워크	강원도 원주시 학성길 67	강원도		경기도	경기	
7		동서미래	인천광역시 연수구 학나래로6번길 62	인천광역시		강원도	강원	
8		미성화학	서울특별시 서대문구 모래내로13길 25	서울특별시		경상북도	경북	
9		GI인터내셔널	서울특별시 서초구 서초대로 142	서울특별시				
10		칠성	서울특별시 영등포구 영등포로2길 7	서울특별시				
11		한정상사	부산광역시 부산진구 가야대로510번길 24	부산광역시				

TIP [F:G] 열에 입력한 표는 F열에는 D열에 반환된 시도명을 입력해놓고, G열에는 변환될 데이터를 입력해놓은 것입니다. 순서는 상관없고, 정해진 패턴에 맞게 입력해놓으면 됩니다.

08 [D3] 셀의 수식을 다음과 같이 수정하고 [D3] 셀의 채우기 핸들┅을 더블클릭해 수식을 복사합니다.

=LOOKUP(2, FIND($F$3:$F$8, C3), $G$3:$G$8)

D3			fx	=LOOKUP(2, FIND($F$3:$F$8, C3), $G$3:$G$8)				
	A	B	C	D	E	F	G	H
1								
2		거래처	주소	시도		시도	변환	
3		금화	경상북도 상주시 경상대로 2560-3	경북		서울특별시	서울	
4		길가온	서울특별시 용산구 원효로90길 11	서울		인천광역시	인천	
5		나래백화점	경기도 광명시 철산로30번길 15	경기		부산광역시	부산	
6		SDI네트워크	강원도 원주시 학성길 67	강원		경기도	경기	
7		동서미래	인천광역시 연수구 학나래로6번길 62	인천		강원도	강원	
8		미성화학	서울특별시 서대문구 모래내로13길 25	서울		경상북도	경북	
9		GI인터내셔널	서울특별시 서초구 서초대로 142	서울				
10		칠성	서울특별시 영등포구 영등포로2길 7	서울				
11		한정상사	부산광역시 부산진구 가야대로510번길 24	부산				
12								

엑셀마스터가 짚어주는 핵심 NOTE

LOOKUP 함수 수식 이해하기

이번 수식은 이 책의 206페이지에서 설명한 마지막 값의 위치를 찾는 수식과 유사합니다. 그러므로 해당 페이지의 수식을 공부하지 않았다면 먼저 공부하고 이번 수식을 참고하면 이해하는 데 도움이 될 것입니다.

이전에 설명한 수식과의 유일한 차이는 LOOKUP 함수의 두 번째 인수 부분의 FIND 함수 사용 부분입니다.

FIND($F$3:$F$8, C3)

위 부분은 [F3:F8] 범위에 입력된 값을 [C3] 셀 위치에서 찾는데, 찾은 결과는 1 또는 #VALUE! 에러가 발생합니다. 그러므로 2에 가장 가까운 값의 위치를 찾아 LOOKUP 함수로 [G3:G8] 범위의 값을 참조해옵니다.

이렇게 하면 단순하게 입력한 그대로의 데이터뿐만 아니라 잘라낸 데이터를 원하는 결과로 바꿀 수도 있습니다. 참고로 이 작업은 빠른 채우기로는 얻을 수 없는 결과입니다.

괄호 안에 입력된 자릿수가 불규칙한 데이터 일부 얻어내기

예제 파일 CHAPTER 07 \ 빠른 채우기-열 분할2.xlsx

01 예제 파일을 열면 화면과 같은 표를 확인할 수 있습니다. 표의 C열에 입력된 전화번호에서 괄호 안에 있는 지역번호만 D열에 얻어보겠습니다.

	A	B	C	D	E
1					
2		거래처	전화번호	지역번호	
3		금화	(051)541-5123		
4		길가온	(031)415-9932		
5		나래백화점	(031)856-9859		
6		SDI네트워크	(032)425-5093		
7		동서미래	(02)934-5897		
8		미성화학	(031)2110-2138		
9		GI인터내셔널	(02)497-4896		
10		칠성	(031)839-3243		
11		한정상사	(070)7851-2933		
12					

02 [D3] 셀에 작은따옴표(')를 먼저 입력하고 051을 입력합니다. [D4] 셀에 작은따옴표(')를 입력하면 미리보기 목록에 입력될 나머지 값이 표시됩니다.

D4	⌄	:	× ✓ *fx*	'031		
	A	B	C	D	E	
1						
2		**거래처**	**전화번호**	**지역번호**		
3		금화	(051)541-5123	051		
4		길가온	(031)415-9932	'031		
5		나래백화점	(031)856-9859	031		
6		SDI네트워크	(032)425-5093	032		
7		동서미래	(02)934-5897	02		
8		미성화학	(031)2110-2138	031		
9		GI인터내셔널	(02)497-4896	02		
10		칠성	(031)839-3243	031		
11		한정상사	(070)7851-2933	070		
12						

엑셀마스터가 짚어주는 핵심 NOTE

왜 작은따옴표를 먼저 입력할까?

셀에 051을 입력하면 숫자로 인식돼 첫 번째 문자인 0이 자동으로 삭제됩니다. 그렇기 때문에 0부터 데이터를 입력하려면 051을 숫자가 아니라 텍스트 형식으로 입력해야 합니다.

이번에 작은따옴표(')를 입력한 것은 이후 입력되는 데이터를 무조건 텍스트 형식으로 인식하라는 의미로, 이렇게 하면 0이 삭제되지 않고 제대로 남아 있게 됩니다.

다만 작은따옴표(')를 먼저 입력하고 데이터를 입력하면 셀 좌측 상단에 오류 표식█이 나타납니다. 이것 때문에 에러가 발생했다고 생각할 수 있는데, 오류 표식은 사용자가 실수할 수 있는 상황을 미리 알려주기 위한 용도의 기능으로 실제 오류(에러)가 발생한 것은 아닙니다. 이런 오류 표식이 나타나는 것이 불편하다면 다음 과정을 참고해 오류 표식이 나타나지 않도록 할 수 있습니다.

① 리본 메뉴의 [파일] 탭-[옵션]을 클릭합니다.
② [Excel 옵션] 대화상자에서 [수식] 카테고리를 선택하면 다음 옵션을 확인할 수 있습니다. [오류 검사] 그룹 내 [다른 작업을 수행하면서 오류 검사] 확인란을 체크 해제한 후 [확인]을 클릭합니다.

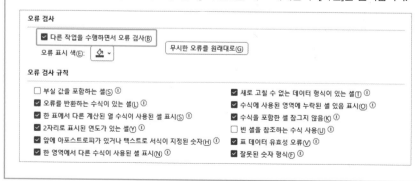

03 미리보기 목록에 표시된 데이터를 입력하려면 Enter 를 누릅니다.

04 만약 수식으로 원하는 결과를 얻고 싶다면 아래 과정을 참고합니다.

05 [D3] 셀에 다음 수식을 입력하고 [D3] 셀의 채우기 핸들⊞을 더블클릭해 수식을 복사합니다.

=MID(C3, 2, FIND(")", C3)−2)

D3			fx	=MID(C3, 2, FIND(")", C3)-2)	
	A	B	C	D	E
1					
2		거래처	전화번호	지역번호	
3		금화	(051)541-5123	051	
4		길가온	(031)415-9932	031	
5		나래백화점	(031)856-9859	031	
6		SDI네트워크	(032)425-5093	032	
7		동서미래	(02)934-5897	02	
8		미성화학	(031)2110-2138	031	
9		GI인터내셔널	(02)497-4896	02	
10		칠성	(031)839-3243	031	
11		한정상사	(070)7851-2933	070	
12					

엑셀마스터가 짚어주는 핵심 NOTE

MID 함수 수식 이해하기

엑셀 2010 이하 버전을 사용하거나, 수식으로 원하는 결과를 얻고 싶다면 이번 수식을 사용합니다. 이번 수식에서 사용한 MID 함수는 셀의 중간 부분부터 오른쪽 방향으로 원하는 문자 개수만큼 잘라내고 싶을 때 사용합니다.

FIND 함수는 ')' 문자의 위치를 찾아주므로, 이번 수식은 [C3] 셀의 두 번째 위치부터 ')' 문자가 입력된 위치까지 잘라내라는 의미가 됩니다.

이때 FIND 함수의 결과에서 2를 빼는 이유를 잘 모를 수 있습니다. (051)에서 MID 함수로 두 번째 위치인 0부터 자르는데, FIND 함수가 찾은 ')' 문자의 위치는 다섯 번째 위치입니다. 잘라낼 데이터 051의 개수는 세 개이므로 위 데이터에서 051만 얻으려면 ')' 문자 위치에서 '(' 문자와 ')' 문자를 제외해야 하므로 2를 빼는 것입니다.

한글과 영어가 혼합된 셀에서 한글과 영어 구분하기

예제 파일 CHAPTER 07 \ 빠른 채우기-열 분할3.xlsx

01 예제 파일을 열면 다음과 같은 표를 확인할 수 있습니다. 표의 B열에 입력된 계정과목에서 한글 계정과 영어 계정을 분리해보겠습니다.

◢	A	B	C	D	E
1					
2		계정과목	한글	영어	
3		감가계정, 상각계정/Depreciation Account			
4		불입자본금/Capital Stock Paid-up			
5		자본변동표/Statement of Changes in Equity			
6		전기이월 이익잉여금/Surplus at Beginning (or Opening) of the Period			
7		청약자본금/Capital Stock Subscribed			

TIP 한글 계정명과 영어 계정명은 슬래시(/) 문자로 구분되어 있습니다.

02 [C3] 셀에 **감가계정, 상각계정**을 입력합니다. [C4] 셀에 **불입자본금**의 **불**을 입력하고 미리보기 목록이 표시되면 Enter 를 눌러 입력합니다.

C4		∨ : × ✓ fx	불입자본금		
◢	A	B	C	D	E
1					
2		계정과목	한글	영어	
3		감가계정, 상각계정/Depreciation Account	감가계정, 상각계정		
4		불입자본금/Capital Stock Paid-up	불입자본금		
5		자본변동표/Statement of Changes in Equity	자본변동표		
6		전기이월 이익잉여금/Surplus at Beginning (or Opening) of the Period	전기이월 이익잉여금		
7		청약자본금/Capital Stock Subscribed	청약자본금		

03 [D3] 셀에 **Depreciation Acccount**를 입력합니다. [D4] 셀에 **Capital Stock Paid-up**의 **C**를 입력하고 미리보기 목록이 표시되면 Enter 를 눌러 입력합니다.

D4		∨ : × ✓ fx	Capital Stock Paid-up		
◢	A	B	C	D	E
1					
2		계정과목	한글	영어	
3		감가계정, 상각계정/Depreciation Account	감가계정, 상각계정	Depreciation Account	
4		불입자본금/Capital Stock Paid-up	불입자본금	Capital Stock Paid-up	
5		자본변동표/Statement of Changes in Equity	자본변동표	Statement of Changes in Equity	
6		전기이월 이익잉여금/Surplus at Beginning (or Opening) of the Period	전기이월 이익잉여금	Surplus at Beginning (or Opening) of the Period	
7		청약자본금/Capital Stock Subscribed	청약자본금	Capital Stock Subscribed	

04 이번 실습 역시 앞에서 살펴본 방법과 동일한 방법으로 수식을 이용해 처리할 수 있습니다.

05 [C3:D3] 범위의 각 셀에 다음 수식을 입력하고 [C3] 셀과 [D3] 셀의 채우기 핸들▪을 각각 더블클릭해 수식을 복사합니다.

[C3] 셀 : =LEFT(B3, FIND("/", B3)-1)

[D3] 셀 : =MID(B3, FIND("/", B3)+1, 100)

D3		✓ fx	=MID(B3, FIND("/", B3)+1, 100)	

	A	B	C	D	E
1					
2		계정과목	한글	영어	
3		감가계정, 상각계정/Depreciation Account	감가계정, 상각계정	Depreciation Account	
4		불입자본금/Capital Stock Paid-up	불입자본금	Capital Stock Paid-up	
5		자본변동표/Statement of Changes in Equity	자본변동표	Statement of Changes in Equity	
6		전기이월 이익잉여금/Surplus at Beginning (or Opening) of the Period	전기이월 이익잉여금	Surplus at Beginning (or Opening) of the Period	
7		청약자본금/Capital Stock Subscribed	청약자본금	Capital Stock Subscribed	
8					

구분 기호 없이 한글과 숫자가 붙어 있을 때 분리하기

예제 파일 CHAPTER 07 \ 빠른 채우기-열 분할4.xlsx

01 예제 파일을 열면 다음과 같은 표를 확인할 수 있습니다. B열의 데이터에서 거래처명과 사업자등록번호를 C열과 D열에 각각 분리해보겠습니다.

	A	B	C	D	E
1					
2		데이터	거래처	사업자등록번호	
3		금화0045703033			
4		길가온0063607516			
5		나래백화점0014503254			
6		SDI네트워크0058308318			
7		동서미래0040206321			
8		미성화학0024407504			
9		GI인터내셔널0054003466			
10		칠성0041100687			
11		한정상사0036402774			

02 [C3] 셀에 첫 번째 거래처명인 **금화**를 입력합니다. [C4] 셀에 길가온의 **길**을 입력하고 미리보기 목록이 표시되면 확인 후 [Enter]를 눌러 입력합니다.

C4		✓ fx	길가온		

	A	B	C	D	E
1					
2		데이터	거래처	사업자등록번호	
3		금화0045703033	금화		
4		길가온0063607516	길가온		
5		나래백화점0014503254	나래백화점		
6		SDI네트워크0058308318	SDI네트워크		
7		동서미래0040206321	동서미래		
8		미성화학0024407504	미성화학		
9		GI인터내셔널0054003466	GI인터내셔널		
10		칠성0041100687	칠성		
11		한정상사0036402774	한정상사		
12					

03 [D3] 셀에 사업자등록번호를 000-00-00000 형식에 맞게, 004-57-03033을 입력합니다. [D4] 셀에 사업자등록번호 006-63-607516의 **0**을 입력합니다.

	A	B	C	D	E
		D4 ✕ ✓ fx 006-63-607516			
1					
2		데이터	거래처	사업자등록번호	
3		금화0045703033	금화	004-57-03033	
4		길가온0063607516	길가온	006-63-607516	
5		나래백화점0014503254	나래백화점	001-00-14503254	
6		SDI네트워크0058308318	SDI네트워크	005-워크-0058308318	
7		동서미래0040206321	동서미래	004-04-0206321	
8		미성화학0024407504	미성화학	002-02-4407504	
9		GI인터내셔널0054003466	GI인터내셔널	005-셔널-0054003466	
10		칠성0041100687	칠성	004-11-00687	
11		한정상사0036402774	한정상사	003-03-6402774	
12					

04 미리보기 목록의 값을 보면 사업자등록번호가 제대로 표시되지 않습니다. Esc 를 눌러 목록의 값을 입력하지 않습니다. 만약 입력했다면 [D5:D11] 범위를 지정하고 Delete 를 눌러 삭제합니다.

05 [D5] 셀의 사업자등록번호 001-45-03254를 입력합니다. [D6] 셀에서 빠른 채우기 기능 단축키인 Ctrl + E 를 누릅니다.

	A	B	C	D	E
1					
2		데이터	거래처	사업자등록번호	
3		금화0045703033	금화	004-57-03033	
4		길가온0063607516	길가온	006-63-607516	
5		나래백화점0014503254	나래백화점	001-45-03254	
6		SDI네트워크0058308318	SDI네트워크	005-83-08318	
7		동서미래0040206321	동서미래	004-02-06321	
8		미성화학0024407504	미성화학	002-44-07504	
9		GI인터내셔널0054003466	GI인터내셔널	005-40-03466	
10		칠성0041100687	칠성	004-11-00687	
11		한정상사0036402774	한정상사	003-64-02774	
12					

TIP 빠른 채우기는 패턴이 일정하지 않으면 제대로 된 결과를 반환하지 못할 수 있습니다. 이럴 땐 데이터를 한두 개 더 입력하고 Ctrl + E 단축키를 눌러 나머지 값을 채우는 방식으로 작업하면 됩니다.

06 빠른 채우기 결과를 수식으로 얻고 싶다면 아래 과정을 참고합니다.

07 [C3:D3] 범위의 각 셀에 다음 수식을 입력하고 [C3] 셀과 [D3] 셀의 채우기 핸들➕을 각각 더블클릭해 수식을 복사합니다.

[C3] 셀 : =LEFT(B3, LEN(B3)−10)

[D3] 셀 : =TEXT(RIGHT(B3, 10), "000-00-00000")

| D3 | | | fx | =TEXT(RIGHT(B3, 10), "000-00-00000") |

	A	B	C	D	E
1					
2		데이터	거래처	사업자등록번호	
3		금화0045703033	금화	004-57-03033	
4		길가온0063607516	길가온	006-36-07516	
5		나래백화점0014503254	나래백화점	001-45-03254	
6		SDI네트워크0058308318	SDI네트워크	005-83-08318	
7		동서미래0040206321	동서미래	004-02-06321	
8		미성화학0024407504	미성화학	002-44-07504	
9		GI인터내셔널0054003466	GI인터내셔널	005-40-03466	
10		칠성0041100687	칠성	004-11-00687	
11		한정상사0036402774	한정상사	003-64-02774	
12					

엑셀마스터가 짚어주는 핵심 NOTE

RIGHT 함수 수식 이해하기

이번 수식에서 RIGHT 함수가 새롭게 사용되었습니다. RIGHT 함수의 구문은 다음을 참고합니다.

RIGHT (문자열, 문자 개수)

문자열의 오른쪽 끝 문자부터 왼쪽 방향으로 원하는 **문자 개수**만큼 잘라 반환합니다.

인수	설명
문자열	전체 문자열
문자 개수	전체 문자열의 오른쪽 끝 문자를 포함해 잘라낼 문자 수

문자 개수 인수는 생략할 수 있으며, 생략하면 1입니다.

[C3] 셀에 사용한 수식은 [B3] 셀의 전체 문자 개수에서 10개(=사업자등록번호의 자릿수)를 빼고 난 나머지를 셀 왼쪽부터 잘라내는 수식입니다. 그러므로 수식은 다음과 같이 이해하는 것이 쉽습니다.

=LEFT(B3, LEN(B3)-제외할 문자 개수)

이렇게 사업자등록번호와 같이 자릿수가 일정한 경우에 사용할 수 있는 수식입니다. [D3] 셀에 사용한 수식은 RIGHT 함수를 이용해 끝자리 10개를 잘라낸 다음, TEXT 함수를 이용해 000-00-00000 형식으로 변경한 것입니다. 참고로 LEN 함수는 인수로 전달된 셀의 값이 몇 개의 문자로 구성되어 있는지 숫자를 세어 반환합니다.

챗GPT로 수식 얻기

한글과 숫자를 분리하는 수식 얻는 방법

이런 식의 수식은 쉽게 작성하기 어려우므로 챗GPT를 활용해 원하는 수식을 얻어볼 수 있습니다. 다음과 같이 프롬프트를 작성해 챗GPT에게 답을 구해보겠습니다.

 프롬프트

엑셀 사용 중이고 B3:B5 범위에 다음과 같은 데이터가 순서대로 입력되어 있다.

금화0045703033
길가온0063607516
나래백화점0014503254

C3:C5 범위에는 다음과 같은 값을 얻고 싶고

금화
길가온
나래백화점

D3:D6 범위에는 다음과 같은 값을 얻고 싶다.

004-57-03033
006-36-07516
001-45-03254

계산식을 작성해줘!

챗GPT는 버전에 따라 파일에서 데이터를 읽을 수 없습니다. 그렇다면 현 상황을 위와 같이 정리해줄 필요가 있습니다. 이렇게 프롬프트를 작성하면 다음과 같은 답변을 얻을 수 있습니다.

 챗GPT

B3 셀에 있는 데이터를 기준으로, 이를 "금화", "길가온", "나래백화점"과 같은 부분과 "004-57-03033", "006-36-07516", "001-45-03254"와 같은 부분으로 분리하여 원하는 형식으로 표시하려면 다음과 같은 계산식을 사용할 수 있습니다.

C3에 대한 공식:

```
                                                                copy code
=LEFT(B3, FIND("0", B3) - 1)
```

D3에 대한 공식:

```
                                                                copy code
=LEFT(MID(B3, FIND("0", B3), 11), 3) & "-" & MID(MID(B3, FIND("0", B3), 11), 4, 2) &
```

이 공식을 각각 C3과 D3에 입력하고, 범위를 B4:B6에 대해서도 똑같이 적용하면 됩니다.

챗GPT가 알려준 수식은 다음과 같습니다.

[C3] 셀 : =LEFT(B3, FIND("0", B3) − 1)
[D3] 셀 : =LEFT(MID(B3, FIND("0", B3), 11), 3) & "−" &
         MID(MID(B3, FIND("0", B3), 11), 4, 2) & "−" &
         RIGHT(MID(B3, FIND("0", B3), 11), 5)

수식이 효율적이라고 이야기할 순 없지만 결과는 제대로 반환됩니다. 이렇게 어떤 수식을 사용해야 할지 잘 모르는 경우 챗GPT를 활용해 수식을 요청해보길 바랍니다.

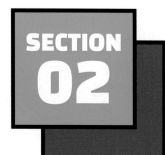

SECTION 02

빠른 채우기를 이용한 열 데이터 병합

빠른 채우기를 이용해 하나의 열에 입력된 데이터를 여러 열로 나눠 작업할 수 있듯이, 여러 열의 데이터를 하나의 열로 합치는 데 사용할 수도 있습니다. 열을 합칠 때는 다양한 구분 기호를 사용해 작업할 수도 있습니다.

여러 셀에 입력된 데이터를 구분 기호로 연결하기

예제 파일 CHAPTER 07 \ 빠른 채우기-열 병합.xlsx

01 예제 파일을 열면 다음과 같은 표를 확인할 수 있습니다. 표의 C:E열에 입력된 희망 지역을 쉼표(,) 구분 문자로 연결한 결과를 F열에 나열해보겠습니다.

	A	B	C	D	E	F	G
1							
2		이름	희망1	희망2	희망3	요약	
3		박지훈	서울	부천			
4		유준혁	부산	대구	구미		
5		이서연	대전	아산			
6		김민준	서울	판교			
7		최서현	김포	청라	송도		
8		박현우	포항	울산			
9		정시우	서울	일산	파주		
10		이은서	성남	판교			
11		오서윤	송도	광명			
12							

TIP C:E 열에 입력된 데이터를 보면 두 개만 입력한 경우와 세 개 모두 입력한 경우로 나눌 수 있습니다.

02 [F3] 셀에 서울, 부천을 입력합니다.

03 [F4] 셀에 첫 번째 희망 지역인 부산의 **부**를 입력하면 미리보기 목록이 표시됩니다.

F4		✓ : × ✓ *fx*	부산, 대구			
◢	A	B	C	D	E	F	G
1							
2		**이름**	**희망1**	**희망2**	**희망3**	**요약**	
3		박지훈	서울	부천		서울, 부천	
4		유준혁	부산	대구	구미	부산, 대구	
5		이서연	대전	아산		대전, 아산	
6		김민준	서울	판교		서울, 판교	
7		최서현	김포	청라	송도	김포, 청라	
8		박현우	포항	울산		포항, 울산	
9		정시우	서울	일산	파주	서울, 일산	
10		이은서	성남	판교		성남, 판교	
11		오서윤	송도	광명		송도, 광명	
12							

TIP 3행은 희망 지역이 둘이었지만, 4행은 희망 지역이 셋입니다. 패턴이 다르므로 미리보기 목록이 정확하게 표시되지 않습니다.

04 Esc 를 눌러 미리보기 목록을 제거합니다. [F4] 셀에 **부산, 대구, 구미**를 정확하게 입력합니다. [F5] 셀을 선택하고 빠른 채우기 단축키인 Ctrl + E 를 누릅니다.

◢	A	B	C	D	E	F	G
1							
2		**이름**	**희망1**	**희망2**	**희망3**	**요약**	
3		박지훈	서울	부천		서울, 부천	
4		유준혁	부산	대구	구미	부산, 대구, 구미	
5		이서연	대전	아산		대전, 아산	
6		김민준	서울	판교		서울, 판교	
7		최서현	김포	청라	송도	김포, 청라, 송도	
8		박현우	포항	울산		포항, 울산	
9		정시우	서울	일산	파주	서울, 일산, 파주	
10		이은서	성남	판교		성남, 판교	
11		오서윤	송도	광명		송도, 광명	
12							

TIP 빠른 채우기는 입력된 데이터의 패턴에 해당하는 모든 값이 입력되어야 정확한 결과를 반환할 수 있습니다.

05 빠른 채우기 결과를 수식으로 얻으려면 다음 과정을 참고합니다.

06 [F3] 셀에 다음 수식을 입력하고 [F3] 셀의 채우기 핸들➕을 더블클릭해 수식을 복사합니다.

```
=TEXTJOIN(", ", TRUE, C3:E3)
```

F3				f_x	=TEXTJOIN(", ", TRUE, C3:E3)	

	A	B	C	D	E	F	G
1							
2		이름	희망1	희망2	희망3	요약	
3		박지훈	서울	부천		서울, 부천	
4		유준혁	부산	대구	구미	부산, 대구, 구미	
5		이서연	대전	아산		대전, 아산	
6		김민준	서울	판교		서울, 판교	
7		최서현	김포	청라	송도	김포, 청라, 송도	
8		박현우	포항	울산		포항, 울산	
9		정시우	서울	일산	파주	서울, 일산, 파주	
10		이은서	성남	판교		성남, 판교	
11		오서윤	송도	광명		송도, 광명	
12							

엑셀마스터가 짚어주는 핵심 NOTE

TEXTJOIN 함수 수식 이해하기

이번 수식에서 사용한 TEXTJOIN 함수는 구분 기호로 여러 셀의 문자열을 연결할 때 사용하는 함수로, 엑셀 2019 버전부터 지원됩니다. 자세한 구문은 다음과 같습니다.

TEXTJOIN (구분 기호, 빈 셀 제외, 값1, 값2, …)

여러 셀 값을 **구분 기호**로 연결한 결과를 반환합니다.

인수	설명
구분 기호	셀 값을 연결할 때 각 데이터를 구분할 구분 기호
빈 셀 제외	인수에 빈 셀이 있을 때 해당 셀은 제외하고 연결할지 결정하는 옵션으로 TRUE는 빈 셀은 제외하고, FASLE는 빈 셀을 포함해 연결
값	연결할 문자열 또는 문자열이 입력된 셀(또는 범위)

값 인수는 보통 A1:A10과 같이 연결할 문자열이 입력된 범위를 지정합니다.

그러므로 이번 수식은 ", " 구분 기호를 사용해 빈 셀은 제외하고 [C3:E3] 범위의 값을 연결하라는 의미가 됩니다. 참고로 TEXTJOIN 함수는 엑셀 2019 버전부터 지원되므로 엑셀 2016 버전을 포함한 하위 버전에서는 다음과 같은 수식을 사용하면 됩니다.

=C3 & ", " & D3 & IF(E3〈〉"", ", " & E3, "")

챗GPT로 수식 얻기

구분 기호로 연결하는 수식 얻는 방법

이런 식의 수식을 작성하기 어렵다면 챗GPT를 활용해 원하는 결과를 반환하는 수식을 얻어볼 수 있습니다. 다음과 같은 프롬프트를 작성해 챗GPT에게 답을 구해보겠습니다.

 프롬프트

엑셀 사용 중이고, C3:E3 범위에 '지역' 데이터가 입력되어 있는데, E열의 경우 빈 셀이 존재할 수도 있다.

F3셀에 입력된 '지역' 데이터를 쉼표(,)로 구분한 값을 얻고 싶다. 수식을 작성해줘!

 챗GPT

다음 수식을 사용하여 F3 셀에 입력된 '지역' 데이터를 쉼표(,)로 구분한 값을 얻을 수 있습니다.

```
copy code
=TEXTJOIN(",", TRUE, C3:E3)
```

이 수식은 C3부터 E3까지의 셀을 쉼표(,)로 구분하여 하나의 텍스트로 결합합니다. TRUE 매개변수는 빈 셀을 무시하도록 지시합니다.

챗GPT가 알려준 수식은 기본적으로 **06** 과정 수식과 동일합니다. 하위 버전에서도 사용할 수 있도록 수식 수정을 다음과 같은 프롬프트로 요청합니다.

 프롬프트

엑셀 2010 버전에서 사용할 수 있도록 수식을 수정해줘!

 챗GPT

엑셀 2010에서는 TEXTJOIN 함수를 사용할 수 없으므로 다른 방법을 사용해야 합니다. CONCATENATE 및 IF 함수를 결합하여 동일한 결과를 얻을 수 있습니다. 다음은 수정된 수식입니다.

```
copy code
=CONCATENATE(C3, IF(ISBLANK(D3), "", "," & D3), IF(ISBLANK(E3), "", "," & E3))
```

이 수식은 C3 셀의 데이터를 먼저 결합하고, D3 셀의 데이터가 비어있지 않으면 쉼표와 함께 D3 셀의 데이터를 추가하고, E3 셀의 데이터가 비어있지 않으면 쉼표와 함께 E3 셀의 데이터를 추가합니다.

챗GPT가 알려준 수식은 다음과 같습니다. 수식은 복잡하지만 동작에는 문제가 없습니다.

```
=CONCATENATE(C3,
  IF(ISBLANK(D3), "", ", " & D3),
  IF(ISBLANK(E3), "", ", " & E3))
```

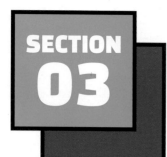

SECTION 03

빠른 채우기를 이용한 데이터 수정/삭제

빠른 채우기를 이용해 셀 값 중 일부를 수정하거나 삭제한 결과를 얻을 수 있고, 필요하다면 셀에 입력된 데이터 순서를 원하는 순서에 맞게 변경할 수 있습니다. 이런 작업을 빠른 채우기 없이 진행하려면 SUBSTITUTE 함수를 사용하거나, 바꾸기 기능을 이용해야 합니다.

 업무가 빨라지는 엑셀 단축키

- 바꾸기 명령 단축키는 Ctrl + H 입니다.
- 찾기 명령의 단축키는 Ctrl + F 입니다.

이메일 도메인 주소 일괄 변경하기

예제 파일 CHAPTER 07 \ 데이터 고치기.xlsx

01 예제 파일을 열면 다음과 같은 표를 확인할 수 있습니다. 표의 C열에 입력된 이메일 주소 중 도메인명을 excel에서 outlook으로 변경한 결과를 D열에 반환해보겠습니다.

	A	B	C	D	E
1					
2		이름	이메일	도메인 변경	
3		박지훈	james.park@excel.com		
4		유준혁	andrew.yu@excel.com		
5		이서연	linda.lee@excel.com		
6		김민준	robert.kim@excel.com		
7		최서현	olivia.choi@excel.com		
8		박현우	william.park@excel.com		
9		정시우	nicolas.jung@excel.com		
10		이은서	jennifer.lee@excel.com		
11		오서윤	sophia.oh@excel.com		
12					

02 [D3] 셀에 james.park@outlook.com을 입력합니다.

03 [D4] 셀에 **a**를 입력하면 미리보기 목록에 도메인 주소가 변경된 데이터가 모두 표시됩니다.

D4			fx	andrew.yu@outlook.com	
	A	B	C	D	E
1					
2		이름	이메일	도메인 변경	
3		박지훈	james.park@excel.com	james.park@outlook.com	
4		유준혁	andrew.yu@excel.com	andrew.yu@outlook.com	
5		이서연	linda.lee@excel.com	linda.lee@outlook.com	
6		김민준	robert.kim@excel.com	robert.kim@outlook.com	
7		최서현	olivia.choi@excel.com	olivia.choi@outlook.com	
8		박현우	william.park@excel.com	william.park@outlook.com	
9		정시우	nicolas.jung@excel.com	nicolas.jung@outlook.com	
10		이은서	jennifer.lee@excel.com	jennifer.lee@outlook.com	
11		오서윤	sophia.oh@excel.com	sophia.oh@outlook.com	
12					

04 미리보기 목록에 표시된 결과를 셀에 입력하기 위해 Enter 를 누릅니다.

05 동일한 결과를 수식으로 대체하려면 다음 과정을 참고합니다.

06 [D3] 셀에 다음 수식을 입력하고 [D3] 셀의 채우기 핸들 ⊞ 을 더블클릭해 수식을 복사합니다.

=SUBSTITUTE(C3, "excel", "outlook")

D3			fx	=SUBSTITUTE(C3, "excel", "outlook")	
	A	B	C	D	E
1					
2		이름	이메일	도메인 변경	
3		박지훈	james.park@excel.com	james.park@outlook.com	
4		유준혁	andrew.yu@excel.com	andrew.yu@outlook.com	
5		이서연	linda.lee@excel.com	linda.lee@outlook.com	
6		김민준	robert.kim@excel.com	robert.kim@outlook.com	
7		최서현	olivia.choi@excel.com	olivia.choi@outlook.com	
8		박현우	william.park@excel.com	william.park@outlook.com	
9		정시우	nicolas.jung@excel.com	nicolas.jung@outlook.com	
10		이은서	jennifer.lee@excel.com	jennifer.lee@outlook.com	
11		오서윤	sophia.oh@excel.com	sophia.oh@outlook.com	
12					

SUBSTITUTE 함수 수식 이해하기

이번 수식에서 사용한 SUBSTITUTE 함수는 엑셀의 바꾸기 기능을 함수로 구현해놓은 것이라 생각해도 무방합니다. SUBSTITUTE 함수의 구문은 다음과 같습니다.

SUBSTITUTE (문자열, 찾을 내용, 바꿀 내용, n번째)

문자열 내 일부 내용을 원하는 다른 내용으로 수정합니다.

인수	설명
문자열	고치려는 데이터가 포함된 문자열 또는 해당 문자열이 입력된 셀
찾을 내용	바꾸려는 데이터
바꿀 내용	찾을 내용을 대체할 데이터
n번째	찾을 내용이 문자열 내에서 여러 개 있을 때 몇 번째 찾을 내용을 바꿀지 결정하는 옵션으로, 생략하면 모두 고침

그러므로 이번 수식은 SUBSTITUTE 함수를 사용해 [C3] 셀 내 문자열에서 'excel'을 찾아, 'outlook'으로 변경한 결과를 반환하게 됩니다. 다만 SUBSTITUTE 함수는 값만 바꿀 수 있으며, C열과 같은 하이퍼링크가 동작하지는 않습니다.

이해를 돕기 위해 C열의 하이퍼링크 중 아무 셀에 마우스 커서를 가져다 놓으면 다음과 같은 풍선 도움말이 표시되며, 실제 클릭하면 이메일 프로그램이 바로 호출되어 해당 이메일 주소로 메일을 작성할 수 있도록 해줍니다.

그에 반해 D열의 수식 결과에 마우스 커서를 가져다 놓으면 아무것도 표시되지 않습니다.

이것은 서식은 하이퍼링크와 동일하지만, 서식만 동일할 뿐 하이퍼링크가 제대로 동작되지 않는다는 걸 의미합니다. 그러므로 하이퍼링크가 제대로 동작하도록 하려며 별도의 작업을 추가로 진행해야 합니다.

07 반환된 결과를 하이퍼링크로 변환하기 위해 [D3] 셀의 수식을 다음과 같이 수정하고 [D3] 셀의 채우기 핸들┼을 더블클릭해 수식을 복사합니다.

=HYPERLINK(SUBSTITUTE(C3, "excel", "outlook"))

| D3 | | | f_x | =HYPERLINK(SUBSTITUTE(C3, "excel", "outlook")) | | |

	A	B	C	D	E
1					
2		이름	이메일	도메인 변경	
3		박지훈	james.park@excel.com	james.park@outlook.com	
4		유준혁	andrew.yu@excel.com	andrew.yu@outlook.com	
5		이서연	linda.lee@excel.com	linda.lee@outlook.com	
6		김민준	robert.kim@excel.com	robert.kim@outlook.com	
7		최서현	olivia.choi@excel.com	olivia.choi@outlook.com	
8		박현우	william.park@excel.com	william.park@outlook.com	
9		정시우	nicolas.jung@excel.com	nicolas.jung@outlook.com	
10		이은서	jennifer.lee@excel.com	jennifer.lee@outlook.com	
11		오서윤	sophia.oh@excel.com	sophia.oh@outlook.com	
12					

엑셀마스터가 짚어주는 핵심 NOTE

HYPERLINK 함수 수식 이해하기

이번 수식에서 사용한 HYPERLINK 함수는 하이퍼링크를 생성해주는 함수로 구문은 다음과 같습니다.

HYPERLINK (링크 위치, 표시 내용)

웹(또는 다른 위치)로 이동할 바로가기를 생성합니다.

인수	설명
링크 위치	클릭했을 때 이동할 경로
표시 내용	셀에 표시될 내용을 의미하며, 생략하면 링크 위치를 그대로 표시

그러므로 이번 수식은 SUBSTITUTE 함수로 수정된 이메일을 하이퍼링크로 생성하는 역할을 합니다. 이렇게 수식을 수정하고, D열의 수식 결과에 마우스 커서를 가져다 놓으면 화면과 같은 풍선 도움말이 표시됩니다.

만약 하이퍼링크에 이메일 주소 대신 사람 이름이 표시되도록 하려면 수식을 다음과 같이 수정하면 됩니다.

=HYPERLINK(SUBSTITUTE(C3, "excel", "outlook"), B3)

괄호 안에 입력된 문자열과 괄호 밖에 입력된 문자열 바꾸기

예제 파일 CHAPTER 07 \ 위치 바꾸기.xlsx

01 예제 파일을 열면 다음과 같은 표를 확인할 수 있습니다. 표의 B열에 입력된 회계 계정명 중에서 '한글(영어)' 패턴을 '영어(한글)' 패턴으로 변경해보겠습니다.

▲	A	B	C	D
1				
2		계정	한영 입력 변경	
3		감가계정, 상각계정(Depreciation Account)		
4		불입자본금(Capital Stock Paid-up)		
5		자본변동표(Statement of Changes in Equity)		
6		전기이월 이익잉여금(Surplus at Beginning of the Period)		
7		청약자본금(Capital Stock Subscribed)		
8				

02 [C3] 셀에 Depreciation Account(감가계정, 상각계정)를 입력합니다.

TIP '감가계정,'과 상각계정 사이에 한 칸 띄어쓰기가 되어 있으므로 주의해서 데이터를 입력합니다.

03 [C4] 셀에 Capital Stock Paid-up(불입자본금)를 입력합니다.

04 [C5] 셀을 선택하고 빠른 채우기 단축키인 Ctrl + E 를 누르면 나머지 값이 모두 입력됩니다.

C5	∨ : × ✓ *fx*	Statement of Changes in Equity(자본변동표)	

▲	A	B	C	D
1				
2		계정	한영 입력 변경	
3		감가계정, 상각계정(Depreciation Account)	Depreciation Account(감가계정, 상각계정)	
4		불입자본금(Capital Stock Paid-up)	Capital Stock Paid-up(불입자본금)	
5		자본변동표(Statement of Changes in Equity)	Statement of Changes in Equity(자본변동표)	
6		전기이월 이익잉여금(Surplus at Beginning of the Period)	Surplus at Beginning of the Period(전기이월 이익잉여금)	
7		청약자본금(Capital Stock Subscribed)	Capital Stock Subscribed(청약자본금)	
8				

TIP 엑셀이 미리보기 목록을 표시하지 않으면 직접 단축키 Ctrl + E 를 눌러 빠른 채우기 기능을 실행합니다.

05 동일한 결과를 수식으로 대체하려면 다음 과정을 참고합니다.

06 먼저 영어 부분을 얻기 위해 [C3] 셀에 다음 수식을 입력하고 [C3] 셀의 채우기 핸들 ￭을 더블클릭해 수식을 복사합니다.

=MID(B3, FIND("(", B3)+1, 100)

C3		f_x	=MID(B3, FIND("(", B3)+1, 100)	

◢	A	B	C	D
1				
2		계정	한영 입력 변경	
3		감가계정, 상각계정(Depreciation Account)	Depreciation Account)	
4		불입자본금(Capital Stock Paid-up)	Capital Stock Paid-up)	
5		자본변동표(Statement of Changes in Equity)	Statement of Changes in Equity)	
6		전기이월 이익잉여금(Surplus at Beginning of the Period)	Surplus at Beginning of the Period)	
7		청약자본금(Capital Stock Subscribed)	Capital Stock Subscribed)	
8				

 엑셀마스터가 짚어주는 핵심 NOTE

MID 함수 수식 이해하기

이번 수식은 MID 함수를 사용해 FIND 함수가 찾은 "(" 문자 위치 다음부터 끝까지(100개의 문자) 잘라내라는 의미입니다. MID 함수의 세 번째 인수에 사용한 100은 끝까지 자르라고 할 때 사용되는 관용적인 표현입니다. 반환된 결과는 영어 부분이 제대로 반환되지만, 마지막에 괄호 닫기(")") 문자가 포함되어 있습니다.

07 반환된 결과에서 괄호 닫기(")") 문자를 제거합니다. [C3] 셀의 수식을 다음과 같이 수정하고 [C3] 셀의 채우기 핸들➕을 더블클릭해 수식을 복사합니다. 마지막 괄호 닫기 문자가 제거됩니다.

=SUBSTITUTE(MID(B3, FIND("(", B3)+1, 100), ")", "")

C3		f_x	=SUBSTITUTE(MID(B3, FIND("(", B3)+1, 100), ")", "")	

◢	A	B	C	D
1				
2		계정	한영 입력 변경	
3		감가계정, 상각계정(Depreciation Account)	Depreciation Account	
4		불입자본금(Capital Stock Paid-up)	Capital Stock Paid-up	
5		자본변동표(Statement of Changes in Equity)	Statement of Changes in Equity	
6		전기이월 이익잉여금(Surplus at Beginning of the Period)	Surplus at Beginning of the Period	
7		청약자본금(Capital Stock Subscribed)	Capital Stock Subscribed	
8				

08 이제 한글 부분을 잘라 뒤에 괄호 안에 표시되도록 수식을 수정합니다. [C3] 셀의 수식을 다음과 같이 수정하고 [C3] 셀의 채우기 핸들➕을 더블클릭해 수식을 복사합니다.

**=SUBSTITUTE(MID(B3, FIND("(", B3)+1, 100), ")", "") & "(" &
LEFT(B3, FIND("(", B3)−1) & ")"**

C3		f_x	=SUBSTITUTE(MID(B3, FIND("(", B3)+1, 100), ")", "") & "(" & LEFT(B3, FIND("(", B3)-1) & ")"

	A	B	C	D
1				
2		계정	한영 입력 변경	
3		감가계정, 상각계정(Depreciation Account)	Depreciation Account(감가계정, 상각계정)	
4		불입자본금(Capital Stock Paid-up)	Capital Stock Paid-up(불입자본금)	
5		자본변동표(Statement of Changes in Equity)	Statement of Changes in Equity(자본변동표)	
6		전기이월 이익잉여금(Surplus at Beginning of the Period)	Surplus at Beginning of the Period(전기이월 이익잉여금)	
7		청약자본금(Capital Stock Subscribed)	Capital Stock Subscribed(청약자본금)	
8				

엑셀마스터가 짚어주는 핵심 NOTE

& 연산자로 묶은 복잡한 수식 이해하기

이번 수식은 복잡해 보이지만 다음과 같이 나눠 이해하면 조금은 이해가 쉽게 될 수 있습니다.

영어	=SUBSTITUTE(MID(B3, FIND("(", B3)+1, 100), ")", "")
(	& "(" &
한글	LEFT(B3, FIND("(", B3)-1)
)	& ")"

즉, 기존 수식에 한글 부분을 잘라낸 결과를 괄호 안에 표시하기 위해 "(" 와 ")" 문자를 & 연산자로 묶은 것입니다. 수식은 정답이 없으므로 필요한 부분을 상황에 맞게 정리해가면 원하는 결과를 얻을 수 있습니다.

챗GPT로 수식 얻기

문자열을 바꾸는 수식 얻는 방법

수식이 복잡하고 어렵다면 챗GPT를 활용해 원하는 답만 얻을 수도 있습니다. 다음 프롬프트를 작성해 챗GPT에게 답을 구해보겠습니다.

 프롬프트

엑셀 사용 중이고, 다음 위치에 아래와 같은 데이터가 순서대로 입력되어 있다.

B3 : 감가계정, 상각계정(Depreciation Account)
B4 : 불입자본금(Capital Stock Paid-up)
B5 : 자본변동표(Statement of Changes in Equity)

이 데이터를 C열의 다음 위치에 영어(한글) 순으로 다시 정리하고 싶다.

C3 : Depreciation Account(감가계정, 상각계정)
C4 : Capital Stock Paid-up(불입자본금)

C5 : Statement of Changes in Equity(자본변동표)

C3 셀에 입력할 수식을 작성해줘

 챗GPT

C3 셀에 입력할 수식은 다음과 같습니다:

```
                                                           copy code
=RIGHT(B3, LEN(B3) - FIND("(", B3)) & LEFT(B3, FIND("(", B3) - 1)
```

이 수식은 B3 셀에서 괄호를 기준으로 문자열을 나누고, 영어 부분과 한글 부분의 순서를 바꿔서 다시 조합합니다.

- FIND("(", B3)는 B3 셀 내에서 "(" 괄호가 시작되는 위치를 찾습니다.
- LEFT(B3, FIND("(", B3) − 1)는 괄호 이전까지의 문자열(한글 부분)을 추출합니다.
- RIGHT(B3, LEN(B3) − FIND("(", B3))는 괄호를 포함한 영어 부분을 추출합니다.
- & 연산자는 두 문자열을 결합합니다.

영어와 한글 부분의 순서를 변경하여 C열에 정확히 입력하고자 할 때 이 수식을 사용하세요.

위 답변에서 알려준 수식은 다음과 같습니다.

=RIGHT(B3, LEN(B3) - FIND("(", B3)) & LEFT(B3, FIND("(", B3) - 1)

위 수식을 예제에 적용하면 다음과 같은 결과가 반환됩니다.

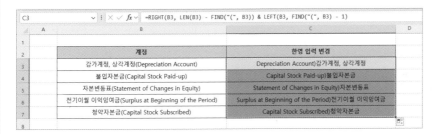

결과가 조금 다르게 반환되므로 프롬프트를 아래와 같이 작성해 수식 수정을 요청합니다.

 프롬프트

영어 다음에 괄호가 열리고, 마지막에 괄호가 닫히도록 수식을 수정해줘!

 챗GPT

수정된 요구 사항에 맞춰 C3 셀에 입력할 수식은 다음과 같습니다:

```
                                                           copy code
=MID(B3, FIND("(", B3) + 1, FIND(")", B3) - FIND("(", B3) - 1) & "(" & LEFT(B3, FIND("(", B3)
- 1) & ")"
```

이 수식은 다음과 같은 작업을 수행합니다:

- MID(B3, FIND("(", B3) + 1, FIND(")", B3) − FIND("(", B3) − 1)는 B3 셀에서 "(" 괄호가 시작하는 위치 다음부터 ")" 괄호가 시작하는 위치 이전까지의 문자열을 추출합니다. 즉, 한글 부분을 추출합니다.
- LEFT(B3, FIND("(", B3) − 1)는 "(" 괄호가 시작하기 전까지의 문자열을 추출합니다. 즉, 영어 부분을 추출합니다.
- & "(" & … & ")"는 추출된 한글 부분 앞뒤로 괄호를 추가합니다.
- & 연산자로 이 모든 부분을 결합하여 원하는 형식으로 문자열을 재구성합니다.

이렇게 수정된 수식을 C3 셀에 입력하면 요구 사항에 맞게 데이터가 정리됩니다.

수식은 다음과 같습니다. 수식은 복잡하지만 동작에는 문제가 없는 수식을 얻을 수 있습니다.

=MID(B3, FIND("(", B3) + 1, FIND(")", B3) − FIND("(", B3) − 1) & "(" & LEFT(B3, FIND("(", B3) − 1) & ")"

괄호 안에 입력된 불필요한 부분 삭제하기

예제 파일 CHAPTER 07 \ 불필요 데이터 삭제.xlsx

특정 문자 안에 쓰여진 문자열 부분과 같이 특정 패턴을 갖고 있는 데이터를 지우는 작업에도 빠른 채우기를 사용할 수 있습니다.

01 예제 파일을 열면 다음과 같은 표를 확인할 수 있습니다. 표의 B열에 입력된 이름 뒤의 괄호 부분을 모두 제거하는 작업을 해보겠습니다.

▲	A	B	C	D
1				
2		이름	이름	
3		박지훈		
4		유준혁(휴)		
5		이서연		
6		김민준		
7		최서현(반차)		
8		박현우		
9		정시우		
10		이은서		
11		오서윤		
12				

TIP B열의 이름 뒤의 (휴)는 휴가를 (반차)는 반차 중인 직원을 의미합니다.

02 [C3] 셀은 괄호 안의 데이터가 없으므로 **박지훈**을 입력합니다. [C4] 셀에는 **유준혁**을 입력합니다. [C5] 셀을 선택하고 빠른 채우기 단축키인 Ctrl + E 를 누릅니다.

	A	B	C	D
1				
2		이름	이름	
3		박지훈	박지훈	
4		유준혁(휴)	유준혁	
5		이서연	이서연	
6		김민준	김민준	
7		최서현(반차)	최서현	
8		박현우	박현우	
9		정시우	정시우	
10		이은서	이은서	
11		오서윤	오서윤	
12				

엑셀마스터가 짚어주는 핵심 NOTE

작업 방식 이해하기

[C4] 셀에 '유'만 입력하면 다음과 같은 미리보기 목록이 표시됩니다.

이름	이름
박지훈	박지훈
유준혁(휴)	유준혁(휴)
이서연	이서연
김민준	김민준
최서현(반차)	최서현(반차)
박현우	박현우
정시우	정시우
이은서	이은서
오서윤	오서윤

이번 작업은 괄호 안의 문자열을 모두 제거하는 것이 목적인데 미리보기 목록에 원하는 결과가 표시되지 않으므로, Esc 를 눌러 미리보기 목록을 취소하고 '유준혁'까지 직접 데이터를 입력해야 합니다.

03 수식으로 동일한 결과를 얻으려면 아래 과정을 참고합니다.

04 [C3] 셀에 다음 수식을 입력하고 [C3] 셀의 채우기 핸들 을 더블클릭해 수식을 복사합니다.

=IFERROR(LEFT(B3, FIND("(", B3)−1), B3)

| C3 | | f_x | =IFERROR(LEFT(B3, FIND("(", B3)-1), B3) | | | | |

▲	A	B	C	D	E	F	G
1							
2		이름	이름				
3		박지훈	박지훈				
4		유준혁(휴)	유준혁				
5		이서연	이서연				
6		김민준	김민준				
7		최서현(반차)	최서현				
8		박현우	박현우				
9		정시우	정시우				
10		이은서	이은서				
11		오서윤	오서윤				
12							

엑셀마스터가 짚어주는 핵심 NOTE

작업에 활용한 수식 이해하기

이번 수식은 간단하게 보면 "(" 문자 앞에 부분을 LEFT 함수와 FIND 함수를 사용해 잘라내는 역할을 합니다.

=LEFT(B3, FIND("(", B3)−1)

그런데 모두 괄호 안의 데이터가 있는 것이 아니기 때문에 그렇지 않은 데이터는 #VALUE! 에러가 발생하게 됩니다.

그렇기 때문에 이 경우 B열의 값을 그대로 가져오도록 IFERROR 함수를 다음과 같이 추가한 것입니다.

=IFERROR(LEFT(⋯), B3)

이렇게 하지 않고 마지막 문자 ")"가 닫힌 경우와 아닌 경우를 구분해 수식을 작성하려면 다음과 같은 수식을 사용해도 됩니다.

=IF(RIGHT(B3)=")", LEFT(B3, FIND("(", B3)−1), B3)

수식에는 정답이 없으므로 다양하게 생각해서 여러 방법으로 원하는 결과를 얻어보길 바랍니다.

빠른 채우기를 이용한 데이터 형식 변환

빠른 채우기는 잘못 입력된 데이터를 원하는 형식으로 변환하는 용도로도 사용할 수 있습니다. 엑셀에는 다양한 데이터가 사용되며, 숫자나 날짜/시간 등의 잘못된 데이터는 계산 작업이 올바로 진행되는 데 문제를 발생시킬 수 있기 때문에 데이터를 계산 가능한 데이터로 변환하는 작업이 중요합니다.

텍스트 형식의 숫자 데이터를 올바른 숫자 데이터 형식으로 변환하기

예제 파일 CHAPTER 07 \ 숫자 데이터 형식 변환.xlsx

엑셀에는 숫자로 인식될 수 있는 데이터가 텍스트 형식으로 인식되는 경우가 있습니다. 예를 들면 작은따옴표(')가 먼저 입력된 데이터가 그런 경우입니다. 이런 데이터를 숫자로 변환할 경우에도 빠른 채우기를 사용할 수 있습니다.

01 예제 파일을 열고 [F3] 셀을 선택하면 =AVERAGE(C3:C11) 수식을 확인할 수 있고 결과로 #DIV/0! 에러가 반환되고 있음을 확인할 수 있습니다.

	A	B	C	D	E	F	G
1							
2		지점	주 평균 근무	숫자 변환		전체 평균	
3		가양점	40.8		⚠	#DIV/0!	
4		고잔점	49.8				
5		동백점	42.2				
6		서수원점	41				
7		성수점	42.8				
8		수서점	42.6				
9		신도림점	41.2				
10		용산점	48.6				
11		자양점	50.8				
12							

제시된 데이터 파악하기

[F3] 셀의 수식은 AVERAGE 함수를 사용해 [C3:C11] 범위 내 숫자의 평균을 구합니다. 그런데 #DIV/0! 에러가 발생합니다. 이것은 숫자가 하나도 없음을 의미합니다.

실제로 [C3] 셀을 선택하고 수식 입력줄에서 데이터를 확인하면 숫자 앞에 작은따옴표(')가 입력되어 있음을 확인할 수 있습니다.

C3			f_x	'40.8			
▲	A	B	C	D	E	F	
1							
2		지점	주 평균 근무	숫자 변환		전체 평균	
3		가양점 ⚠	40.8			#DIV/0!	
4		고잔점	49.8				
5		동백점	42.2				

항상 이렇게 작은따옴표(')가 나타나는 것은 아니지만, 일단 작은따옴표(')가 입력되면 뒤에 입력된 데이터는 항상 텍스트 데이터로 인식되어 이 데이터로 합계, 평균 등을 구하는 작업을 제대로 진행할 수가 없습니다.

02 C열의 데이터를 숫자로 변환하는 작업을 진행해보겠습니다. [D3] 셀에 **40.8**을 입력합니다. [D4] 셀에 **4**를 입력하면 미리보기 목록에 변환할 데이터가 제대로 표시됩니다.

D4			f_x	49.8				
▲	A	B	C	D	E	F	G	
1								
2		지점	주 평균 근무	숫자 변환		전체 평균		
3		가양점	40.8	40.8		#DIV/0!		
4		고잔점	49.8	49.8				
5		동백점	42.2	42.2				
6		서수원점	41	41				
7		성수점	42.8	42.8				
8		수서점	42.6	42.6				
9		신도림점	41.2	41.2				
10		용산점	48.6	48.6				
11		자양점	50.8	50.8				
12								

03 Enter 를 눌러 미리보기 목록의 데이터를 입력한 후 [F3] 셀의 수식을 다음과 같이 빠른 채우기가 데이터를 새로 입력해준 열을 대상으로 변경합니다.

=AVERAGE(D3:D11)

	F3		⌄	:	✕ ✓	f_x	=AVERAGE(D3:D11)	

◢	A	B	C	D	E	F	G
1							
2		지점	주 평균 근무	숫자 변환		전체 평균	
3		가양점	40.8	40.8		44.4	
4		고잔점	49.8	49.8			
5		동백점	42.2	42.2			
6		서수원점	41	41			
7		성수점	42.8	42.8			
8		수서점	42.6	42.6			
9		신도림점	41.2	41.2			
10		용산점	48.6	48.6			
11		자양점	50.8	50.8			
12							

TIP [D3:D11] 범위의 데이터를 대상으로 평균을 구하면 제대로 된 결과가 반환됩니다. 이를 통해 D열의 데이터가 올바른 숫자 데이터임을 확인할 수 있습니다.

04 수식으로 동일한 결과를 얻으려면 아래 과정을 참고합니다.

05 [D3] 셀에 다음 수식을 입력한 다음 [D3] 셀의 채우기 핸들 ⊞ 을 더블클릭해 수식을 복사합니다.

=NUMBERVALUE(C3)

	D3		⌄	:	✕ ✓	f_x	=NUMBERVALUE(C3)	

◢	A	B	C	D	E	F	G
1							
2		지점	주 평균 근무	숫자 변환		전체 평균	
3		가양점	40.8	40.8		44.4	
4		고잔점	49.8	49.8			
5		동백점	42.2	42.2			
6		서수원점	41	41			
7		성수점	42.8	42.8			
8		수서점	42.6	42.6			
9		신도림점	41.2	41.2			
10		용산점	48.6	48.6			
11		자양점	50.8	50.8			
12					⊞		

NUMBERVALUE 함수 수식 이해하기

이번 수식에서 사용한 NUMBERVALUE 함수는 텍스트 형식의 숫자를 숫자 데이터 형식으로 변환하는 함수로 엑셀 2013 버전부터 지원됩니다. 자세한 구문은 다음과 같습니다.

NUMBERVALUE (값, 마침표, 천 단위 구분 기호)

여러 셀 값을 구분 기호로 연결한 결과를 반환합니다.

인수	설명
값	숫자로 변환할 텍스트 형식의 숫자
마침표	정수와 소수를 구분하는 마침표 기호로, 생략하면 윈도우 기본 국가 설정을 따릅니다. 국내는 점(.)을 사용합니다.
천 단위 구분 기호	천, 백만 단위를 구분하는 기호로 생략하면 윈도우 기본 국가 설정을 따릅니다. 국내는 쉼표(,)를 사용합니다.

유사 함수로는 VALUE 함수도 제공되지만, NUMBERVALUE 함수가 더 다양한 형식의 데이터를 변환할 수 있습니다. 엑셀 2010 버전을 포함한 하위 버전 사용자라면 NUMBERVALUE 함수 대신 VALUE 함수를 사용하는 것이 좋습니다.

그러므로 이번 수식은 C열의 텍스트 형식의 숫자를 숫자 데이터 형식으로 변환된 결과를 반환합니다. 위에 설명되어 있듯이 엑셀 2010 버전을 포함한 하위 버전 사용자는 이번 수식을 다음과 같이 수정해 사용하는 것이 좋습니다.

=VALUE(C3)

함수를 사용하지 않고 산술 연산자를 사용해 숫자 데이터 형식을 변환하는 경우도 자주 사용하는 방식이므로 알아두면 편리합니다.

=C3 * 1

또는 다음과 같은 음수 기호를 이용해 변환하기도 합니다.

=--C3

이런 수식들은 D열에 모두 직접 입력해 결과를 확인해보는 것을 권합니다.

---

06 D열을 생략하고 [F3] 셀에 숫자로 변환된 결과를 얻을 수도 있습니다.

07 [F3] 셀의 수식을 다음과 같이 수정한 다음 엑셀 2019 버전을 포함한 하위 버전에서는 Ctrl + Shift + Enter 를 눌러 수식을 입력하고, 엑셀 2021 이상 버전이나 마이크로소프트 365 버전에서는 Enter 를 눌러 수식을 입력합니다.

=AVERAGE(NUMBERVALUE(C3:C11))

F3			✕ ✓ *fx*	=AVERAGE(NUMBERVALUE(C3:C11))			
▲	A	B	C	D	E	F	G
1							
2		지점	주 평균 근무	숫자 변환		전체 평균	
3		가양점	40.8	40.8		44.4	
4		고잔점	49.8	49.8			
5		동백점	42.2	42.2			
6		서수원점	41	41			
7		성수점	42.8	42.8			
8		수서점	42.6	42.6			
9		신도림점	41.2	41.2			
10		용산점	48.6	48.6			
11		자양점	50.8	50.8			
12							

엑셀마스터가 짚어주는 핵심 NOTE

엑셀 버전에 따른 입력 방식 차이 이해하기

이번 수식은 버전에 따라 입력하는 방식이 다릅니다. 먼저 엑셀 2019 버전을 포함한 하위 버전에서는 Ctrl + Shift + Enter 를 눌러 수식을 입력해야 하는데, 이렇게 입력된 수식을 배열 수식이라고 하며 제대로 입력하면 수식 입력줄의 수식이 중괄호({})로 묶여 있는 걸 확인할 수 있게 됩니다.

✕ ✓ *fx*	{=AVERAGE(NUMBERVALUE(C3:C11))}			
C	D	E	F	G
주 평균 근무	숫자 변환		전체 평균	
40.8	40.8		44.4	
49.8	49.8			
42.2	42.2			
41	41			

엑셀 2021 이상 버전, 마이크로소프트 365 버전은 자체적으로 배열을 이용한 수식을 지원하므로, 더 이상 Ctrl + Shift + Enter 를 누르지 않아도 되어 그냥 Enter 를 누르는 것만으로 수식을 입력할 수 있습니다.

배열을 이용한 수식 작성 방법에 대한 자세한 설명은 이 책의 범위를 넘어서므로, 해당 수식 작성 방법에 대해 구체적으로 공부해보고 싶은 분들은 다음 책을 참고해보세요!

챗GPT로 수식 얻기

에러를 해결하는 수식 얻는 방법

이번 실습은 문제를 해결하는 것부터 챗GPT를 활용해 처리할 수 있습니다. 다음과 같은 프롬프트를 작성해 챗GPT에게 답을 얻어 문제를 해결해보겠습니다.

⌨️ **프롬프트**

엑셀 사용 중에 C3:C11 범위의 숫자의 평균을 구하기 위해 다음 수식을 사용했다.

=AVERAGE(C3:C11)
그런데 #DIV/0! 에러가 발생한다.

에러가 발생하지 않고, 평균이 구해지도록 수식을 수정해줘!

 챗GPT

#DIV/0! 에러는 보통 0으로 나누려고 할 때 발생합니다. 이 경우 C3:C11 범위 내에 모든 셀이 비어있거나 숫자가 아닌 값을 포함하고 있어서 평균을 계산할 수 있는 값이 없을 때 이 에러가 발생할 수 있습니다. 이를 해결하기 위해 AVERAGE 함수 대신 AVERAGEIF 함수를 사용하여 숫자가 있는 셀만 평균을 구하도록 수정할 수 있습니다. 예를 들어 다음과 같이 수식을 작성할 수 있습니다:

```
                                                                          copy code
=AVERAGE(C3:C11, "<>0")
```

이 수식은 C3:C11 범위에서 0이 아닌 숫자들의 평균을 계산합니다. 하지만 여전히 숫자가 아닌 값들(예를 들어 문자열)이 있을 때는 문제가 발생할 수 있습니다. 만약 범위 내 모든 값들을 포함하여 평균을 구하고 싶다면, 비어있지 않은 셀에 대해서만 평균을 계산하도록 다음과 같이 수식을 조정할 수 있습니다:

```
                                                                          copy code
=AVERAGE(C3:C11, "<>0", "")
```

이렇게 하면 C3:C11 범위 내에서 비어있지 않은 모든 셀의 평균을 계산할 수 있습니다. 숫자가 아닌 값들은 평균 계산에서 자동으로 제외됩니다.

답변 내용을 잘 읽어보면 문제의 원인을 제대로 파악해 알려주고 있습니다. 다만, 수식 자체는 0이 아닌 숫자의 평균을 구하는 수식이므로 원하는 결과가 반환되진 않습니다.

질문을 추가해 챗GPT의 답변을 얻어보겠습니다.

 프롬프트

C3:C11 범위의 데이터를 숫자로 변환한 다음, 평균을 구하는 수식으로 수정해줘!

 챗GPT

엑셀에서는 직접적으로 범위의 값을 숫자로 변환하여 평균을 구하는 기능을 한 줄의 수식으로 처리하기 어렵습니다. 그러나 엑셀의 최신 버전에서 사용할 수 있는 LET 함수와 SEQUENCE 함수, 배열 수식을 활용하여 이를 해결할 수 있는 방법이 있습니다. 여기서는 LET 함수를 사용하여 범위 내의 값을 숫자로 변환하고, 그중 숫자인 항목들에 대해서만 평균을 계산하는 방법을 제시합니다. 이 방법은 엑셀의 비교적 최신 기능을 활용하는 것이므로, 마이크로소프트 365 또는 최신 버전에서 사용할 수 있습니다.

아래의 수식은 LET 함수를 사용하여 C3:C11 범위를 숫자로 변환한 다음, 숫자 값에 대해서만 평균을 구합니다. 이때 IFERROR 함수와 VALUE 함수를 사용하여 숫자로 변환할 수 없는 값을 오류 처리하고, AVERAGE 함수를 사용하여 평균을 계산합니다.

```
                                                    copy code
=LET(data, C3:C11,
    numericData, IFERROR(VALUE(data), ""),
    AVERAGE(IF(numericData<>"", numericData, "")))
)
```

이 수식은 다음과 같이 작동합니다:

- LET 함수를 사용하여 data라는 이름으로 C3:C11 범위를 지정합니다.
- IFERROR(VALUE(data), "")를 사용하여 data 범위 내의 각 셀 값을 숫자로 변환하려고 시도하고, 변환할 수 없는 경우 빈 문자열("")로 처리합니다. 이로써 numericData에는 숫자로 변환된 값 또는 문자열이 저장됩니다.
- 최종적으로 AVERAGE(IF(numericData<>"", numericData, ""))를 사용하여 numericData에서 빈 문자열이 아닌 값들에 대해서만 평균을 계산합니다.

이 방법을 사용하면 숫자로 변환할 수 있는 값들에 대해서만 평균을 구할 수 있으며, 숫자로 변환할 수 없는 값은 계산에서 제외됩니다. 엑셀의 최신 기능을 활용한 방법이므로, 사용 중인 엑셀 버전에서 이 수식이 지원되는지 확인해주세요.

챗GPT가 알려준 수식은 다음과 같습니다.

> **=LET(data, C3:C11,**
>   **numericData, IFERROR(VALUE(data), "",)**
>   **AVERAGE(IF(numericData<>"", numericData, ""))**
> **)**

이 수식은 제대로 동작하지만, 이 수식은 마이크로소프트 365 버전에서만 사용할 수 있는 수식으로, 엑셀 2021 버전까지의 연도 버전에서는 사용할 수 없습니다. 그러므로 하위 버전에서도 사용할 수 있는 수식을 반환하도록 프롬프트를 작성해 수식 수정을 요청합니다.

 프롬프트

엑셀 2010 버전에서도 사용할 수 있는 수식으로 수정해줘!

 챗GPT

엑셀 2010 버전에서는 LET 함수와 같은 최신 기능을 사용할 수 없기 때문에, 다른 접근 방식을 사용해야 합니다. 엑셀 2010에서 사용 가능하면서 숫자로 변환 가능한 값들에 대한 평균을 구하는 방법은 한계가 있으니, ARRAYFORMULA와 IFERROR, VALUE 함수를 조합하여 비슷한 결과를 얻을 수 있는 방법을 제공할 수 있습니다. 배열 수식을 사용하면 각 셀에 대해 개별적으로 함수를 적용한 후 그 결과에 대해 작업을 수행할 수 있습니다.

```
                                                                    copy code
=AVERAGE(IFERROR(VALUE(C3:C11), ""))
```

이 수식은 C3:C11 범위 내의 각 셀에 대해 다음을 수행합니다:

- VALUE 함수로 각 셀의 값을 숫자로 변환을 시도합니다.
- IFERROR 함수로 숫자로 변활할 수 없는 경우(즉, VALUE 함수에서 오류가 발생하는 경우)를 빈 문자열("")로 처리합니다.
- 마지막으로, AVERAGE 함수는 빈 문자열을 제외한 숫자 값들의 평균을 계산합니다.

이 방식을 통해 엑셀 2010에서도 숫자로 변환 가능한 값들에 대해서만 평균을 구할 수 있습니다. 배열 수식을 사용할 때는 반드시 ⎡Ctrl⎤ + ⎡Shift⎤ + ⎡Enter⎤ 를 사용하여 입력해야 한다는 점을 기억해주세요.

여기서 알려준 수식은 다음과 같습니다.

=AVERAGE(IFERROR(VALUE(C3:C11), ""))

이 수식도 제대로 동작하는 수식이지만, 엑셀 2019 버전을 포함한 하위 버전에서는 ⎡Ctrl⎤ + ⎡Shift⎤ + ⎡Enter⎤ 를 눌러 수식을 입력해야 정확한 결과를 돌려받을 수 있습니다.

잘못 입력된 날짜와 시간 데이터를 올바른 데이터 형식으로 변환하기

예제 파일 CHAPTER 07 \ 날짜, 시간 데이터 변환.xlsx

01 예제 파일을 열면 화면과 같은 표를 확인할 수 있습니다. C열의 날짜 + 시간 데이터는 텍스트 데이터이므로 이를 올바른 날짜 + 시간 형식으로 변환해보겠습니다.

	A	B	C	D	E	F	G
1							
2		이름	날짜 + 시간	날짜	시간	날짜 + 시간	
3		박지훈	2024.02.08 13:51:00				
4		유준혁	2024.01.24 8:07:00				
5		이서연	2023.04.12 13:46:00				
6		김민준	2023.06.05 8:42:00				
7		최서현	2023.07.29 8:08:00				
8		박현우	2024.04.13 8:49:00				
9		정시우	2023.09.21 8:12:00				
10		이은서	2023.01.19 13:48:00				
11		오서윤	2023.08.25 13:38:00				
12							

02 [F3] 셀에 2024-02-08 13:51:00을 입력합니다. [F4] 셀에 2024-01-24 8:07:00을 입력합니다. [F5] 셀에 빠른 채우기 기능 단축키 Ctrl + E 를 누릅니다. 그러면 화면과 같은 에러 메시지가 표시됩니다.

	A	B	C	D	E	F	G	H	I	J
1										
2		이름	날짜 + 시간	날짜	시간	날짜 + 시간				
3		박지훈	2024.02.08 13:51:00			2024-02-08 13:51:00				
4		유준혁	2024.01.24 8:07:00			2024-01-24 8:07:00				
5		이서연	2023.04.12 13:46:00							
6		김민준	2023.06.05 8:42:00							
7		최서현	2023.07.29 8:08:00							
8		박현우	2024.04.13 8:49:00							
9		정시우	2023.09.21 8:12:00							
10		이은서	2023.01.19 13:48:00							
11		오서윤	2023.08.25 13:38:00							
12										

> Microsoft Excel
>
> ⚠ 채우려는 값의 일부가 Excel의 정밀도 제한을 초과하여 해당 셀은 비워 두었습니다.
>
> 확인(O)

엑셀마스터가 짚어주는 핵심 NOTE

에러는 왜 발생할까?

엑셀에서 날짜는 날짜 일련번호로 관리하므로 1부터 시작하는 양수이지만, 시간은 0~1 사이의 소숫값입니다. 그러므로 날짜와 시간은 눈에 보이는 값과 셀에 저장되는 값이 다릅니다. [C3] 셀의 값이 실제 날짜/시간 데이터라면 셀에 저장되는 값은 **45330.5770833333333333**입니다.

이렇게 변환할 데이터의 자릿수가 길어지는 경우 엑셀은 숫자 정밀도를 15자리까지 지원하므로, 엑셀에서 지원하는 정밀도를 넘어설 수 있어 제대로 변환되지 않을 수 있습니다. 이럴 때는 날짜와 시간을 따로 변환해야 합니다.

03 에러 메시지 창에서 [확인]을 클릭해 닫습니다. [F3:F4] 범위를 지정하고 Delete 를 눌러 입력한 데이터를 지웁니다.

TIP 빠른 채우기는 엑셀 2019 버전까지는 왼쪽 열의 데이터만 인식하지만, 엑셀 2021 이상 버전과 마이크로소프트 365 버전부터는 왼쪽, 오른쪽 열의 데이터를 모두 인식하므로 F열에 입력된 데이터를 지우지 않으면 변환할 데이터를 잘못 인식할 수 있습니다.

04 먼저 C열 데이터 중에서 날짜 데이터만 변환합니다. [D3] 셀에 **2024-02-08**을 입력합니다.

TIP 엑셀에서 날짜는 연, 월, 일 숫자가 하이픈(-)으로 연결되어야 합니다.

05 [D4] 셀 위치에서 빠른 채우기 단축키인 Ctrl + E 를 누르면 날짜 데이터가 모두 변환됩니다.

	A	B	C	D	E	F	G
1							
2		이름	날짜 + 시간	날짜	시간	날짜 + 시간	
3		박지훈	2024.02.08 13:51:00	2024-02-08			
4		유준혁	2024.01.24 8:07:00	2024-01-24			
5		이서연	2023.04.12 13:46:00	2023-04-12			
6		김민준	2023.06.05 8:42:00	2023-06-05			
7		최서현	2023.07.29 8:08:00	2023-07-29			
8		박현우	2024.04.13 8:49:00	2024-04-13			
9		정시우	2023.09.21 8:12:00	2023-09-21			
10		이은서	2023.01.19 13:48:00	2023-01-19			
11		오서윤	2023.08.25 13:38:00	2023-08-25			
12							

TIP [D4] 셀에 날짜 데이터를 한 번 더 입력하고 [D5] 셀에서 Ctrl + E 를 눌러도 되지만, 이렇게 yyyy.mm.dd 형식을 yyyy-mm-dd와 같이 변경하는 구조가 명확하면 한 개의 셀에 데이터를 입력한 상태에서 빠른 채우기를 실행해도 됩니다.

06 시간 역시 같은 방법으로 변환합니다. [E3] 셀에 **13:51:00**을 입력하고 Enter 를 눌러 입력합니다.

TIP E열의 표시 형식이 "h:mm AM/PM"으로 설정되어 있어 입력된 값과 표시되는 값이 다르게 표시되지만, 시간 데이터로 올바로 변환된 결과입니다.

07 [E4] 셀 위치에서 빠른 채우기 단축키인 Ctrl + E 를 누르면 시간 데이터가 제대로 변환됩니다.

	A	B	C	D	E	F	G
1							
2		이름	날짜 + 시간	날짜	시간	날짜 + 시간	
3		박지훈	2024.02.08 13:51:00	2024-02-08	1:51 PM		
4		유준혁	2024.01.24 8:07:00	2024-01-24	8:07 PM		
5		이서연	2023.04.12 13:46:00	2023-04-12	1:46 PM		
6		김민준	2023.06.05 8:42:00	2023-06-05	8:42 PM		
7		최서현	2023.07.29 8:08:00	2023-07-29	8:08 PM		
8		박현우	2024.04.13 8:49:00	2024-04-13	8:49 PM		
9		정시우	2023.09.21 8:12:00	2023-09-21	8:12 PM		
10		이은서	2023.01.19 13:48:00	2023-01-19	1:48 PM		
11		오서윤	2023.08.25 13:38:00	2023-08-25	1:38 PM		
12							

08 F열에는 간단한 덧셈 연산을 합니다. [F3] 셀을 선택하고 다음 수식을 입력한 후 [F3] 셀의 채우기 핸들■을 더블클릭해 수식을 복사합니다.

=D3+E3

	A	B	C	D	E	F	G
1							
2		이름	날짜 + 시간	날짜	시간	날짜 + 시간	
3		박지훈	2024.02.08 13:51:00	2024-02-08	1:51 PM	2024-02-08 13:51:00	
4		유준혁	2024.01.24 8:07:00	2024-01-24	8:07 PM	2024-01-24 20:07:00	
5		이서연	2023.04.12 13:46:00	2023-04-12	1:46 PM	2023-04-12 13:46:00	
6		김민준	2023.06.05 8:42:00	2023-06-05	8:42 PM	2023-06-05 20:42:00	
7		최서현	2023.07.29 8:08:00	2023-07-29	8:08 PM	2023-07-29 20:08:00	
8		박현우	2024.04.13 8:49:00	2024-04-13	8:49 PM	2024-04-13 20:49:00	
9		정시우	2023.09.21 8:12:00	2023-09-21	8:12 PM	2023-09-21 20:12:00	
10		이은서	2023.01.19 13:48:00	2023-01-19	1:48 PM	2023-01-19 13:48:00	
11		오서윤	2023.08.25 13:38:00	2023-08-25	1:38 PM	2023-08-25 13:38:00	
12							

09 빠른 채우기를 사용하지 않고 F열에 바로 결과를 돌려받으려면 다음 과정을 참고합니다.

10 [F3] 셀의 수식을 다음과 같이 수정하고 [F3] 셀의 채우기 핸들■을 더블클릭해 수식을 복사합니다.

=--SUBSTITUTE(C3, " . ", " - ")

	A	B	C	D	E	F	G
1							
2		이름	날짜 + 시간	날짜	시간	날짜 + 시간	
3		박지훈	2024.02.08 13:51:00	2024-02-08	1:51 PM	2024-02-08 13:51:00	
4		유준혁	2024.01.24 8:07:00	2024-01-24	8:07 PM	2024-01-24 8:07:00	
5		이서연	2023.04.12 13:46:00	2023-04-12	1:46 PM	2023-04-12 13:46:00	
6		김민준	2023.06.05 8:42:00	2023-06-05	8:42 PM	2023-06-05 8:42:00	
7		최서현	2023.07.29 8:08:00	2023-07-29	8:08 PM	2023-07-29 8:08:00	
8		박현우	2024.04.13 8:49:00	2024-04-13	8:49 PM	2024-04-13 8:49:00	
9		정시우	2023.09.21 8:12:00	2023-09-21	8:12 PM	2023-09-21 8:12:00	
10		이은서	2023.01.19 13:48:00	2023-01-19	1:48 PM	2023-01-19 13:48:00	
11		오서윤	2023.08.25 13:38:00	2023-08-25	1:38 PM	2023-08-25 13:38:00	
12							

엑셀마스터가 짚어주는 핵심 NOTE

SUBSTITUTE 함수 수식 이해하기

이번 수식은 [C3] 셀의 잘못된 날짜 구분기호(.)를 올바른 하이픈(–)으로 고치기 위해 SUBSTITUTE 함수를 사용해 고친 다음, 마이너스 기호를 SUBSTITUTE 함수 앞에 넣어 숫자로 변환하는 방법을 사용한 것입니다. 마이너스 기호 대신 1을 곱하는 다음과 같은 연산도 가능합니다.

=SUBSTITUTE(C3, ".", "–") * 1

이렇게 1을 곱하거나 함수명 앞에 마이너스 기호가 두 번 사용되면 텍스트 형식의 데이터를 숫자로 변환해준다고 생각하면 됩니다.

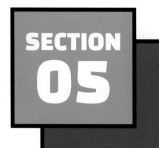

SECTION 05

빠른 채우기의 문제는 어떻게 해결할까?

빠른 채우기 기능은 앞서 살펴본 다양한 사례를 통해 실무에서 활용할 수 있는 범위가 넓다는 것은 이해했을 겁니다. 그렇다고 단점이 전혀 없는 것은 아닙니다. 가장 쉽게 체감할 수 있는 것들은 셀 병합이 사용된 표에서는 제대로 동작하지 않으며, 데이터가 추가될 수 있는 표에서 추가된 데이터를 대상으로 자동으로 결과를 넣어주진 못한다는 점입니다. 물론 사용자에 따라서는 미리보기 목록이 아예 표시되지 않을 수 있는 문제가 있기도 합니다.

빠른 채우기 미리보기 목록이 표시되지 않을 때 해결 방법

먼저 미리보기 목록이 표시되지 않는다면 엑셀 옵션을 확인해볼 필요가 있습니다. 다음 과정을 참고합니다.

01 리본 메뉴의 [파일] 탭-[옵션]을 클릭합니다.

02 [Excel 옵션] 대화상자가 표시되면 [고급]을 선택합니다.

03 [편집 옵션] 그룹에서 [빠른 자동 채우기] 옵션을 체크한 후 [확인]을 클릭합니다.

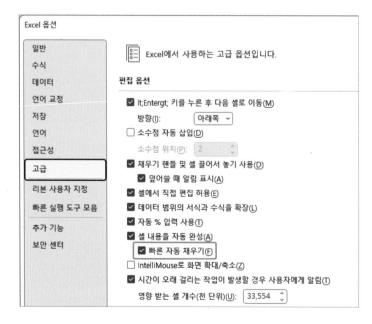

만약 이 옵션이 체크되어 있는데도 미리보기 목록이 표시되지 않는다면 입력된 값의 패턴이 일정하지 않은 것입니다.

병합된 표에서 빠른 채우기 활용하는 방법

셀을 병합하면 두 셀이 하나의 셀이 되는 것이 아니라 첫 번째 셀에는 값이 저장되지만, 두 번째 셀은 비워져 있게 됩니다. 이런 특성 때문에 셀 병합을 사용하면 여러 기능이 제대로 동작하지 않는 문제가 발생하게 됩니다. 병합된 셀이 포함된 표에서 빠른 채우기를 사용하려면 먼저 병합을 해제하고 빠른 채우기를 사용한 다음 다시 병합하는 방법을 사용해야 합니다.

 업무가 빨라지는 엑셀 단축키

- 실행 취소 명령 단축키는 Ctrl + Z 입니다.
- 선택된 범위에 수식을 복사해주는 단축키는 Ctrl + Enter 입니다.

셀 병합이 된 표에서 빠른 채우기를 이용해 결과 반환받기

예제 파일 CHAPTER 07 \ 셀 병합.xlsx

01 예제 파일을 열면 표의 3:4행, 7:8행 셀들이 병합되어 있는 것을 확인할 수 있습니다.

	A	B	C	D	E
1					
2		이름	연락처	편집	
3		박지훈	010-7212-1234		
4					
5		유준혁	010-4102-8345		
6		이서연	010-6844-2313		
7		김민준	010-3594-5034		
8					
9		최서현	010-7237-1123		
10		박현우	010-4115-1352		
11		정시우	010-7253-9721		
12					

02 C열의 전화번호를 010-xxxx-xxxx형식에서 (010) xxxx-xxxx형식으로 변경해보겠습니다. [D3] 셀에 (010) 7212-1234를 입력합니다.

03 [D5] 셀 위치에서 빠른 채우기 기능 단축키인 Ctrl + E를 누르면 다음과 같은 경고 메시지 창이 나타납니다.

04 [D3:D11] 범위를 지정하고 리본 메뉴의 [홈] 탭–[맞춤] 그룹–[병합하고 가운데 맞춤圖]을 클릭해 병합을 모두 해제합니다.

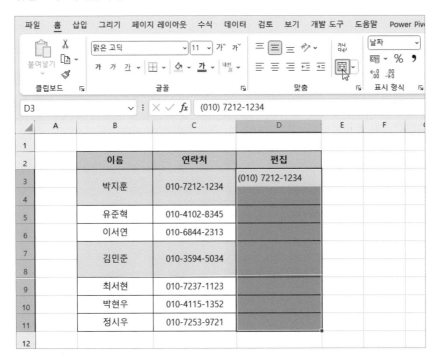

TIP 데이터가 입력된 C열은 병합이 되어 있어도 상관은 없지만, 빠른 채우기 기능이 동작될 D열 범위는 반드시 병합이 해제되어야 합니다.

05 [D4] 셀에서 빠른 채우기 단축키 Ctrl + E 를 누르면 빠른 채우기 기능이 제대로 동작합니다.

	A	B	C	D	E
1					
2		이름	연락처	편집	
3		박지훈	010-7212-1234	(010) 7212-1234	
4					
5		유준혁	010-4102-8345	(010) 4102-8345	
6		이서연	010-6844-2313	(010) 6844-2313	
7		김민준	010-3594-5034	(010) 3594-5034	
8					
9		최서현	010-7237-1123	(010) 7237-1123	
10		박현우	010-4115-1352	(010) 4115-1352	
11		정시우	010-7253-9721	(010) 7253-9721	
12					

06 이 작업을 병합 해제 없이 작업하려면 실행 취소 단축키인 Ctrl + Z 를 해당하는 만큼 눌러 병합 해제 전으로 돌아갑니다.

07 [D3:D11] 범위를 지정하고 다음 수식을 입력한 후 Ctrl + Enter 를 눌러 수식을 입력합니다.

="(010) " & MID(C3, 5, 10)

D3			✕ ✓ fx	="(010) " & MID(C3, 5, 10)	
	A	B	C	D	E
1					
2		이름	연락처	편집	
3		박지훈	010-7212-1234	(010) 7212-1234	
4					
5		유준혁	010-4102-8345	(010) 4102-8345	
6		이서연	010-6844-2313	(010) 6844-2313	
7		김민준	010-3594-5034	(010) 3594-5034	
8					
9		최서현	010-7237-1123	(010) 7237-1123	
10		박현우	010-4115-1352	(010) 4115-1352	
11		정시우	010-7253-9721	(010) 7253-9721	
12					

엑셀마스터가 짚어주는 핵심 NOTE

작업에 활용한 수식 이해하기

이번 수식은 "(010)" 문자열과 MID 함수의 결과를 & 연산자로 연결한 결과를 반환해줍니다. 앞의 "(010)" 부분을 C열의 데이터에 맞게 작업해야 한다면 다음과 같은 수식으로 대체하면 됩니다.

> **=" (" & LEFT(C3, 3) & ") "**

즉, 위 수식에 MID 함수 부분을 & 연산자로 연결하면 C열의 데이터에 맞는 결과를 얻을 수 있습니다.

> **=" (" & LEFT(C3, 3) & ") " & MID(C3, 5, 10)**

참고로 병합된 셀이 포함된 열(또는 행) 범위는 모두 같은 개수의 셀이 병합되어 있지 않고 일부만 다른 경우에는 채우기 핸들을 이용해 수식을 복사할 수가 없습니다. 그렇기 때문에 이번 수식은 전체 범위([D3:D11])를 선택하고 Ctrl + Enter 를 눌러 입력하는데 이런 수식 입력 방법은 병합된 셀이 포함될 경우 자주 사용하는 패턴이므로 잘 기억해두는 것을 권합니다.

파워 쿼리를 이용한 빠른 채우기

빠른 채우기 기능은 현재 표의 데이터에만 적용되므로 데이터가 추가될 수 있는 경우에는 사용이 불편할 수 있습니다. 이런 경우에는 수식을 사용하거나 파워 쿼리 기능을 이용하는 것이 좋습니다. 파워 쿼리는 엑셀 2010 버전과 2013 버전은 설치해 사용할 수 있지만, 이번에 소개하는 기능을 사용하기 위해서는 엑셀 2019 이상 버전을 사용해야 합니다.

데이터가 추가될 수 있는 상황일 땐 파워 쿼리로 작업하기

예제 파일 CHAPTER 07 \ 외부 데이터.xlsx

01 예제 파일을 열면 다음과 같은 계정 과목을 확인할 수 있습니다. 계정 과목이 늘어나도 한글(영어) 패턴을 영어(한글) 패턴으로 자동으로 변환될 수 있도록 파워 쿼리를 이용해 작업해보겠습니다.

	A	B	C
1			
2		계정	
3		감가계정, 상각계정(Depreciation Account)	
4		불입자본금(Capital Stock Paid-up)	
5		자본변동표(Statement of Changes in Equity)	
6		전기이월 이익잉여금(Surplus at Beginning of the Period)	
7		청약자본금(Capital Stock Subscribed)	

02 표 내부의 셀이 하나 선택(화면에서는 [B3] 셀)된 상태에서 리본 메뉴의 [데이터] 탭-[데이터 가져오기 및 변환] 그룹-[테이블/범위에서▦]를 클릭합니다.

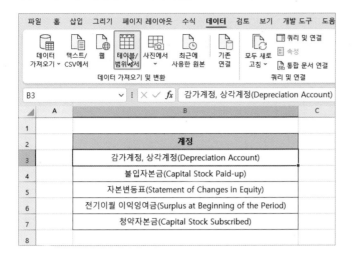

03 [표 만들기] 대화상자가 표시되면 [확인]을 클릭해 표를 등록합니다.

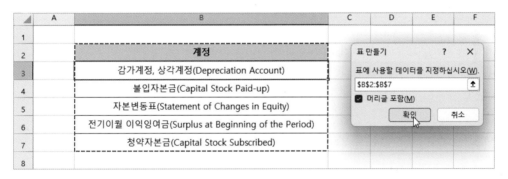

04 그러면 [Power Query 편집기] 창이 열리면서 엑셀 창의 표 데이터가 그대로 표시됩니다.

05 파워 쿼리에서 빠른 채우기와 동일한 방식으로 작업을 진행합니다.

06 리본 메뉴의 [열 추가] 탭–[일반] 그룹–[예제의 열 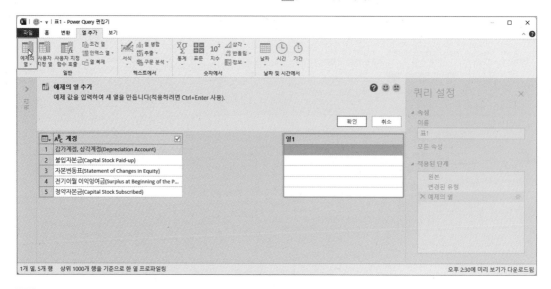]을 클릭합니다.

TIP [예제의 열]을 클릭하면 표 우측에 데이터를 입력할 수 있는 열이 하나 추가됩니다.

07 우측에 생성된 [열1]에 순서대로 Depreciation Account(감가계정, 상각계정)과 Capital Stock Paid-up(불입자본금)을 입력합니다.

08 그러면 빠른 채우기처럼 나머지 값을 회색으로 표시해줍니다.

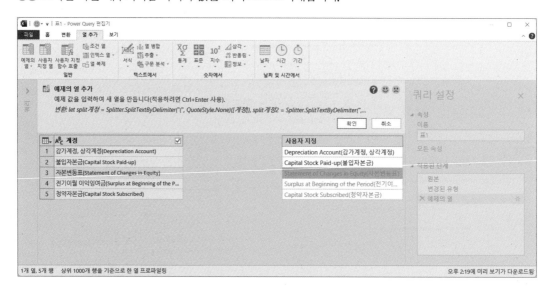

09 반환된 값을 확인하기 위해 [사용자 지정] 열 너비를 마우스로 드래그해 확장합니다. 네 번째 값에서 '이익잉여금' 부분이 생략됐으므로 정확하게 Surplus at Beginning of the Period(전기이월 이익잉여금)으로 수정하고 [Enter]를 눌러 입력한 다음 [확인]을 클릭합니다.

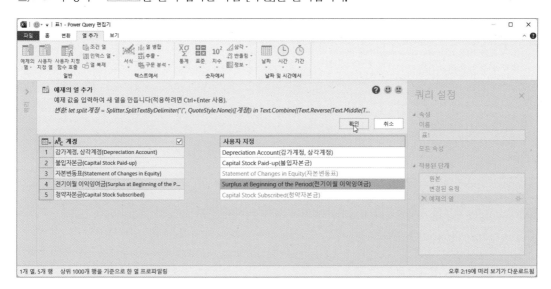

10 작업이 완료된 결과를 엑셀 화면에 반환하기 위해 리본 메뉴 [홈] 탭-[닫기] 그룹-[닫기 및 로드[📊]]를 클릭합니다.

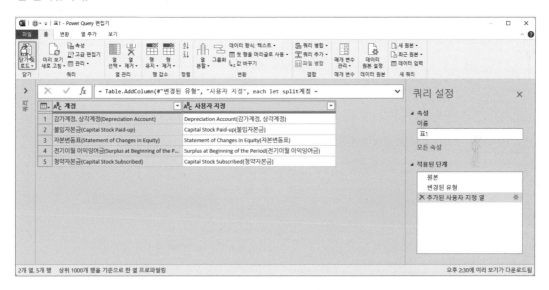

11 그러면 새로운 시트에 쿼리 결과가 표로 반환됩니다.

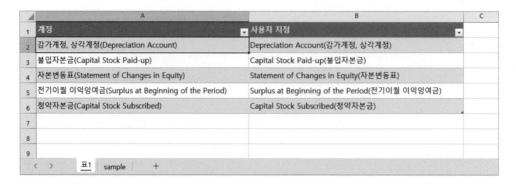

12 원본에 추가된 결과를 자동으로 얻을 수 있는지 확인합니다.

13 [sample] 시트를 선택합니다. [B8:B9] 범위에 순서대로 **현금성자산(Cash equivalents)**와 **단기대여금(Short-term loans)**를 입력합니다.

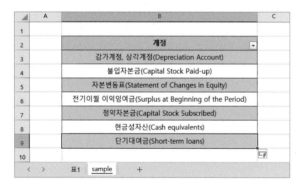

14 다시 [표1] 시트로 이동한 다음 엑셀 표 내부가 선택된 상태에서 마우스 오른쪽 버튼을 클릭합니다. 단축 메뉴에서 [새로 고침 📳]을 클릭합니다.

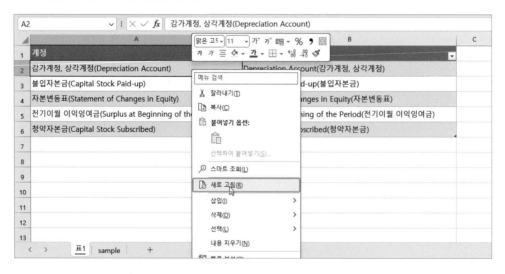

15 그러면 **13** 과정에서 새로 추가된 항목이 쿼리에서 반환한 엑셀 표 하단에 자동으로 표시되는 것을 확인할 수 있습니다.

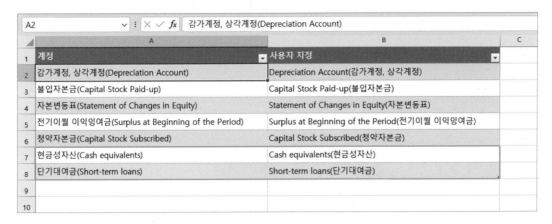

TIP 파워 쿼리 기능에 대해 좀 더 상세한 학습을 원한다면 아래 책을 참고합니다.

CHAPTER 08

데이터 리터러시를 위한 피벗 테이블

이번 CHAPTER의 핵심!

- 피벗 테이블로
  데이터 요약하기
- 피벗 테이블로
  데이터 분석하기

피벗 테이블 보고서(줄여서 피벗 테이블)는 원본 데이터를 빠르게 요약하거나 분석하려고 할 때 사용합니다. 엑셀 사용자가 데이터를 요약할 때 SUM, AVERAGE 등의 함수를 사용하는 경우가 많긴 하지만, 함수를 사용하는 경우에는 결과를 확인할 수는 있어도 왜 그런 숫자가 나타나는지에 대해서는 설명하기 어렵습니다.

우리는 보통 정해진 형태의 보고서를 만드는 작업만을 하기에 함수를 자주 사용하지만, 집계된 숫자를 설명하려면 더 다양한 각도로 데이터를 요약할 필요가 있습니다. 하지만 함수만으로는 이런 작업을 하는 것이 쉽지 않은 일이며, 함수를 제대로 활용하는 엑셀 사용자도 적기 때문에 시간이 많이 소요되는 문제까지 있습니다.

이런 경우 피벗 테이블을 사용해야 합니다. 피벗 테이블은 고정된 형태의 집계 표를 만드는 기능이 아니라 사용자가 확인하고 싶어 하는 필드를 추가하거나 위치를 변경해 데이터를 다양한 각도에서 바라볼 수 있게 해주므로, 데이터를 이해하고 설명하고자 하는 상황에서는 최적의 도구입니다.

직장인의 진짜 엑셀 사용 능력은 데이터를 이해하고 설명하는 것에 있습니다. 올바른 데이터를 통해 업무 중 발생하는 다양한 상황에서 의사결정을 올바르게 해야하기 때문입니다. 이번 CHAPTER를 통해 피벗 테이블의 매력에 빠져보길 바랍니다.

피벗 테이블이란?

데이터 분석에는 피벗 테이블

피벗 테이블은 엑셀에서 대용량 데이터를 가장 빠르고 효과적으로 분석할 수 있는 기능으로, 엑셀의 많은 고수들이 엑셀에서 반드시 익혀야 할 하나의 기능만 선택하라면 주저 없이 선택하는 기능입니다. 이 기능은 리본 메뉴의 [삽입] 탭-[표] 그룹에서 제공합니다.

피벗 테이블은 용어 그대로 피벗 테이블 보고서를 생성해주는데, 보고서가 완성되어 나오는 것이 아니라 보고서를 구성할 수 있는 레이아웃 화면만 표시됩니다. 그렇기 때문에 엑셀 2013 버전부터 몇 가지 피벗 테이블 보고서를 샘플로 보여주는 추천 피벗 테이블 기능을 제공합니다.

추천 피벗 테이블 기능을 사용하면 가지고 있는 데이터에서 사용하면 좋은 피벗 테이블 보고서를 몇 가지 [권장 피벗 테이블] 작업 창(하위 버전에서는 대화상자에 표시)에 다음과 같이 표시해주고, 선택하면 해당 보고서를 바로 생성해줍니다.

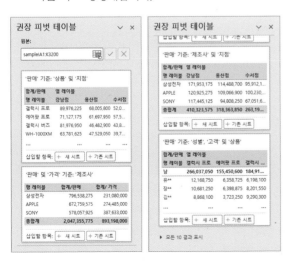

앞 화면의 왼쪽 작업 창을 스크롤해서 내리면 오른쪽 화면과 같이 좀 더 많은 피벗 테이블 보고서를 표시해주고 하단의 [모든 10 결과 표시]를 클릭해 확장하면 더 많은 추천 피벗 테이블 보고서를 확인할 수 있습니다.

엑셀로 작업이 많은 사용자는 크게 자동화 작업에 집중하는 부류가 있고, 데이터를 요약하고 설명하는 업무를 하는 부류가 있습니다. 최근에는 후자의 역할이 점점 더 중요해지고 있지만, 실제로 단순 요약 작업에 그치는 경우가 많습니다.

엑셀의 피벗 테이블은 데이터를 이해하고, 이를 설명할 수 있도록 다양한 세부 기능을 제공합니다. 그러므로 가벼운 목적의 사용자나, 좀 더 많은 결과를 얻고 싶은 사용자가 모두 유용한 결과를 얻을 수 있습니다.

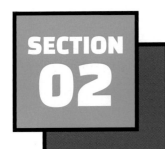

피벗 테이블 보고서를 활용하기 좋은 표

CHAPTER 01에서 언급했지만, 피벗 테이블 보고서를 활용해 원하는 결과를 얻으려면 먼저 갖고 있는 표가 피벗 테이블 보고서에서 사용할 수 있는 형태여야 합니다.

테이블(Table) 구조의 표

보통 피벗 테이블을 사용하려면 표가 테이블 구조여야 합니다. 아래 표는 잘 구성된 테이블 구조의 표를 보여주고 있습니다.

지점	고객	성별	연령대	제조사	상품	가격	수량	할인율	판매	판매일
용산점	노**	여	40대	SONY	WH-1000XM	423,000	2	0.0%	846,000	2023-01-01
용산점	김**	여	30대	SONY	WH-1000XM	423,000	1	0.0%	423,000	2023-01-01
고잔점	문**	여	30대	SONY	WF-1000XM	353,000	2	7.5%	653,050	2023-01-01
자양점	박**	여	30대	SONY	WH-1000XM	414,000	1	7.5%	382,950	2023-01-01
청계천점	손**	남	20대	삼성전자	갤럭시 프로	212,000	3	0.0%	636,000	2023-01-01
신도림점	심**	여	30대	SONY	WH-1000XM	414,000	1	2.5%	403,650	2023-01-01
죽전점	윤**	여	30대	삼성전자	갤럭시 프로	207,000	2	2.5%	403,650	2023-01-01
강남점	손**	남	40대	삼성전자	갤럭시 버즈	166,000	4	0.0%	664,000	2023-01-02
용산점	송**	여	20대	APPLE	에어팟	244,000	3	10.0%	658,800	2023-01-02
성수점	임**	여	20대	SONY	WF-1000XM	349,000	2	0.0%	698,000	2023-01-02
강남점	이**	여	30대	SONY	WH-1000XM	419,000	1	0.0%	419,000	2023-01-02
강남점	황**	여	30대	SONY	WH-1000XM	414,000	2	0.0%	828,000	2023-01-02
수서점	노**	여	20대	APPLE	에어팟	244,000	2	0.0%	488,000	2023-01-02
죽전점	문**	여	20대	삼성전자	갤럭시 프로	210,000	4	0.0%	840,000	2023-12-29
화정점	서**	남	20대	APPLE	에어팟	250,000	2	7.5%	462,500	2023-12-29
수서점	서**	여	30대	SONY	WH-1000XM	410,000	2	5.0%	779,000	2023-12-29
송도점	심**	남	20대	삼성전자	갤럭시 버즈	170,000	4	0.0%	680,000	2023-12-29
수서점	권**	여	30대	삼성전자	갤럭시 버즈	170,000	3	10.0%	459,000	2023-12-29
용산점	최**	여	40대	SONY	WH-1000XM	410,000	2	7.5%	758,500	2023-12-29
가양점	전**	남	30대	삼성전자	갤럭시 프로	212,000	3	7.5%	588,300	2023-12-29
용산점	권**	여	40대	APPLE	에어팟	252,000	3	5.0%	718,200	2023-12-29
용산점	서**	남	30대	SONY	WH-1000XM	410,000	2	7.5%	758,500	2023-12-30
강남점	손**	여	30대	SONY	WH-1000XM	410,000	1	2.5%	399,750	2023-12-30
자양점	김*	남	30대	SONY	WF-1000XM	357,000	1	0.0%	357,000	2023-12-30
자양점	송**	남	30대	SONY	WF-1000XM	353,000	1	0.0%	353,000	2023-12-30
송도점	임**	남	20대	APPLE	에어팟	252,000	3	0.0%	756,000	2023-12-30
신도림점	전**	여	20대	삼성전자	갤럭시 프로	214,000	2	0.0%	428,000	2023-12-30
강남점	배**	여	40대	삼성전자	갤럭시 버즈	168,000	3	0.0%	504,000	2023-12-30
동백점	허**	남	40대	삼성전자	갤럭시 프로	212,000	4	0.0%	848,000	2023-12-30
동백점	백**	여	20대	SONY	WF-1000XM	357,000	1	0.0%	357,000	2023-12-30
신도림점	정**	남	20대	APPLE	에어팟	244,000	2	7.5%	451,400	2023-12-30
가양점	임**	여	30대	SONY	WH-1000XM	432,000	1	7.5%	399,600	2023-12-31
자양점	권**	여	20대	APPLE	에어팟	247,000	2	0.0%	494,000	2023-12-31
강남점	심**	여	30대	삼성전자	갤럭시 프로	212,000	5	0.0%	1,060,000	2023-12-31
성수점	황**	여	30대	SONY	WF-1000XM	345,000	2	0.0%	690,000	2023-12-31
용산점	안**	여	40대	삼성전자	갤럭시 프로	207,000	4	5.0%	786,600	2023-12-31

테이블 구조는 첫 번째 행에 제목이 입력되어 있고, 두 번째 행부터 실제 데이터가 입력된 구조의 표를 의미합니다. 또한 새로운 데이터는 반드시 맨 아래쪽 행에 추가하도록 설계된 표를 의미합니다.

엑셀의 계산식은 기본적으로 셀(Cell) 단위로 계산하지만, 피벗 테이블 보고서는 열(Column) 단위로 데이터를 관리하고 계산하므로, 이런 식의 데이터 관리가 굉장히 중요합니다.

또한 이런 테이블 구조의 표에서 하나의 열을 필드(Field)라고 지칭하며, 피벗 테이블 보고서에서도 필드라는 명칭을 사용해 표 데이터를 요약하므로 이런 용어를 잘 기억해두는 것이 필요합니다.

파워 쿼리를 이용한 표 변환 방법

갖고 있는 표가 테이블 구조의 표가 아니라면 먼저 표를 변환하는 것이 좋습니다. 이럴 때 사용하면 가장 좋은 기능이 바로 파워 쿼리입니다. 파워 쿼리 내에는 열 피벗 해제 명령이 있어 사람이 자주 실수하는 표 구성을 테이블 구조로 변경할 때 사용할 수 있습니다. 다만 파워 쿼리는 엑셀 2010 버전부터 사용이 가능하며, 엑셀 2010, 2013 버전 사용자는 아래 링크에서 다운로드해 설치해야 합니다.

• https://www.microsoft.com/ko-kr/download/details.aspx?id=39379

위 링크는 마이크로소프트사의 정책에 따라 변경될 수 있으므로 구글 등의 검색 서비스를 통해 '엑셀용 파워 쿼리 다운로드'와 같은 키워드를 입력하면 쉽게 찾아 다운로드할 수 있습니다.

참고로 엑셀 2016 버전부터는 리본 메뉴의 [데이터] 탭에 파워 쿼리 기능이 내장되어 있습니다.

표의 문제 확인하고 파워 쿼리를 활용해 표 변환하기

예제 파일 CHAPTER 08 \ 열 피벗 해제.xlsx

01 예제 파일을 열면 다음 화면과 같은 표를 확인할 수 있습니다. 이 표를 가지고 피벗 테이블로 각 지점의 연도별 실적을 구해보겠습니다.

▲	A	B	C	D	E	F	G	H	I	J	K
1											
2		지점	22Q1	22Q2	22Q3	22Q4	23Q1	23Q2	23Q3	23Q4	
3		가양점	6,950	8,400	7,000	6,850	8,550	10,050	10,600	12,150	
4		고잔점	8,150	7,350	7,200	8,950	10,700	10,150	12,250	11,900	
5		서초점	64,050	64,700	60,500	56,550	54,900	53,800	52,750	47,950	
6		서수원점	6,300	6,200	6,050	5,850	5,850	5,350	5,050	4,600	
7		성수점	4,450	5,550	6,550	7,850	9,350	10,900	13,100	14,900	
8		수서점	2,650	3,050	3,450	3,800	4,300	5,200	6,450	7,750	
9		신도림점	35,750	29,800	22,900	19,450	16,750	15,500	14,500	12,950	
10		용산점	9,250	8,000	6,950	6,750	6,550	5,400	4,700	3,900	

엑셀마스터가 짚어주는 핵심 NOTE

표의 종류 구분하기

이 표는 테이블 표일까요? 첫 번째 행은 제목 행이고, 두 번째 행부터 실제 데이터이므로 테이블 구조처럼 보입니다. 하지만 이 표는 테이블 구조가 아니라 크로스-탭 표에 해당합니다.

지점	22Q1	22Q2	22Q3	22Q4	23Q1	23Q2	23Q3	23Q4
가양점	6,950	8,400	7,000	6,850	8,550	10,050	10,600	12,150
고잔점	8,150	7,350	7,200	8,950	10,700	10,150	12,250	11,900
서초점	64,050	64,700	60,500	56,550	54,900	53,800	52,750	47,950
서수원점	6,300	6,200	6,050	5,850	5,850	5,350	5,050	4,600
성수점	4,450	5,550	6,550	7,850	9,350	10,900	13,100	14,900
수서점	2,650	3,050	3,450	3,800	4,300	5,200	6,450	7,750
신도림점	35,750	29,800	22,900	19,450	16,750	15,500	14,500	12,950
용산점	9,250	8,000	6,950	6,750	6,550	5,400	4,700	3,900

그리고 이 표에 새로운 연도(24)의 분기 데이터를 새로 추가하려면 아래쪽 방향이 아니라 오른쪽 방향으로 추가될 겁니다.

지점	22Q1	22Q2	22Q3	22Q4	23Q1	23Q2	23Q3	23Q4	24Q1	24Q2	24Q3
가양점	6,950	8,400	7,000	6,850	8,550	10,050	10,600	12,150			
고잔점	8,150	7,350	7,200	8,950	10,700	10,150	12,250	11,900			
서초점	64,050	64,700	60,500	56,550	54,900	53,800	52,750	47,950			
서수원점	6,300	6,200	6,050	5,850	5,850	5,350	5,050	4,600			
성수점	4,450	5,550	6,550	7,850	9,350	10,900	13,100	14,900			
수서점	2,650	3,050	3,450	3,800	4,300	5,200	6,450	7,750			
신도림점	35,750	29,800	22,900	19,450	16,750	15,500	14,500	12,950			
용산점	9,250	8,000	6,950	6,750	6,550	5,400	4,700	3,900			

테이블은 가로 방향이 아니라 세로 방향으로 새로운 데이터가 추가되어야 합니다. 그렇기 때문에 이 표를 가지고 피벗 테이블 보고서를 만들려고 하면 원하는 결과가 쉽게 얻어지지 않을 겁니다.

LINK 테이블 구조와 크로스-탭 구조의 표에 대한 설명은 이 책의 35~36페이지를 참고합니다.

02 표 내부의 셀이 하나 선택된 상태(화면에서는 [C3] 셀)에서 리본 메뉴의 [삽입] 탭-[표] 그룹-[피벗 테이블圙]을 클릭합니다.

03 [표 또는 범위의 피벗 테이블] 대화상자가 표시되면 설정을 변경하지 않고 바로 [확인]을 클릭합니다.

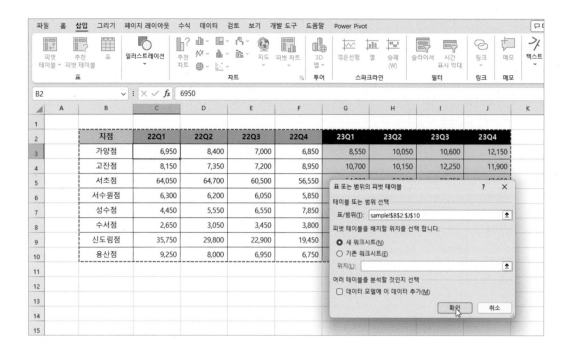

04 새로운 시트에 피벗 테이블 보고서를 구성할 수 있는 화면이 표시됩니다. [피벗 테이블 필드] 작업 창 내의 모든 필드 확인란을 체크하면 원본 표와 동일한 결과가 반환됩니다.

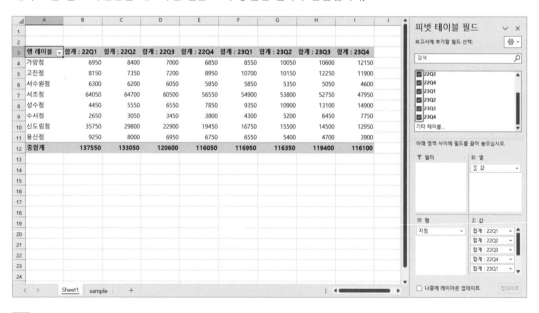

TIP 연도별 실적을 구하고 싶어도 연도가 따로 구분되어 있지 않아 피벗 테이블로 바로 집계가 되지 않습니다.

05 표를 파워 쿼리를 이용해 테이블 구조로 변환한 뒤 피벗 테이블 보고서를 다시 구성해보겠습니다. [sample] 시트로 이동한 후 표 내부의 셀(화면에서는 [C3] 셀)을 하나 선택합니다.

06 파워 쿼리를 이용하기 위해 리본 메뉴의 [데이터] 탭–[데이터 가져오기 및 변환] 그룹–[테이블/범위에서圖]를 클릭합니다. [표 만들기] 대화상자가 표시되면 [확인]을 클릭합니다.

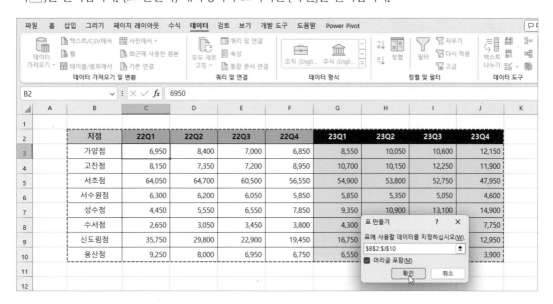

07 그러면 [Power Query 편집기] 창이 열리면서 엑셀 표 데이터가 표시됩니다.

08 [지점] 열이 선택된 상태에서 리본 메뉴의 [변환] 탭–[열] 그룹–[열 피벗 해제] 우측의 아래 화살표를 클릭하고 [다른 열 피벗 해제]를 클릭합니다.

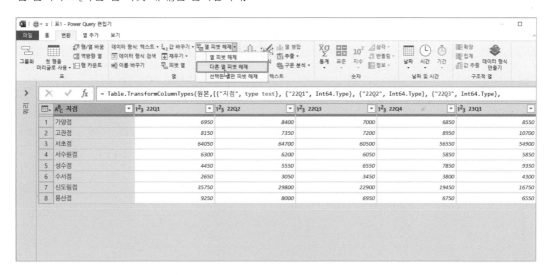

엑셀마스터가 짚어주는 핵심 NOTE

[다른 열 피벗 해제]를 실행하는 다른 방법 알아보기

메뉴 선택이 불편하다면 [지점] 열을 선택하고 마우스 오른쪽 버튼을 클릭해 단축 메뉴에서 [다른 열 피벗 해제]를 클릭해도 됩니다.

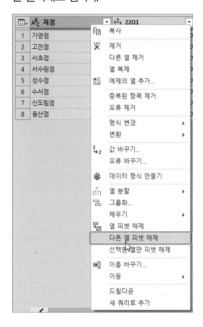

09 그러면 미리보기 화면 내 표 구성이 [지점], [특성], [값] 열로 바뀌게 됩니다.

TIP [특성] 열은 첫 번째 행의 머리글이고, [값] 열은 데이터 영역 내 입력된 숫자 데이터를 가지게 됩니다.

	ABC 지점	ABC 특성	123 값
1	가양점	22Q1	6950
2	가양점	22Q2	8400
3	가양점	22Q3	7000
4	가양점	22Q4	6850
5	가양점	23Q1	8550
6	가양점	23Q2	10050
7	가양점	23Q3	10600
8	가양점	23Q4	12150
9	고잔점	22Q1	8150
10	고잔점	22Q2	7350
11	고잔점	22Q3	7200
12	고잔점	22Q4	8950
13	고잔점	23Q1	10700
14	고잔점	23Q2	10150
15	고잔점	23Q3	12250
16	고잔점	23Q4	11900
17	서초점	22Q1	64050
18	서초점	22Q2	64700
19	서초점	22Q3	60500
20	서초점	22Q4	56550

10 [특성] 열의 연도와 분기를 서로 다른 열로 분리합니다.

TIP 피벗 테이블 보고서는 분석할 대상(연도)을 항상 별도의 열로 관리하는 것이 좋습니다.

11 [특성] 열을 선택하고 리본 메뉴의 [변환] 탭-[텍스트] 그룹-[열 분할]을 클릭한 후 하위 메뉴에서 [문자 수 기준]을 클릭합니다.

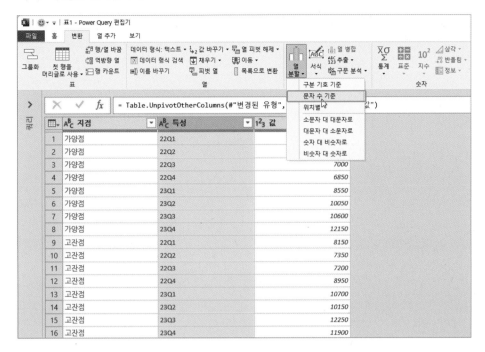

TIP [열 분할]은 엑셀의 [텍스트 나누기]와 유사한 명령으로 [특성] 열은 연도와 분기가 두 자리씩 입력되어 있으므로 [문자 수 기준]으로 구분하면 쉽게 열을 분리해 낼 수 있습니다.

12 [문자 수로 열 분할] 대화상자가 표시되면 [문자 수] 텍스트 상자의 값을 2로 변경하고 [확인]을 클릭합니다.

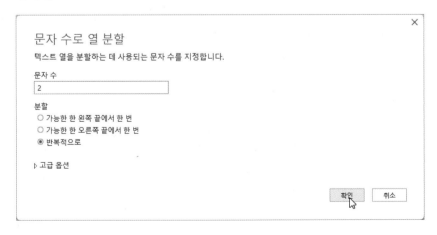

13 그러면 [특성] 열이 [특성.1]과 [특성.2] 열로 분리되면서 연도와 분기가 서로 다른 열에 표시됩니다.

	지점	특성.1	특성.2	값
1	가양점	22	Q1	6950
2	가양점	22	Q2	8400
3	가양점	22	Q3	7000
4	가양점	22	Q4	6850
5	가양점	23	Q1	8550
6	가양점	23	Q2	10050
7	가양점	23	Q3	10600
8	가양점	23	Q4	12150
9	고잔점	22	Q1	8150
10	고잔점	22	Q2	7350
11	고잔점	22	Q3	7200
12	고잔점	22	Q4	8950
13	고잔점	23	Q1	10700
14	고잔점	23	Q2	10150
15	고잔점	23	Q3	12250
16	고잔점	23	Q4	11900

수식 입력줄: `= Table.TransformColumnTypes(#"위치로 분할된 열",{{"특성.1", Int64.Type}, {"특성.2", typ`

14 [특성.1], [특성.2], [값] 열의 머리글을 변경합니다.

15 머리글이 표시되는 위치를 더블클릭한 후 순서대로 **연도, 분기, 실적**을 입력해 변경합니다.

16 편집된 표를 엑셀로 내려보내기 위해 리본 메뉴의 [홈] 탭–[닫기] 그룹–[닫기 및 로드]–[닫기 및 다음으로 로드🗐]를 클릭합니다.

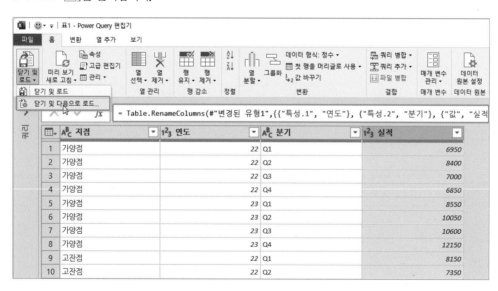

	지점	연도	분기	실적
1	가양점	22	Q1	6950
2	가양점	22	Q2	8400
3	가양점	22	Q3	7000
4	가양점	22	Q4	6850
5	가양점	23	Q1	8550
6	가양점	23	Q2	10050
7	가양점	23	Q3	10600
8	가양점	23	Q4	12150
9	고잔점	22	Q1	8150
10	고잔점	22	Q2	7350

수식 입력줄: `= Table.RenameColumns(#"변경된 유형1",{{"특성.1", "연도"}, {"특성.2", "분기"}, {"값", "실적`

TIP 하위 메뉴를 선택하는 것이 불편하다면 리본 메뉴의 [파일] 탭–[닫기 및 다음으로 로드🗐]를 클릭해도 됩니다.

엑셀마스터가 짚어주는 핵심 NOTE

[닫기 및 로드]와 [닫기 및 다음으로 로드]의 차이

파워 쿼리는 작업된 결과를 엑셀에 반환할 때 '로드'한다는 표현을 사용합니다. 로드하는 방법은 두 가지가 있는데, 두 명령의 차이는 다음과 같습니다.

구분	설명
[닫기 및 로드]	[닫기 및 로드]는 파워 쿼리 편집기 창을 닫고, 엑셀 창에 미리보기로 표시된 결과를 새 시트에 엑셀 표로 반환해줍니다.
[닫기 및 다음으로 로드]	[닫기 및 다음으로 로드]는 파워 쿼리 창을 닫고, 엑셀에서 어떻게 활용할 수 있는지 몇 가지 옵션을 선택할 수 있도록 해줍니다. 자세한 옵션 선택 화면은 17 과정에서 살펴볼 수 있습니다.

이 명령들은 리본 메뉴의 [홈] 탭에서 실행시키는 방법이 일반적이지만, 메뉴가 너무 작고 선택이 불편해 리본 메뉴의 [파일] 탭에도 동일한 명령이 메뉴로 제공됩니다. 그러므로 [홈] 탭의 명령을 사용하는 것이 불편했다면, 다음 화면과 같이 [파일] 탭을 선택하고 [닫기 및 다음으로 로드📇]를 클릭해도 됩니다.

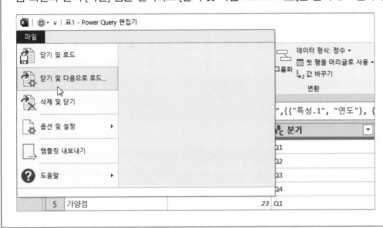

17 엑셀 창으로 변환되면서 [데이터 가져오기] 대화상자가 표시됩니다. [피벗 테이블 보고서] 옵션을 체크하고 [확인]을 클릭합니다.

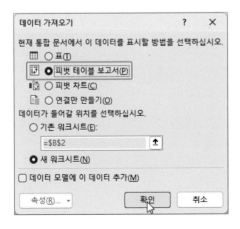

18 피벗 테이블 보고서가 구성될 수 있도록 준비가 되면 [실적]과 [지점]은 확인란을 바로 체크하고, [연도] 필드는 [열] 영역으로 드래그하면 지점의 연도별 실적을 바로 확인할 수 있습니다.

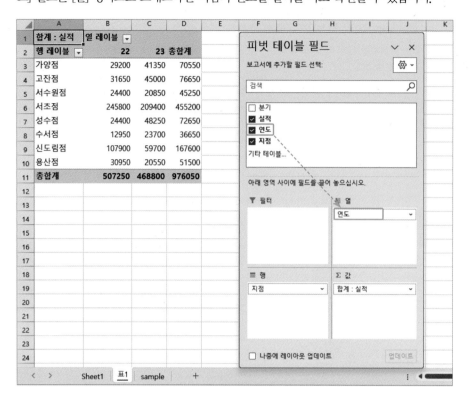

엑셀마스터가 짚어주는 핵심 NOTE

표를 변환하기 전후의 피벗 테이블 필드 작업 창의 차이

표를 변환하기 이전에는 피벗 테이블 보고서를 구성할 때 필드도 너무 많고 원하는 결과를 얻기 위해 [값] 영역에 너무 많은 필드를 삽입해야 해서 불편했습니다.

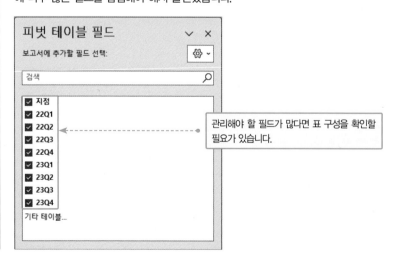

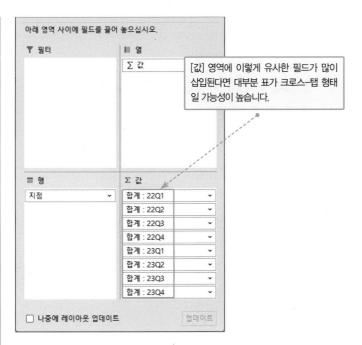

아래 영역 사이에 필드를 끌어 놓으십시오.

▼ 필터

Ⅲ 열

Σ 값

[값] 영역에 이렇게 유사한 필드가 많이
삽입된다면 대부분 표가 크로스-탭 형태
일 가능성이 높습니다.

≡ 행

지점

Σ 값

합계 : 22Q1	▼
합계 : 22Q2	▼
합계 : 22Q3	▼
합계 : 22Q4	▼
합계 : 23Q1	▼
합계 : 23Q2	▼
합계 : 23Q3	▼
합계 : 23Q4	▼

☐ 나중에 레이아웃 업데이트

업데이트

그에 반해 파워 쿼리로 표를 변환하고 피벗 테이블 보고서를 구성하면 관리해야 할 필드의 수도 줄어들고, 원하는 보고서를 얻기 위해 조정해야 하는 필드의 수도 줄어듭니다.

피벗 테이블 필드   ∨ ✕

보고서에 추가할 필드 선택: ⚙ ▾

검색   🔍

☐ 분기
☑ 실적
☑ 연도
☑ 지점
기타 테이블...

아래 영역 사이에 필드를 끌어 놓으십시오.

▼ 필터

Ⅲ 열

연도   ▼

≡ 행

지점   ▼

Σ 값

합계 : 실적   ▼

☐ 나중에 레이아웃 업데이트   업데이트

이것만 봐도 왜 피벗 테이블을 사용하기 전에 표를 확인하고 잘못 관리된 부분은 파워 쿼리를 이용해 변환하는 것이 필요한지 알 수 있습니다.

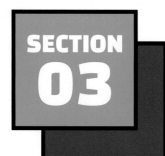

피벗 테이블 보고서
생성 방법의 변화

엑셀 버전별 변화

피벗 테이블 보고서를 구성하는 방법은 변경되지 않았지만, 최근 업데이트를 통해 엑셀 2019 버전부터는 피벗 테이블 보고서를 생성하는 방법에 차이가 발생하기 시작했습니다.

엑셀 2016 버전까지는 리본 메뉴의 [삽입] 탭-[표] 그룹-[피벗 테이블]을 클릭하면 다음과 같은 대화상자가 표시됩니다.

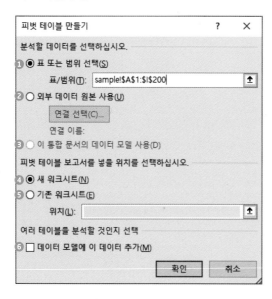

위 대화상자를 보면 ❶~❻개의 옵션이 있다는 것을 확인할 수 있습니다. 엑셀 2019, 2021 버전도 업데이트를 하지 않은 경우에는 위와 같은 대화상자가 표시됩니다. 하지만 업데이트를 꾸준하게 했다면 다음과 같은 대화상자가 표시됩니다.

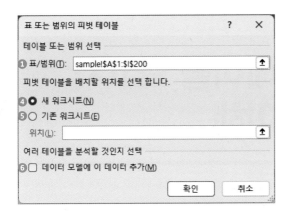

위 대화상자를 보면 이전 버전에 비해 표시되는 옵션이 적어진 것 같지만, 위 대화상자는 주로 사용하는 옵션만 표시된 것이고 나머지는 리본 메뉴의 [삽입] 탭–[표] 그룹–[피벗 테이블] 하위에 다음과 같은 메뉴가 표시됩니다.

메뉴에는 이전 버전에는 없는 [Power BI에서] 데이터를 읽어와 피벗 테이블 보고서를 만들 수 있는 옵션도 추가되어 있습니다. 이렇게 피벗 테이블 보고서를 생성할 때 명령 위치는 사용하는 버전에 따라 달라질 수 있으니 이 책으로 학습하는 여러분은 참고해서 학습해나가면 도움이 될 겁니다.

SECTION 04

피벗 테이블 보고서 기본 이해

피벗 테이블 보고서 레이아웃 이해

피벗 테이블 대화상자에서 [확인]을 클릭하면 보통 빈 시트에 피벗 테이블 보고서를 구성할 수 있는 화면 레이아웃이 제공됩니다.

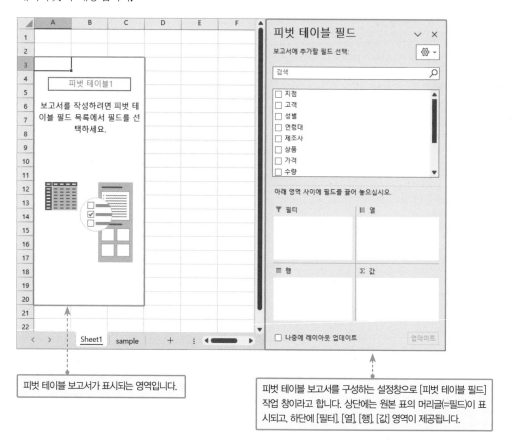

피벗 테이블 보고서가 표시되는 영역입니다.

피벗 테이블 보고서를 구성하는 설정창으로 [피벗 테이블 필드] 작업 창이라고 합니다. 상단에는 원본 표의 머리글(=필드)이 표시되고, 하단에 [필터], [열], [행], [값] 영역이 제공됩니다.

즉, 피벗 테이블 보고서는 오른쪽 [피벗 테이블 필드] 작업 창에서 원하는 보고서 레이아웃을 설정하면 왼쪽 시트 영역에서 해당 보고서를 시각적으로 확인할 수 있는 구조를 가지고 있습니다. 그렇기 때문에 피벗 테이블 보고서를 잘 활용하려면 [피벗 테이블 필드] 작업 창을 설정하는 방법을 잘 이해하고 있어야 합니다.

피벗 테이블 보고서 영역 이해

[피벗 테이블 필드] 작업 창에는 [필터], [열], [행], [값] 영역이 표시됩니다. 이 네 개의 영역은 크로스-탭 형태의 표의 다음 각 부분을 지칭하는 용어입니다.

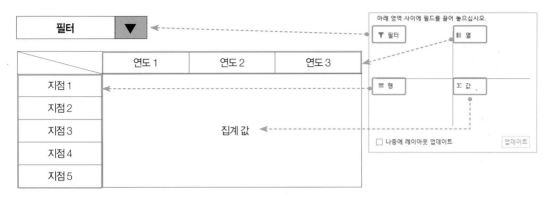

즉, [행]과 [열] 영역은 각각 집계표의 행과 열 머리글을 구성할 필드를 넣으면 됩니다. 예를 들어 지점의 연간 실적을 집계하고자 한다면 지점 필드를 [행] 영역에 연도 필드를 [열] 영역에 넣을 수 있습니다. 그러면 다음과 같은 구성의 피벗 테이블 보고서 구성을 얻을 수 있습니다.

	연도 1	연도 2	연도 3
지점 1			
지점 2			
지점 3		집계 값	
지점 4			
지점 5			

만약 지점 필드를 [열] 영역에 넣고, 연도 필드를 [행] 영역에 넣으면 다음과 같은 피벗 테이블 보고서를 얻을 수 있습니다.

	지점 1	지점 2	지점 3	지점 4	지점 5
연도 1					
연도 2			집계 값		
연도 3					

그리고 [값] 영역에는 두 머리글이 교차하는 위치에 집계할 값을 갖는 필드를 넣으면 됩니다. 기본적으로 숫자 데이터를 갖는 필드는 합계가 그 외 데이터를 갖는 필드는 개수가 구해집니다.

[필터] 영역은 용어 그대로 제한할 데이터를 갖는 필드를 넣어 사용하면 됩니다. 앞에서 예를 든 경우 지점을 서울 지역으로 제한시키고 싶다면 지역 필드를 필터 영역에 넣어 사용하면 다음과 같은 구성의 피벗 테이블 보고서를 확인할 수 있습니다.

지역	▼

	연도 1	연도 2	연도 3
지점 1			
지점 2˙			
지점 3		집계 값	
지점 4			
지점 5			

피벗 테이블 보고서 구성 방법

[피벗 테이블 필드] 작업 창의 필드를 [필터], [열], [행], [값] 영역에 넣는 방법은 직접 필드명을 드래그&드롭하는 방법이 가장 좋지만, 초보자의 경우는 필드 옆의 확인란을 체크하는 방법이 편리합니다.

원본 표에서 피벗 테이블 기능 이용해 원하는 보고서 생성하기

예제 파일 CHAPTER 08 ＼ 피벗 테이블.xlsx

01 예제 파일을 열면 다음과 같은 판매 데이터를 확인할 수 있습니다.

	A	B	C	D	E	F	G	H	I	J	K	L
1	지점	고객	성별	연령대	제조사	상품	가격	수량	할인율	판매	판매일	
2	용산점	노**	여	40대	SONY	WH-1000XM	423,000	2	0.0%	846,000	2023-01-01	
3	용산점	김**	여	30대	SONY	WH-1000XM	423,000	1	0.0%	423,000	2023-01-01	
4	고잔점	문**	여	30대	SONY	WF-1000XM	353,000	2	7.5%	653,050	2023-01-01	
5	자양점	박**	여	30대	SONY	WH-1000XM	414,000	1	7.5%	382,950	2023-01-01	
6	청계천점	손**	남	20대	삼성전자	갤럭시 프로	212,000	3	0.0%	636,000	2023-01-01	
7	신도림점	심**	여	30대	SONY	WH-1000XM	414,000	1	2.5%	403,650	2023-01-01	
8	죽전점	윤**	여	30대	삼성전자	갤럭시 프로	207,000	2	2.5%	403,650	2023-01-01	
9	강남점	손**	남	40대	삼성전자	갤럭시 버즈	166,000	4	0.0%	664,000	2023-01-02	
10	용산점	송**	여	20대	APPLE	에어팟	244,000	3	10.0%	658,800	2023-01-02	
11	성수점	임**	여	20대	SONY	WF-1000XM	349,000	2	0.0%	698,000	2023-01-02	
12	강남점	이**	여	30대	SONY	WH-1000XM	419,000	1	0.0%	419,000	2023-01-02	
13	강남점	황**	여	30대	SONY	WH-1000XM	414,000	2	0.0%	828,000	2023-01-02	
14	수서점	노**	여	20대	APPLE	에어팟	244,000	2	0.0%	488,000	2023-01-02	
15	신도림점	문**	남	30대	삼성전자	갤럭시 프로	214,000	5	0.0%	1,070,000	2023-01-02	
16	용산점	장**	남	30대	삼성전자	갤럭시 프로	212,000	3	0.0%	636,000	2023-01-02	
17	용산점	노**	여	30대	삼성전자	갤럭시 프로	212,000	4	0.0%	848,000	2023-01-02	
18	강남점	배**	남	30대	삼성전자	갤럭시 프로	212,000	5	0.0%	1,060,000	2023-01-02	

02 피벗 테이블 보고서를 만들기 전에 표를 엑셀 표로 등록하고 시작합니다.

03 표 내부의 셀을 하나 선택하고 리본 메뉴의 [삽입] 탭-[표] 그룹-[표⊞]를 클릭합니다. [표 만들기] 대화상자가 나타나면 [확인]을 클릭합니다.

TIP 원본 데이터 범위가 엑셀 표로 변환되어 있어야 나중에 원본에 추가된 데이터를 피벗 테이블 보고서에서 사용할 수 있습니다.

04 바로 리본 메뉴의 [삽입] 탭-[표] 그룹-[피벗 테이블]을 클릭합니다. [표 또는 범위의 피벗 테이블] 대화상자가 표시되면 [표/범위]에 엑셀 표 이름이 표시되는지 확인하고 [확인]을 클릭합니다.

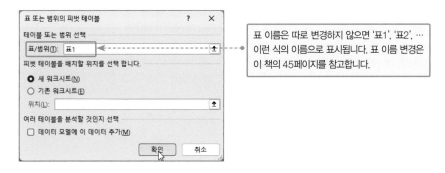

표 이름은 따로 변경하지 않으면 '표1', '표2', ⋯ 이런 식의 이름으로 표시됩니다. 표 이름 변경은 이 책의 45페이지를 참고합니다.

05 새로운 시트에 피벗 테이블 보고서 레이아웃이 표시되면 [피벗 테이블 필드] 작업 창에서 [지점], [제조사], [판매] 필드 확인란을 체크하면 다음과 같은 피벗 테이블 보고서가 표시됩니다.

필드 확인란을 체크할 때 삽입되는 영역 위치

필드 확인란을 체크하면 엑셀에서는 선택한 필드의 데이터 형식을 확인해 다음 위치에 삽입해줍니다.

필드 데이터 형식	영역
숫자	값
텍스트 논릿값 날짜/시간	행

여기서 주의할 점은 피벗 테이블 보고서는 **숫자**와 **날짜/시간** 데이터를 구분해 처리한다는 점이며, 숫자 필드인 경우에는 해당 열의 모든 데이터가 숫자여야 [값] 영역에 삽입됩니다. 이때 기본 집계 함수는 '합계'이고, 다른 집계 함수로 변경할 수 있습니다. [값] 영역의 집계 함수를 변경하는 방법은 이 책의 315페이지를 참고합니다.

06 [값] 영역에 집계된 숫자의 표시 형식을 변경합니다.

`TIP` 피벗 테이블부터는 셀 단위로 표시 형식을 관리하지 않아 표시 형식을 변경하려면 필드에 설정해야 합니다.

07 표시 형식을 변경할 필드 내 셀(화면에서는 [B3] 셀)을 하나 선택하고 마우스 오른쪽 버튼을 클릭한 다음 단축 메뉴에서 [필드 표시 형식]을 클릭합니다.

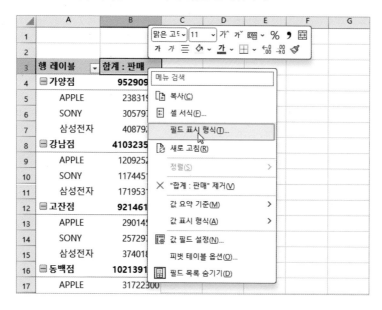

08 [셀 서식] 대화상자가 표시되면 원하는 표시 형식을 선택하고 [확인]을 클릭합니다.

TIP 화면에서는 [통화]를 선택했지만 다른 표시 형식을 선택해도 상관없습니다.

09 영역에 삽입된 필드 위치를 변경할 수 있습니다. [피벗 테이블 필드] 작업 창의 [행] 영역에서 [제조사] 필드를 마우스로 드래그해 [열] 영역에 놓습니다.

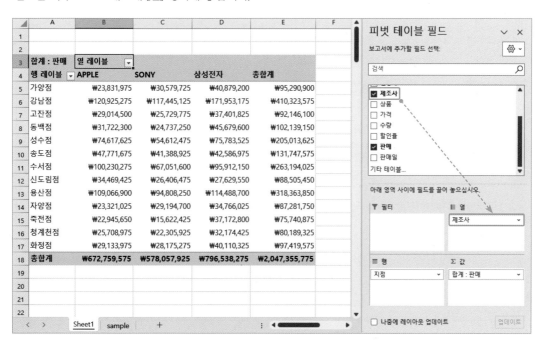

10 피벗 테이블 보고서에 삭제하고 싶은 필드는 필드 확인란을 체크 해제하면 됩니다.

11 [열] 영역에 삽입된 [제조사] 필드의 확인란을 체크 해제하면 해당 필드가 더 이상 피벗 테이블 보고서에 표시되지 않습니다.

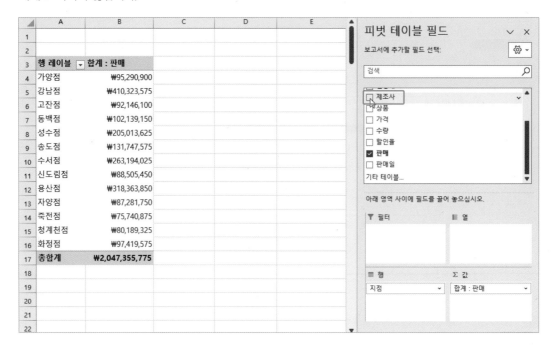

 엑셀마스터가 짚어주는 핵심 NOTE

피벗 테이블 보고서 전체 초기화

피벗 테이블 보고서에 삽입된 모든 필드를 한 번에 하나씩 체크 해제하는 방법 말고 모든 필드를 한 번에 삭제하는 방법이 있습니다. 다음 과정을 참고합니다.

① 피벗 테이블 보고서 내 셀을 하나 선택합니다.
② 리본 메뉴의 [피벗 테이블 분석] 탭–[동작] 그룹–[지우기]를 클릭하고, [모두 지우기 ⊠]를 클릭합니다.

참고로 버전별로 [피벗 테이블 분석] 탭은 다른 이름으로 표시됩니다.

버전	탭 이름
엑셀 2010 이하	옵션
엑셀 2013, 2016, 2019	분석
엑셀 2021, 마이크로소프트 365	피벗 테이블 분석

12 새로운 필드를 필드 확인란을 체크하지 않고 드래그&드롭 방식으로 추가합니다.

13 피벗 테이블 필드 작업 창에서 [연령대] 필드를 드래그해서 [열] 영역에 놓습니다.

TIP 피벗 테이블은 필드 확인란을 체크하는 방법을 사용하면 숫자 필드를 제외한 모든 필드를 [행] 영역에 삽입해줍니다. 그러므로 [행] 영역이 아닌 [필터], [열] 영역에 삽입하고 싶은 필드는 이번과 같이 드래그&드롭 방식으로 삽입하는 것이 효과적입니다.

14 이번에는 필터 영역에 필드를 삽입하는 작업을 진행합니다.

15 [피벗 테이블 필드] 작업 창에서 [성별] 필드를 [필터] 영역에 드래그&드롭 방식으로 삽입한 다음 [B1] 셀 위치에서 [남]을 고르면 다음과 같은 피벗 테이블 보고서가 표시됩니다.

TIP 이렇게 하면 각 지점의 연령대별 매출이 선택한 성별에 맞게 표시됩니다.

피벗 테이블 필드 작업 창 설정

피벗 테이블 보고서를 만들 때 [피벗 테이블 필드] 작업 창을 잘 이해하고 컨트롤할 수 있어야 보고서를 구성하는 것이 쉽습니다. [피벗 테이블 필드] 작업 창에 대해 이해하려고 할 때 가장 먼저 필요한 것이 바로 필드가 많은 경우 기본 인터페이스가 편하지 않다는 점입니다.

다음 화면을 보면 [피벗 테이블 필드] 작업 창은 중간을 기준으로 상단에는 필드 목록이 표시되고 하단에는 피벗 테이블 보고서 영역이 표시됩니다.

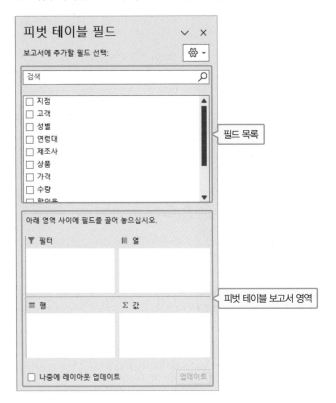

그렇기 때문에 필드가 많은 경우 한 화면에서 확인하기가 어렵습니다. 물론 상단에 [검색]란을 추가해 필드명을 빠르게 찾을 수 있도록 도와주지만 한눈에 보이는 것만큼 편하지는 않습니다.

그렇기 때문에 [피벗 테이블 필드] 작업 창의 경우 이 인터페이스를 변경할 수 있는 옵션을 제공합니다. [피벗 테이블 필드] 작업 창 우측 상단의 [도구 ⚙·]를 클릭하면 다음과 같은 하위 메뉴가 표시됩니다.

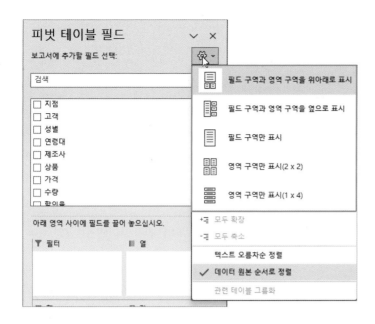

하위 메뉴에 표시된 상단의 다섯 개 메뉴는 [피벗 테이블 필드] 작업 창의 인터페이스를 변경시킬 수 있는 메뉴인데 필드가 많을 때 사용하면 좋은 메뉴는 두 번째에 위치한 [필드 구역과 영역 구역을 옆으로 표시] 입니다. 이를 클릭하면 [피벗 테이블 필드] 작업 창의 인터페이스가 다음과 같이 변경됩니다.

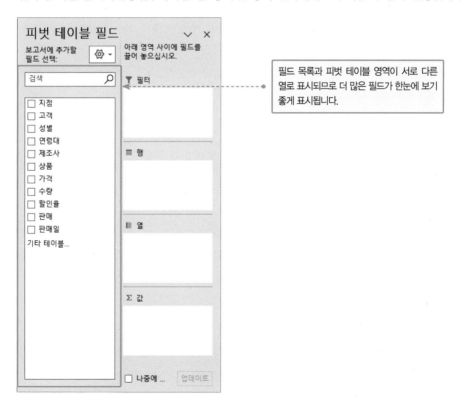

필드 목록과 피벗 테이블 영역이 서로 다른 열로 표시되므로 더 많은 필드가 한눈에 보기 좋게 표시됩니다.

앞의 구성은 기본 인터페이스에 비해 더 많은 필드가 표시될 수 있지만, 오른쪽에 영역이 한 줄로 표시되기 때문에 피벗 테이블 보고서를 구성하는 것이 익숙하지 않다면 조금 불편할 수도 있습니다.

그러므로 초보자라면 기본 구성을 권하지만, 피벗 테이블 보고서를 구성하는 것이 익숙한 사용자라면 앞에서 소개한 인터페이스를 이용하는 것이 더 편리할 수 있습니다.

참고로 [피벗 테이블 필드] 작업 창의 옵션 중 필드 표시 방법을 변경할 수 있는 옵션도 제공됩니다. [피벗 테이블 필드] 작업 창의 필드 이름은 기본적으로 원본 표의 왼쪽부터 오른쪽 방향의 머리글을 순서대로 표시합니다. 하지만 열이 많은 원본 표의 경우에는 필드 위치를 찾기 어려우므로 필드 이름을 오름차순이나 내림차순으로 정렬해 표시할 수 있다면 필드를 더욱 빠르게 찾을 수 있습니다.

방법은 [피벗 테이블 필드] 작업 창 우측 상단의 [도구 ⚙▾]를 클릭한 후 하위 메뉴에서 [텍스트 오름차순 정렬]을 클릭합니다. 그러면 필드 목록이 가나다순으로 정렬됩니다.

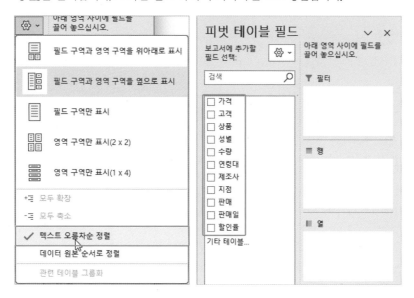

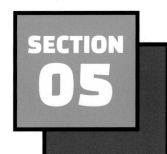

피벗 테이블 보고서의 머리글 구성

행(또는 열) 영역에 삽입된 필드는 피벗 테이블 보고서의 머리글이 됩니다. 같은 영역에 여러 개 삽입하면 먼저 삽입된 필드가 상위 필드가 되고, 나중에 삽입된 필드는 하위 필드가 됩니다. 물론 이 순서는 행(또는 열) 영역 내에서 필드의 표시 순서를 변경하는 작업을 통해 종속 관계를 다르게 설정할 수 있습니다. 행(또는 열) 영역의 이런 필드 표시 방식 때문에 데이터에 대한 이해를 보다 잘할 수 있습니다.

피벗 테이블이 머리글을 어떻게 표시하고, 문제를 해결하는지 이해하기

예제 파일 CHAPTER 08 \ 머리글 구성.xlsx

01 예제 파일을 열면 [pivot] 시트에 피벗 테이블 보고서를 구성할 준비가 되어 있습니다.

02 [피벗 테이블 필드] 작업 창에서 [지점] 필드를 체크하면 [행] 영역에 [지점] 필드가 삽입됩니다.

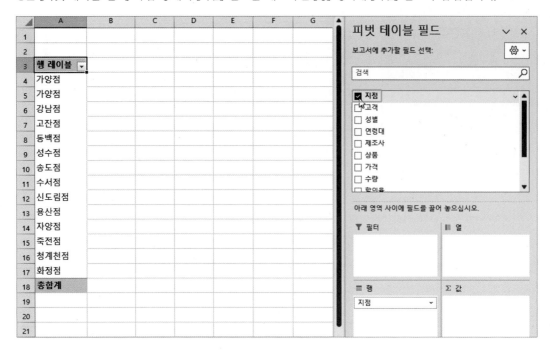

TIP 필드가 [행] 또는 [열] 영역에 삽입되면 원본 테이블의 열 데이터에서 중복되지 않은 데이터가 피벗 테이블의 머리글로 표시됩니다.

03 [A4:A5] 범위에 가양점이 둘입니다.

TIP 피벗 테이블은 원본 데이터의 중복 값을 하나로 묶어 머리글을 사용하므로 중복이 나타날 수 없습니다.

04 이런 경우에는 [값] 영역에 숫자를 하나 집계해 원본 데이터를 확인해보는 것이 필요합니다. [피벗 테이블 필드] 작업 창에서 [수량] 필드 확인란을 체크합니다.

엑셀마스터가 짚어주는 핵심 NOTE

왜 [수량] 필드를 체크해 값 영역에 집계 값을 추가할까?

피벗 테이블 보고서의 머리글이 중복된다면 이것은 실제로 중복된 것이 아니고 원본 표에 데이터가 잘못 입력되었거나, 눈에 보이지 않는 공백 문자 등이 포함되어 있는 경우가 대부분입니다. 이런 경우에는 원본 데이터를 수정해야 하는데, 어디에 잘못된 데이터가 입력되어 있는지 확인하는 것이 쉽지 않습니다.

이 경우 잘못 입력된 데이터가 무엇인지 정확하게 찾을 수 있어야 하는데, [값] 영역에 필드를 넣어 집계하면 [값] 영역 내 숫자를 더블클릭해 해당 값을 집계할 때 사용된 원본 데이터를 확인할 수 있습니다.

그러므로 이번 작업이 필요한 것이지만, 꼭 [수량] 필드를 체크해야 하는 것은 아니고 [값] 영역에 집계된 데이터만 있으면 되므로 [수량] 외의 다른 필드를 넣어 집계해도 됩니다.

05 중복된 지점명이 표시되는 [A4:A5] 범위의 각 셀을 하나씩 선택하고 수식 입력줄을 클릭해보면 [A5] 셀의 지점명 뒤에 공백 문자가 몇 개 입력된 것을 확인할 수 있습니다.

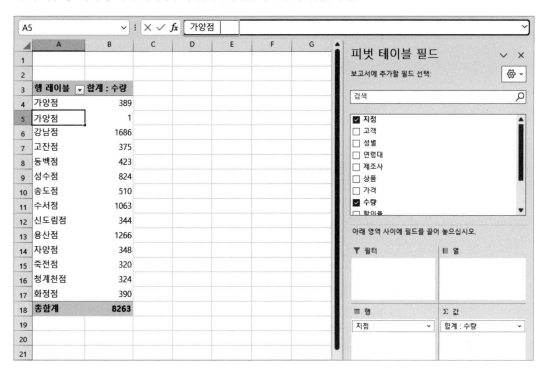

TIP [A4] 셀의 가양점 수량은 389이고, [A5] 셀의 가양점 수량은 1입니다.

06 지점명에 문제가 있는 데이터 위치를 원본 데이터에서 확인해야 합니다.

07 [A5] 셀의 지점명에 문제가 있으므로 [B5] 셀(값 영역에 집계 값이 입력된 위치)을 더블클릭합니다.

08 그러면 별도의 시트에 해당 데이터를 집계할 때 사용된 원본 데이터가 표시됩니다.

TIP 지점명이 잘못 입력된 원본 데이터는 2023년 1월 5일 데이터인 것을 확인할 수 있습니다.

엑셀마스터가 짚어주는 핵심 NOTE

원본 데이터가 확인되지 않는다면?

사용자마다 다양한 환경으로 엑셀을 사용하기 때문에 이렇게 새로운 시트에 원본 데이터가 표시되지 않고 다음과 같은 경고 메시지 창이 표시되는 경우가 있을 수 있습니다.

이런 경우는 피벗 테이블 옵션이 변경된 경우로 다음과 같은 방법을 사용하면 됩니다.

① 피벗 테이블 보고서 내부의 셀이 하나 선택된 상태에서 마우스 오른쪽 버튼을 클릭합니다.
② 단축 메뉴에서 [피벗 테이블 옵션]을 클릭합니다.
③ [피벗 테이블 옵션] 대화상자가 표시되면 [데이터] 탭을 선택하고 [하위 수준 표시 사용] 확인란을 체크한 후 [확인]을 클릭합니다.

09 [판매대장] 시트(=원본 데이터 시트)로 이동해서 2023년 1월 5일 가양점 데이터를 확인합니다.

10 다음 화면과 같이 [A38] 셀을 선택하고 수식 입력줄을 선택해보면 가양점 뒤에 공백 문자가 두 개 입력된 것을 확인할 수 있습니다.

11 Backspace 를 눌러 공백 문자를 모두 제거하고 Enter 를 눌러 데이터를 수정합니다.

12 [pivot] 시트 탭을 클릭해 피벗 테이블 보고서를 확인합니다. 여전히 중복된 지점이 표시됩니다.

TIP 피벗 테이블은 수식처럼 원본 데이터와 연결되어 있지 않으므로, 데이터를 수정하거나 새로 추가하면 [새로 고침]을 이용해 데이터를 다시 읽어야 보고서에 표시되는 내용이 변경됩니다.

13 피벗 테이블 보고서 내에서 마우스 오른쪽 버튼을 클릭하고 [새로 고침]을 클릭합니다.

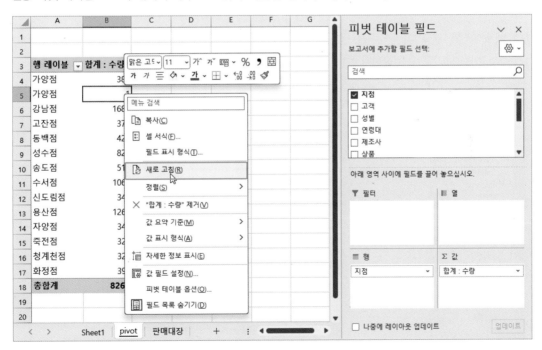

14 그러면 [A5] 셀의 [가양점] 머리글이 없어지면서 [A4] 셀 [가양점]의 [합계 : 수량]이 '389'에서 '390'으로 변경된 것을 확인할 수 있습니다.

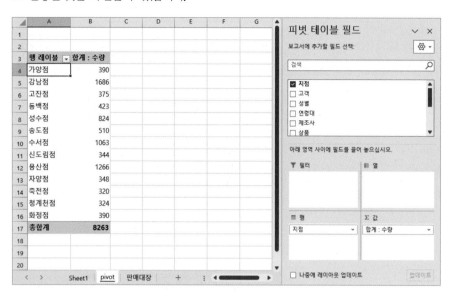

[행]과 [열] 영역 내 여러 개 필드를 삽입하는 방법과 종속 관계 이해하기

예제 파일 CHAPTER 08 \ 머리글 종속.xlsx

01 예제 파일을 열고 [피벗 테이블 필드] 작업 창에서 [지점]과 [제조사] 필드 확인란을 체크하면 다음과 같은 보고서를 확인할 수 있습니다.

엑셀마스터가 짚어주는 핵심 NOTE

[행], [열] 영역 내 종속 관계란?

피벗 테이블은 [행] 또는 [열] 영역에 추가한 필드는 순서대로 종속 관계를 지정해 데이터를 표시해줍니다. [지점]
과 [제조사] 필드를 체크했다면 [지점]이 상위 필드가 되고 [제조사]가 하위 필드가 됩니다.

    지점1

       – – – – 제조사1

       – – – – 제조사2

       – – – – 제조사3

    지점2

       – – – – 제조사1

       – – – – 제조사2

이런 식으로 머리글을 구성해주므로 종속 관계가 분명한 필드는 삽입되는 순서도 신경 써야 합니다. 예를 들어
이번 예제는 [제조사] 필드와 [상품] 필드는 [제조사]가 무조건 상위 필드이고 [상품] 필드는 그에 종속되는 하위
필드입니다.

[제조사]와 [상품]을 순서대로 삽입(좌측)해보면, 머리글이 이해하기 쉽게 표시됩니다. 만약 순서가 잘못(우측)되
면 별 의미없는 보고서가 될 수 있습니다.

이렇게 관계가 분명한 경우를 제외하면 대부분 어떤 게 상위 필드가 되고, 어떤 게 하위 필드가 되느냐에 따라
보고서의 성격이 달라지게 됩니다. 이런 식으로 필드의 종속 관계를 이해하면서 머리글을 구성할 수 있다면 피
벗 테이블을 더 잘 활용할 수 있게 됩니다.

02 [행] 영역에 삽입된 필드의 위치를 변경해 종속 관계를 변경합니다.

03 [행] 영역의 [지점] 필드를 [제조사] 필드 아래로 드래그&드롭합니다.

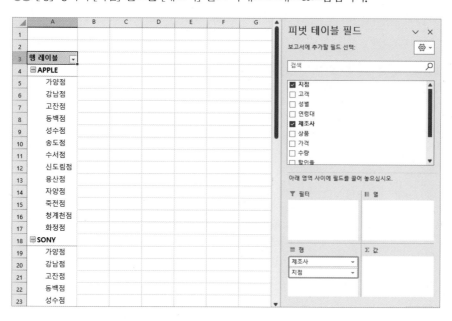

04 종속 관계는 같은 영역 내에 있을 때 의미가 있습니다. 굳이 종속 관계로 데이터를 이해하려는 것이 아니라면 영역을 분리하는 것이 좋습니다.

05 [피벗 테이블 필드] 작업 창의 [행] 영역에서 [제조사] 필드를 [열] 영역으로 드래그해 위치를 옮깁니다.

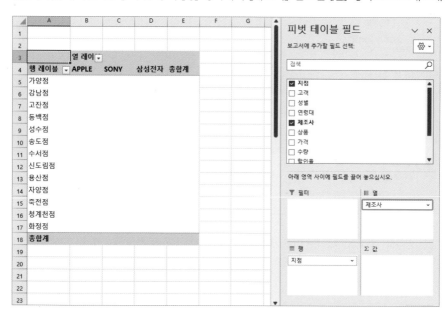

TIP 항목이 적은 필드를 보통 [열] 영역에 삽입합니다.

06 종속 관계에 있는 경우에도 보고서를 좀 더 편하게 볼 수 있는 방법이 있습니다.

07 [제조사] 필드를 다시 [행] 영역에 드래그해 [지점]–[제조사] 필드의 종속 관계를 설정합니다.

08 그런 다음 리본 메뉴의 [디자인] 탭–[레이아웃] 그룹–[보고서 레이아웃]–[테이블 형식으로 표시]를 클릭합니다.

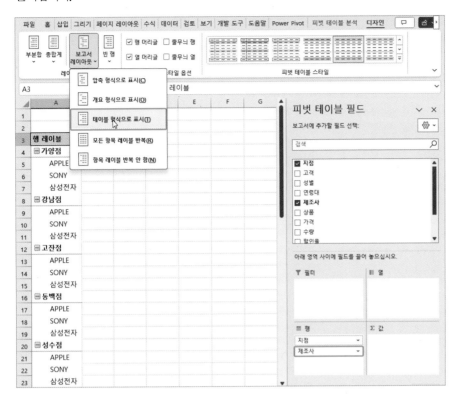

> **TIP** 피벗 테이블의 기본 레이아웃은 [압축 형식으로 표시]입니다.

09 그러면 피벗 테이블 보고서가 테이블 형식으로 변경됩니다.

엑셀마스터가 짚어주는 핵심 NOTE

압축 형식과 테이블 형식의 차이

두 형식은 피벗 테이블 보고서에서 가장 많이 사용하는 형식입니다. 두 형식은 다음과 같은 차이가 존재합니다.

압축 형식	테이블 형식	
지점1 (요약) ── 제조사1 ── 제조사2 ── 제조사3	**지점1**	제조사1
		제조사2
		제조사3
	지점1 요약	

두 형식은 머리글을 하나의 열에 표시하느냐, 여러 열로 나눠 표시하느냐와 요약 값을 상단에 표시하느냐, 하단에 표시하느냐의 차이로 나뉩니다.

SECTION 06

그룹 필드를 이용한 머리글 구성

필드 내 항목을 그룹으로 묶어 분석하고 싶을 때 그룹 필드를 생성할 수 있습니다. 그룹으로 묶을 항목을 모두 선택하고 리본 메뉴의 [피벗 테이블 분석] 탭-[그룹] 그룹 내 다음 명령들을 사용할 수 있습니다.

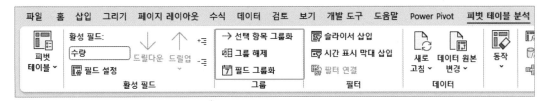

그룹 필드를 생성할 때 사용하는 위 명령은 엑셀 2016 버전까지는 메뉴명이 다르게 표시됩니다. 위 기능을 실행시킬 때 사용할 수 있는 단축키와 메뉴명, 기능 설명은 아래 표를 참고합니다.

명령 (단축키)	명령 (엑셀 2016 버전까지)	아이콘	설명
선택 항목 그룹화 (Alt + Shift + →)	그룹 선택	→	여러 항목을 선택 후 이 명령을 클릭하면, 그룹 필드가 하나 생성되며 선택한 항목을 그룹1, 그룹2, …과 같이 묶어 줍니다.
그룹 해제 (Alt + Shift + ←)	그룹 해제	⊞	그룹 필드로 묶인 항목을 해제해줍니다.
필드 그룹화	그룹 필드	⑦	숫자 또는 날짜/시간 필드에만 사용할 수 있으며, 항목을 하나만 선택하고 이 명령을 클릭하면 [그룹화] 대화상자가 표시됩니다.

참고로 날짜/시간 필드의 경우는 엑셀 2016 버전부터 날짜 상위 필드가 그룹 필드로 자동으로 생성됩니다.

날짜와 숫자 필드의 그룹 필드를 이용해 피벗 테이블 보고서 구성하기

예제 파일 CHAPTER 08 \ 그룹화.xlsx

01 예제 파일을 열고 [pivot] 시트의 [피벗 테이블 필드] 작업 창에서 [판매일] 필드(=날짜 값이 저장된 필드)의 확인란을 체크합니다.

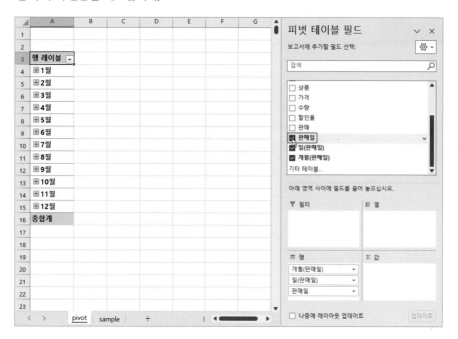

TIP [판매일] 필드를 삽입하면 일(판매일), 개월(판매일) 필드가 자동으로 생성되며 [행] 영역에 원본 필드를 포함한 그룹 필드까지 모두 삽입되게 됩니다.

엑셀마스터가 짚어주는 핵심 NOTE

날짜 그룹 필드의 생성 원리

날짜 필드가 피벗 테이블에 추가되면 [행] 영역에 삽입되며 자동으로 날짜 상위 단위 필드가 생성됩니다. 기본으로 생성되는 날짜 상위 필드는 사용자의 원본 데이터에 입력된 날짜 기간에 따라 다릅니다. 아래 표를 참고합니다.

원본 데이터의 날짜 기간	생성되는 날짜 그룹 필드
1년 이내	개월(필드명), 일(필드명)
1년 이상 ~ 2년 이내	분기(필드명), 개월(필드명), 일(필드명)
2년 이상	연도(필드명), 분기(필드명), 개월(필드명), 일(필드명)

또한, 엑셀 2019 버전부터는 생성된 그룹 필드명도 다음과 같이 달라지게 됩니다.

날짜 단위	엑셀 2016 버전까지	엑셀 2019 버전부터
일	일	일(필드명)
월	월	개월(필드명)
분기	분기	분기(필드명)
연도	연	년(필드명)

즉, 엑셀 2019 버전부터는 날짜 상위 단위 뒤에 괄호를 이용해 원본 필드명을 구분해줍니다. 이것은 여러 날짜 필드가 원본 테이블에 있을 때 현재 생성된 상위 날짜 단위가 어떤 필드의 그룹 필드인지 좀 더 잘 구분할 수 있도록 해줍니다.

참고로 엑셀 2019 버전 사용자 중에서 필드명이 엑셀 2016 버전과 동일한 경우가 있을 수 있습니다. 이런 경우는 최신 업데이트를 적용하지 않은 경우입니다.

02 분기나 연 필드를 추가로 생성합니다. 화면에 표시된 월 필드 중 하나만 선택하고 리본 메뉴의 [피벗 테이블 분석] 탭-[그룹] 그룹-[필드 그룹화⑦] 클릭합니다.

03 그룹화 필드는 여러 개를 다중 선택하는 것이 가능합니다. [분기], [연] 단위를 추가로 선택하고 [확인]을 클릭합니다.

04 그러면 기존에 없던 [년(판매일)], [분기(판매일)] 필드가 추가되는 것을 확인할 수 있습니다.

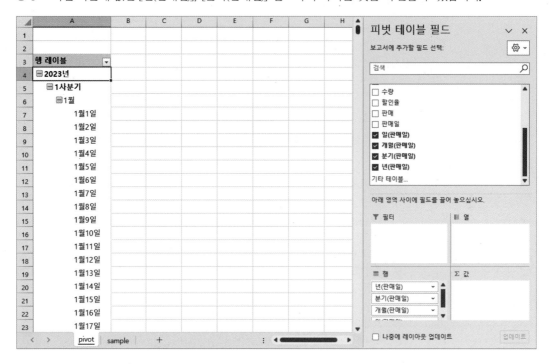

05 [일(판매일)] 필드 확인란은 체크 해제하고 [판매] 필드를 체크하면 다음 피벗 테이블 보고서를 확인할 수 있습니다.

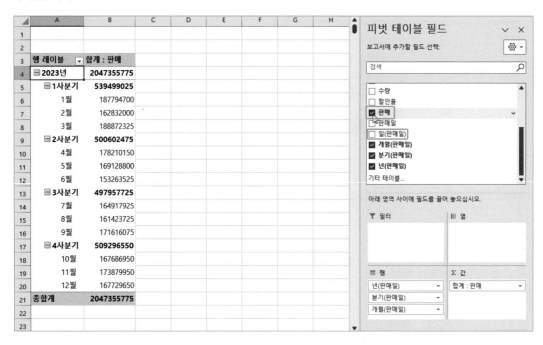

그룹 필드의 동작 원리

엑셀 2019 버전 이상의 피벗 테이블은 그룹 필드를 이용할 때 상위 필드의 부분합이 자동으로 표시됩니다. 앞의 화면을 보면, 년/분기의 부분합이 모두 제대로 표시됩니다.

다만 하위 버전에서는 부분합이 제대로 표시되지 않는 문제가 있습니다. 그러므로 부분합이 제대로 표시되지 않는 경우라면 부분합을 표시할 연도, 분기 필드 내 항목을 하나씩 선택하고 마우스 오른쪽 버튼을 클릭한 다음 필드 [부분합]을 클릭해줍니다.

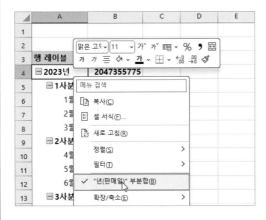

06 이번에는 숫자 필드의 그룹 필드를 생성합니다. 날짜 그룹 필드(년, 분기, 월)는 모두 체크 해제하고, [연령대] 필드 확인란을 체크합니다.

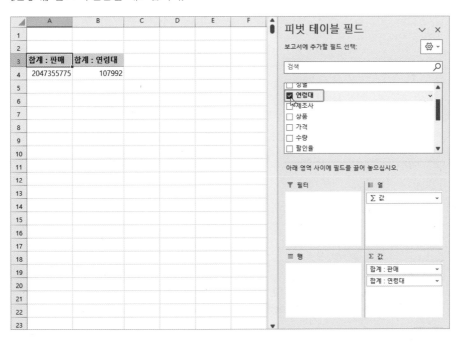

TIP 이번 예제에서 [연령대] 필드에는 고객 나이가 숫자로 입력되어 있습니다. 그러므로 필드 확인란을 체크하면 바로 [값] 영역에 삽입됩니다.

07 [값] 영역에 위치한 [연령대] 필드를 그룹 필드로 분석하기 위해 [행] 영역으로 옮겨 놓습니다.

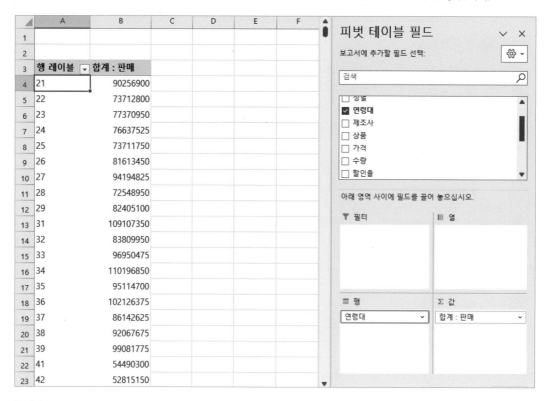

TIP 그룹 필드 기능을 사용하려면 [행] 또는 [열] 영역에 필드가 삽입되어야 합니다.

08 [연령대] 필드의 항목을 하나 선택한 후 리본 메뉴의 [피벗 테이블 분석] 탭–[그룹] 그룹–[필드 그룹화
⑦]를 클릭합니다.

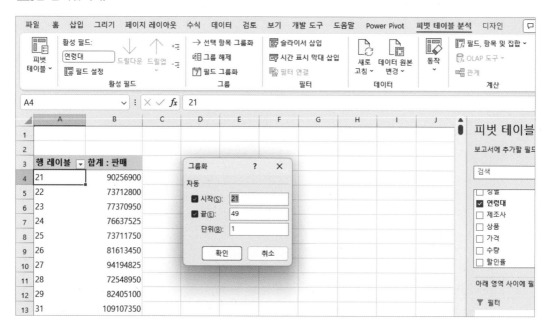

09 [그룹화] 대화상자에서 [시작] 값을 0으로 변경하고, [단위]를 10으로 변경한 후 [확인]을 클릭합니다.

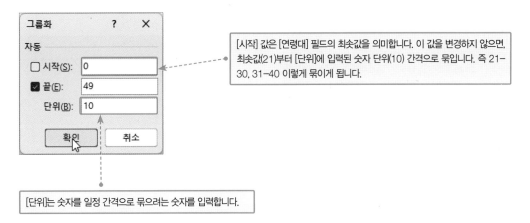

[시작] 값은 [연령대] 필드의 최솟값을 의미합니다. 이 값을 변경하지 않으면, 최솟값(21)부터 [단위]에 입력된 숫자 단위(10) 간격으로 묶입니다. 즉 21–30, 31–40 이렇게 묶이게 됩니다.

[단위]는 숫자를 일정 간격으로 묶으려는 숫자를 입력합니다.

10 연령대가 제대로 묶여 표시되는 것을 확인할 수 있습니다.

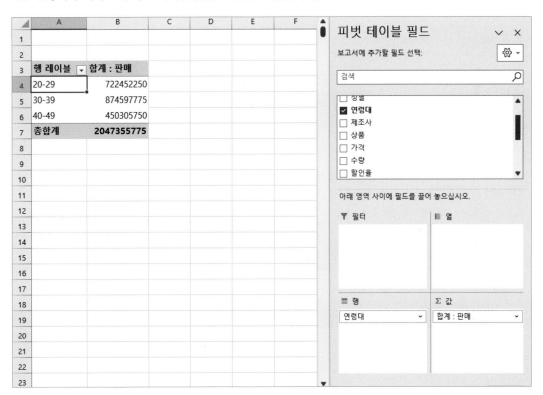

11 피벗 테이블로 보고서를 변경하기 위해 [연령대] 필드를 [열] 영역으로 드래그해 위치를 옮긴 후 [개월(판매일)] 필드 확인란을 체크하면 화면과 같은 보고서를 확인할 수 있습니다.

	A	B	C	D	E	F	G
1							
2							
3	합계 : 판매	열 레이블 ▾					
4	행 레이블 ▾	20-29	30-39	40-49	총합계		
5	1월	72382425	66380625	49031650	187794700		
6	2월	60530350	70747725	31553925	162832000		
7	3월	69603800	78469325	40799200	188872325		
8	4월	56542075	77885825	43782250	178210150		
9	5월	57070125	74486925	37571750	169128800		
10	6월	52040050	70298700	30924775	153263525		
11	7월	56276000	74129000	34512925	164917925		
12	8월	63906325	63930950	33586450	161423725		
13	9월	61535900	74310775	35769400	171616075		
14	10월	48722750	78730100	40234100	167686950		
15	11월	62748050	71251175	39880725	173879950		
16	12월	61094400	73976650	32658600	167729650		
17	총합계	722452250	874597775	450305750	2047355775		
18							
19							
20							
21							
22							
23							

피벗 테이블 필드 ∨ ✕

보고서에 추가할 필드 선택: ⚙ ▾

🔍 검색

- ☐ 판매일
- ☐ 일(판매일)
- ☑ 개월(판매일)
- ☐ 분기(판매일)
- ☐ 년(판매일)
- 기타 테이블...

아래 영역 사이에 필드를 끌어 놓으십시오.

▼ 필터

‖ 열
연령대 ▾

≡ 행
개월(판매일) ▾

Σ 값
합계 : 판매 ▾

엑셀마스터가 짚어주는 핵심 NOTE

숫자 그룹 필드의 명칭 변경

숫자 필드를 그룹 필드로 생성하면 '20–29'와 같은 방법으로 항목 레이블을 표시합니다. 이해는 되지만 보기에는 좋지 않을 수 있습니다. 이 부분은 간단하게 셀 값을 직접 수정하는 방법을 사용할 수 있으니, [B4:D4] 범위 내 각 셀을 순서대로 **20대**, **30대**, **40대**로 수정하면 됩니다.

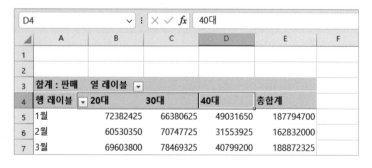

예제 파일 CHAPTER 08 \ 그룹 필드.xlsx

01 예제 파일을 열고 [pivot] 시트를 선택하면 각 지점의 분기별 실적을 집계한 보고서를 확인할 수 있습니다.

02 해당 보고서의 지점을 지역별로 분석합니다.

TIP 피벗 테이블에서 지역별로 데이터를 요약하려면 원본 표에 [지역] 필드가 존재해야 합니다.

03 각 지점이 다음 지역에 위치한다는 것을 알고 있다고 가정하고 [지점] 필드를 사용해 [지역] 필드를 그룹 필드로 생성합니다.

지역	지점
서울	가양점, 강남점, 성수점, 수서점, 신도림점, 용산점, 자양점, 청계천점
경기/인천	고잔점, 동백점, 송도점, 죽전점, 화정점

04 먼저 서울 지역 지점들을 선택합니다. [Ctrl]을 누른 상태에서 [A5:A6], [A9], [A11:A14], [A16] 셀을 선택합니다.

05 마우스 오른쪽 버튼을 클릭하고 단축 메뉴에서 [그룹]을 클릭합니다.

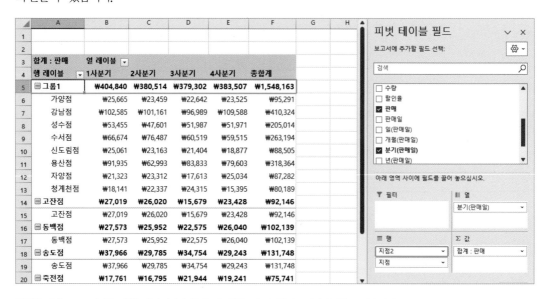

TIP 떨어진 위치의 셀을 모두 선택하고 Alt + Shift + → 단축키를 눌러도 됩니다.

06 그러면 선택한 항목들이 [그룹1]로 묶이는데 [행] 영역을 잘 보면 [지점2] 필드가 새롭게 생성된 것을 확인할 수 있습니다.

VER. 엑셀 2016 버전을 포함한 하위 버전에서는 [그룹1] 항목의 부분합이 표시되지 않을 수 있습니다. 이런 경우에는 이 책의 305페이지를 참고해 부분합 메뉴를 체크해주면 됩니다.

07 경기/인천 지역도 묶기 위해 나머지 지점 [A14:A23] 범위를 지정하고 마우스 오른쪽 버튼을 클릭한 다음 단축 메뉴에서 [그룹]을 클릭하거나 Alt + Shift + → 단축키를 누릅니다.

	A	B	C	D	E	F	G	H
10	신도림점	₩25,061	₩23,163	₩21,404	₩18,877	₩88,505		
11	용산점	₩91,935	₩62,993	₩83,833	₩79,603	₩318,364		
12	자양점				₩25,034	₩87,282		
13	청계천				₩15,395	₩80,189		
14	고잔점	₩27,019	₩26,020	₩15,679	₩23,428	₩92,146		
15	고잔점			₩15,679	₩23,428	₩92,146		
16	동백점	메뉴 검색		₩22,575	₩26,040	₩102,139		
17	동백점	복사(C)		₩22,575	₩26,040	₩102,139		
18	송도점	셀 서식(F)...		₩34,754	₩29,243	₩131,748		
19	송도점	새로 고침(R)		₩34,754	₩29,243	₩131,748		
20	죽전점	정렬(S)		₩21,944	₩19,241	₩75,741		
21	죽전점	필터(T)		₩21,944	₩19,241	₩75,741		
22	화정점	✓ "지점2" 부분합(B)		₩23,705	₩27,837	₩97,420		
23	화정점	확장/축소(E)		₩23,705	₩27,837	₩97,420		
24	총합계	그룹(G)		₩497,958	₩509,297	₩2,047,356		
25		그룹 해제(U)...						
26		이동(M)						
27		✕ "지점2" 제거(V)						

08 그러면 이번에 선택한 지점들은 [그룹2]로 묶이게 됩니다.

09 [그룹1], [그룹2] 항목을 지역 이름으로 변경합니다. [A5] 셀은 **서울**로, [A14] 셀은 **경기/인천**으로 각각 수정합니다.

	A	B	C	D	E	F	G
1							
2							
3	합계 : 판매	열 레이블 ▼					
4	행 레이블 ▼	1사분기	2사분기	3사분기	4사분기	총합계	
5	⊟ 서울	₩404,840	₩380,514	₩379,302	₩383,507	₩1,548,163	
6	가양점	₩25,665	₩23,459	₩22,642	₩23,525	₩95,291	
7	강남점	₩102,585	₩101,161	₩96,989	₩109,588	₩410,324	
8	성수점	₩53,455	₩47,601	₩51,987	₩51,971	₩205,014	
9	수서점	₩66,674	₩76,487	₩60,519	₩59,515	₩263,194	
10	신도림점	₩25,061	₩23,163	₩21,404	₩18,877	₩88,505	
11	용산점	₩91,935	₩62,993	₩83,833	₩79,603	₩318,364	
12	자양점	₩21,323	₩23,312	₩17,613	₩25,034	₩87,282	
13	청계천점	₩18,141	₩22,337	₩24,315	₩15,395	₩80,189	
14	⊟ 경기/인천	₩134,660	₩120,089	₩118,656	₩125,789	₩499,193	
15	고잔점	₩27,019	₩26,020	₩15,679	₩23,428	₩92,146	
16	동백점	₩27,573	₩25,952	₩22,575	₩26,040	₩102,139	
17	송도점	₩37,966	₩29,785	₩34,754	₩29,243	₩131,748	
18	죽전점	₩17,761	₩16,795	₩21,944	₩19,241	₩75,741	
19	화정점	₩24,341	₩21,537	₩23,705	₩27,837	₩97,420	
20	총합계	₩539,499	₩500,602	₩497,958	₩509,297	₩2,047,356	
21							

10 [지점2] 필드명도 수정해줍니다.

11 [지점2] 필드 내 항목을 하나 선택([A5] 셀 또는 [A14] 셀)된 상태에서 리본 메뉴의 [피벗 테이블 분석] 탭-[활성 필드] 그룹-[활성 필드:]로 이동해 필드명을 **지역**으로 변경합니다.

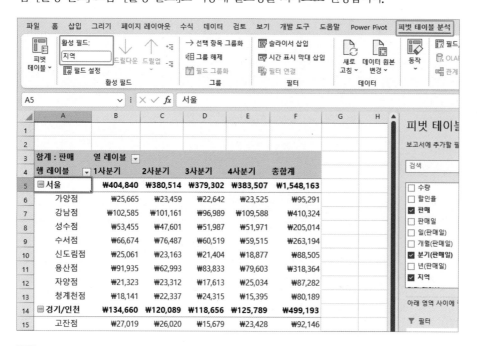

TIP 피벗 테이블에서 보고서의 머리글을 구성할 때 사용하는 필드는 원본 표의 필드와 그룹 필드로 나눌 수 있습니다. 그러므로 원본 표에는 없는데, 피벗 테이블에서만 머리글 구성에 사용할 수 있는 필드가 있다면 이는 그룹 필드라고 이해하면 됩니다.

[값] 영역 필드를 활용한 데이터 요약/분석

SECTION 07

피벗 테이블의 [값] 영역에 추가된 필드는 다음과 같은 함수를 사용해 집계됩니다.

요약 기준	함수	설명
합계	SUM	숫자 값을 갖는 필드를 [값] 영역에 추가할 때 기본 적용되는 함수로 합계를 구해줍니다.
개수	COUNTA	날짜/시간, 텍스트, 논릿값을 갖는 필드를 [값] 영역에 추가할 때 기본 적용되는 함수로, 해당 필드 내 값이 입력된 셀의 개수를 세어줍니다.
평균, 최대/최소, 곱, 숫자 개수, 표준편차, 분산	AVERAGE, MAX/MIN, PRODUCT, COUNT, STDEV.S, VAR.S	그 외 적용 가능한 함수로, [값 요약 기준]을 변경해 적용할 수 있습니다.
고유 개수	DISTINCTCOUNT	엑셀 2013 버전부터 새롭게 추가된 집계 방법으로, [데이터 모델]에 추가된 데이터를 대상으로 사용할 수 있습니다. 실제 파워 피벗의 DAX 함수가 동작되어 결과를 반환합니다.

이때 주의해야 하는 것은 숫자 필드는 해당 필드 내 모든 값이 숫자여야 한다는 점입니다. 그래야 정확하게 [값] 영역에 추가될 때 [합계]가 구해집니다.

또한 원본 데이터에 적용된 표시 형식과 무관하게 [값] 영역에 집계된 필드는 기본적으로 [일반] 표시 형식 (=아무런 형식이 적용되지 않은)이 적용됩니다. 피벗 테이블 보고서는 필드 단위로 데이터를 관리하므로 집계 후 표시 형식을 변경하고자 할 때는 리본 메뉴의 [홈] 탭에 있는 [표시 형식]을 사용하면 피벗 테이블 보고서를 변경할 때 표시 형식이 초기화될 수 있습니다. 그러므로 필드의 표시 형식은 반드시 [필드 표시 형식]을 사용해 수정해야 합니다.

이런 부분은 초보자가 많이 실수하는 부분이므로, 이어지는 사례를 통해 피벗 테이블 보고서의 [값] 영역을 활용하는 방법을 잘 이해할 수 있으면 좋겠습니다.

[값] 영역의 필드 집계 방법 이해하기

예제 파일 CHAPTER 08 \ 값 영역 집계 함수.xlsx

01 예제 파일을 열면 [pivot] 시트에 [지점] 필드만 [행] 영역에 삽입된 보고서를 확인할 수 있습니다.

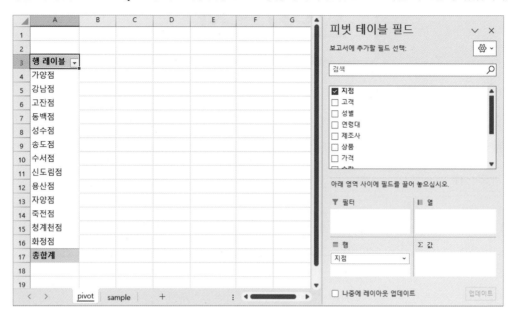

02 각 지점의 데이터를 다양한 방법으로 집계하기 위해 [피벗 테이블 필드] 작업 창에서 [고객], [수량], [할인율], [판매], [판매일] 필드를 순서대로 [값] 영역에 드래그해 삽입합니다.

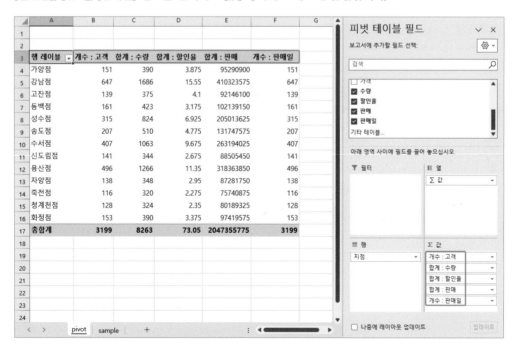

엑셀마스터가 짚어주는 핵심 NOTE

[값] 영역에 삽입된 필드 이해하기

이번 작업에서 추가된 필드는 다음과 같습니다.

필드	데이터 형식	집계 함수
고객	텍스트	텍스트 데이터를 갖는 필드는 [개수]가 구해집니다.
수량	숫자	
할인율	숫자	숫자 데이터를 갖는 필드는 [합계]가 구해집니다.
판매	숫자	
판매일	날짜	날짜/시간 데이터를 갖는 필드는 [개수]가 구해집니다.

[수량], [할인율], [판매] 필드는 필드 확인란을 체크해도 [값] 영역에 추가되지만, [고객], [판매일] 필드는 필드 확인란을 체크하면 [행] 영역에 삽입되므로, 다시 위치를 옮겨줘야 합니다. 그러므로 [값] 영역에는 되도록이면 이렇게 드래그&드롭 방식으로 필드를 삽입하는 것이 좋습니다.

참고로 숫자 필드를 [값] 영역에 삽입할 때 [개수]가 구해진다면, 해당 필드 내 모든 값이 숫자 데이터가 아닌 경우입니다. 이런 경우에는 이 책의 240페이지를 참고해 데이터 형식을 먼저 변환해야 합니다.

03 [할인율] 필드는 합계 대신 평균으로 변경합니다.

04 [합계 : 할인율] 머리글 셀([D3] 셀)을 선택하고 마우스 오른쪽 버튼을 클릭한 다음 단축 메뉴에서 [값 요약 기준]-[평균]을 선택합니다.

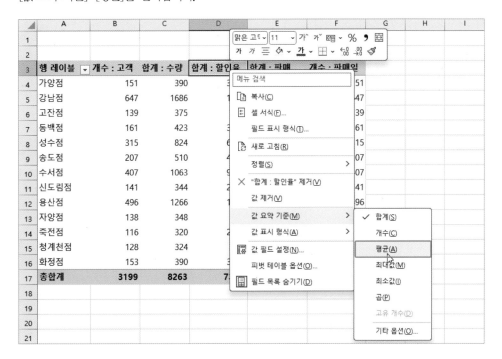

05 [할인율] 필드의 표시 형식을 백분율로 변경합니다.

06 [D3] 셀 위치에서 마우스 오른쪽 버튼을 클릭한 다음 단축 메뉴에서 [필드 표시 형식]을 클릭합니다.

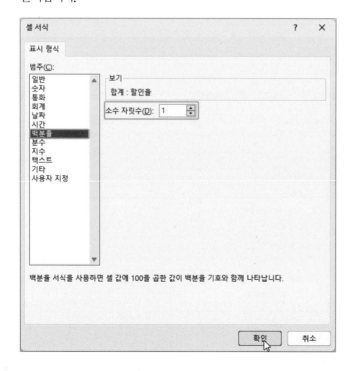

07 [셀 서식] 대화상자가 표시되면 [백분율]을 선택하고 [소수 자릿수] 옵션을 [1]로 변경한 다음 [확인]을 클릭합니다.

08 [판매일] 필드는 날짜 필드인데 개수 대신 거래가 시작된 최초 거래일로 변경합니다.

09 [F3] 셀을 선택하고 마우스 오른쪽 버튼을 클릭한 후 단축 메뉴에서 [값 요약 기준]–[최소값]을 클릭합니다.

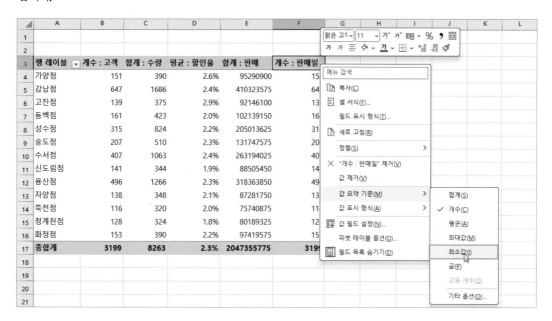

10 [판매일] 필드가 최솟값으로 집계가 되면 [판매일] 필드는 날짜 일련번호가 표시됩니다.

행 레이블	개수 : 고객	합계 : 수량	평균 : 할인율	합계 : 판매	최소 : 판매일
가양점	151	390	2.6%	95290900	44931
강남점	647	1686	2.4%	410323575	44928
고잔점	139	375	2.9%	92146100	44927
동백점	161	423	2.0%	102139150	44931
성수점	315	824	2.2%	205013625	44928
송도점	207	510	2.3%	131747575	44929
수서점	407	1063	2.4%	263194025	44928
신도림점	141	344	1.9%	88505450	44927
용산점	496	1266	2.3%	318363850	44927
자양점	138	348	2.1%	87281750	44927
죽전점	116	320	2.0%	75740875	44927
청계천점	128	324	1.8%	80189325	44927
화정점	153	390	2.2%	97419575	44930
총합계	3199	8263	2.3%	2047355775	44927

11 [판매일] 필드의 표시 형식을 '날짜'로 변경합니다. [F3] 셀을 선택하고 마우스 오른쪽 버튼을 클릭한 다음 [필드 표시 형식]을 선택합니다. [셀 서식] 대화상자가 표시되면 [날짜]를 선택하고 [확인]을 클릭합니다. 표시 형식이 변경된 것을 확인합니다.

	A	B	C	D	E	F	G
1							
2							
3	행 레이블 ▼	개수 : 고객	합계 : 수량	평균 : 할인율	합계 : 판매	최소 : 판매일	
4	가양점	151	390	2.6%	95290900	2023-01-05	
5	강남점	647	1686	2.4%	410323575	2023-01-02	
6	고잔점	139	375	2.9%	92146100	2023-01-01	
7	동백점	161	423	2.0%	102139150	2023-01-05	
8	성수점	315	824	2.2%	205013625	2023-01-02	
9	송도점	207	510	2.3%	131747575	2023-01-03	
10	수서점	407	1063	2.4%	263194025	2023-01-02	
11	신도림점	141	344	1.9%	88505450	2023-01-01	
12	용산점	496	1266	2.3%	318363850	2023-01-01	
13	자양점	138	348	2.1%	87281750	2023-01-01	
14	죽전점	116	320	2.0%	75740875	2023-01-01	
15	청계천점	128	324	1.8%	80189325	2023-01-01	
16	화정점	153	390	2.2%	97419575	2023-01-04	
17	총합계	3199	8263	2.3%	2047355775	2023-01-01	
18							
19							

12 [고객], [수량] 필드는 표시 형식을 [숫자]로 변경하고 [판매] 필드는 [통화]로 변경합니다.

13 [값] 영역에 집계된 필드의 머리글을 변경합니다. [B3:F3] 범위의 값을 순서대로 **고객수**, **판매수량**, **평균 할인율**, **실적**, **거래시작일**로 변경합니다.

	A	B	C	D	E	F	G
1							
2							
3	행 레이블 ▼	고객수	판매수량	평균 할인율	실적	거래시작일	
4	가양점	151	390	2.6%	₩95,290,900	2023-01-05	
5	강남점	647	1,686	2.4%	₩410,323,575	2023-01-02	
6	고잔점	139	375	2.9%	₩92,146,100	2023-01-01	
7	동백점	161	423	2.0%	₩102,139,150	2023-01-05	
8	성수점	315	824	2.2%	₩205,013,625	2023-01-02	
9	송도점	207	510	2.3%	₩131,747,575	2023-01-03	
10	수서점	407	1,063	2.4%	₩263,194,025	2023-01-02	
11	신도림점	141	344	1.9%	₩88,505,450	2023-01-01	
12	용산점	496	1,266	2.3%	₩318,363,850	2023-01-01	
13	자양점	138	348	2.1%	₩87,281,750	2023-01-01	
14	죽전점	116	320	2.0%	₩75,740,875	2023-01-01	
15	청계천점	128	324	1.8%	₩80,189,325	2023-01-01	
16	화정점	153	390	2.2%	₩97,419,575	2023-01-04	
17	총합계	3,199	8,263	2.3%	₩2,047,355,775	2023-01-01	
18							
19							

14 [값] 영역이 다른 영역과 다른 점은 동일한 필드를 여러 번 삽입해 집계 결과를 다르게 변경할 수 있다는 점입니다.

15 [피벗 테이블 필드] 작업 창에서 [판매일] 필드를 [값] 영역에 드래그&드롭 방식으로 삽입합니다.

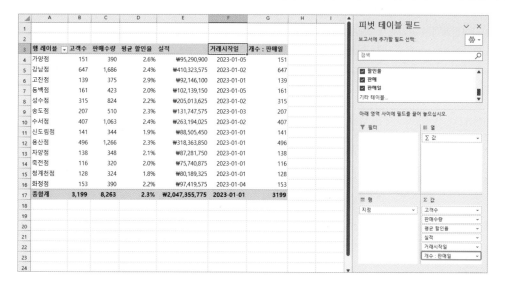

계산 필드를 사용해 계산된 결과를 [값] 영역에 삽입하는 방법 이해하기

예제 파일 CHAPTER 08 \ 계산 필드.xlsx

01 예제 파일을 열고 [pivot] 시트 탭을 선택하면 각 지점의 매출 실적이 집계된 보고서를 확인할 수 있습니다.

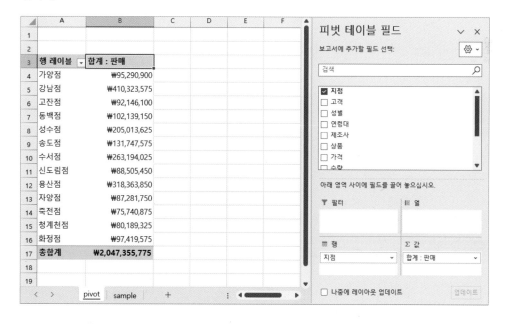

엑셀마스터가 짚어주는 핵심 NOTE

제시된 데이터 파악하기

피벗 테이블 보고서의 [판매] 필드는 개별 상품의 판매액이 입력된 열로, 이 데이터를 매출로 인식할 수 있지만, [판매] 필드의 판매액은 부가세가 포함된 금액입니다. 그러므로 부가세를 제외한 실제 매출을 구하려면 [판매] 필드에서 부가세(10%) 부분을 먼저 계산하고, 이를 빼서 계산해야 합니다.

02 피벗 테이블에 제공되는 계산 필드 기능을 이용해 부가세를 계산합니다.

03 리본 메뉴의 [피벗 테이블 분석] 탭–[계산] 그룹–[필드, 항목 및 집합]–[계산 필드]를 클릭합니다.

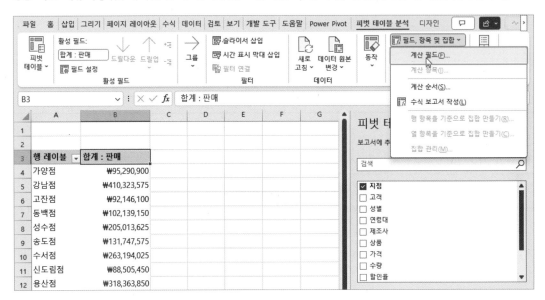

04 [계산 필드 삽입] 대화상자가 표시되면 [이름]은 **부가세**로 변경하고, [수식]도 **= 판매 / 11**과 같이 변경한 다음 [추가]를 클릭합니다.

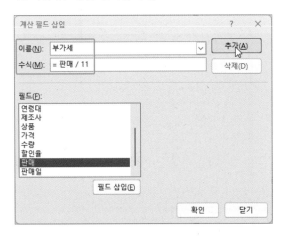

엑셀마스터가 짚어주는 핵심 NOTE

계산 필드의 수식 이해하기

먼저 [계산 필드]에서는 셀을 참조하지 못하고 필드를 참조해 계산합니다. 부가세는 [판매] 필드의 판매액을 참조해서 계산해야 하므로 [수식]에서 [판매] 필드를 참조해야 합니다. 이때 직접 필드명을 입력하는 것보다는 하단의 [필드] 리스트에서 참조할 필드를 더블클릭하거나, 필드를 선택하고 [필드 삽입]을 클릭해 필드를 참조하는 것이 좋습니다.

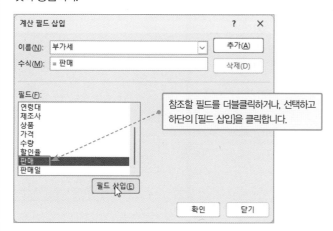

이유는 간단합니다. 필드명에 띄어쓰기가 되어 있거나 숫자로 시작하는 경우라면 필드명을 작은따옴표(')로 묶어 입력해야 하는데, 이런 부분을 실수하지 않고 처리하는 것이 쉽지 않기 때문입니다. 위 방법대로 작업하면 엑셀이 필드명에 맞춰 작은따옴표(')를 자동으로 입력해주므로 필드명은 가급적 위에서 설명한 방법을 참고하는 것을 권합니다.

참고로 [판매] 필드의 판매액에 부가세가 포함되어 있으므로, 부가세 부분만 돌려받으려면 [판매] 필드에 10%를 곱하면 안 되고, 110%로 나눠 계산해야 합니다. 10%를 곱해 계산하는 방법은 부가세가 별도일 때 계산하는 방법이므로 이런 부분을 착각하지 않아야 합니다.

즉, 이번 수식은 [판매] 필드의 값을 110%(=11)로 나눈 결과를 갖는 [부가세]라는 이름의 [계산 필드]를 생성하라는 의미가 됩니다.

이렇게 [추가]를 클릭하면 [피벗 테이블 필드] 작업 창의 필드 목록에 생성된 [부가세] 필드가 표시되게 됩니다.

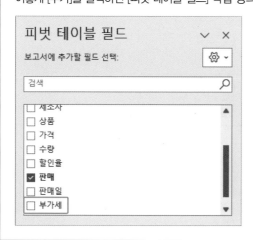

05 [계산 필드 삽입] 대화상자에서 [확인]을 클릭해 대화상자를 닫으면 자동으로 [부가세] 필드가 피벗 테이블 보고서의 [값] 영역에 삽입됩니다.

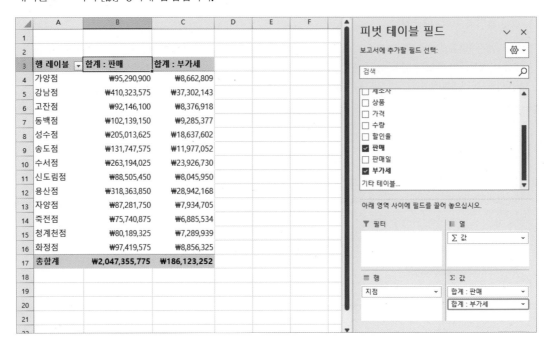

TIP 계산 필드는 생성과 동시에 [값] 영역에 삽입되며 표시 형식도 자동으로 설정됩니다.

06 같은 방법으로 [매출] 필드도 생성합니다.

07 리본 메뉴의 [테이블 분석] 탭–[계산] 그룹–[필드, 항목 및 집합]–[계산 필드]를 클릭합니다.

08 [계산 필드 삽입] 대화상자가 표시되면 [이름]에는 **매출**을 입력하고 [수식]에는 **=판매 – 부가세**를 입력한 후 [추가]를 클릭합니다.

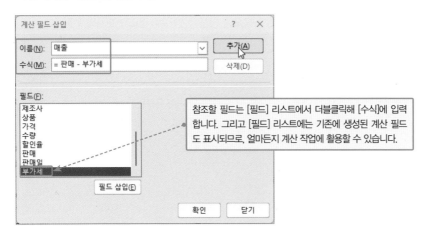

09 [계산 필드 삽입] 대화상자에서 [확인]을 클릭해 대화상자를 닫으면 자동으로 [매출] 필드가 피벗 테이블 보고서의 [값] 영역에 삽입됩니다.

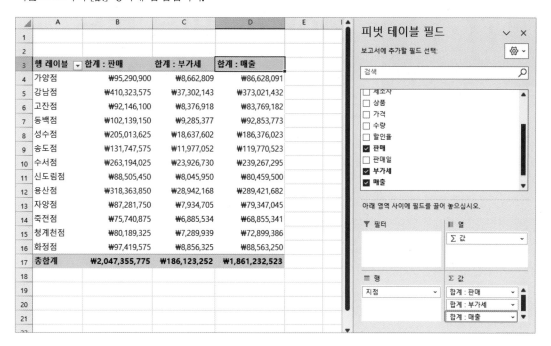

TIP 당연한 이야기지만 [부가세] 필드의 값과 [매출] 필드의 값을 더하면 [판매] 필드의 값과 동일해야 합니다.

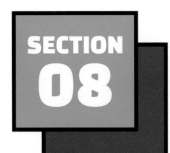

SECTION 08

[값] 영역 필드에서 데이터의 비율 또는 증감률 계산하기

요약된 모든 집계 보고서에 빠지지 않고 들어가는 것 중에 하나가 전체 대비 비율을 계산하거나 이전에 비해 어느 정도 증감이 됐는지 여부를 표시하는 증감률입니다. 피벗 테이블 보고서에서도 이를 값 표시 형식 기능을 이용해 제공해줍니다. 값 표시 형식 중에서 비율과 증감률을 표시할 때 사용하는 표시 형식은 다음과 같으며, 엑셀 2007 버전에서는 표시 형식의 명칭이 다르므로 주의가 필요합니다.

구분	엑셀 2010 이상	엑셀 2007 이하
비율	총합계 비율	전체에 대한 비율
	열 합계 비율	행 방향의 비율
	행 합계 비율	열 방향의 비율
증감률	[기준값]에 대한 비율의 차이	

[값] 영역에 집계된 데이터의 비율 표시하기

예제 파일 CHAPTER 08 \ 값 표시 형식.xlsx

01 예제 파일을 열고 [pivot] 시트를 확인하면 다음과 같은 지점의 분기별 실적을 확인할 수 있습니다.

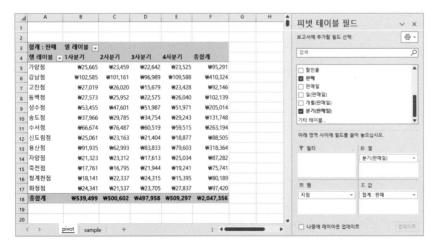

02 실적과 비율을 함께 표시하기 위해 [피벗 테이블 필드] 작업 창에서 [판매] 필드를 [값] 영역에 드래그&드롭 방식으로 추가합니다.

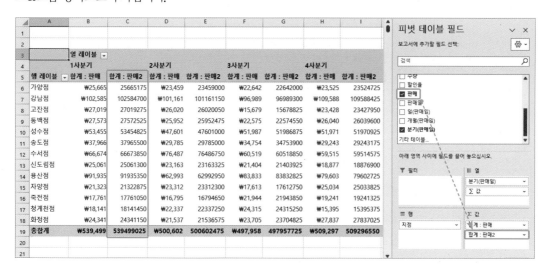

TIP 추가된 필드는 [합계 : 판매2] 필드로 [값] 영역에 삽입됩니다.

03 삽입된 [합계 : 판매2] 필드를 분기 합계로 나눈 비율로 표시합니다.

04 [합계 : 판매2] 필드 내 셀을 하나 선택(화면에서는 [C5] 셀)하고 마우스 오른쪽 버튼을 클릭한 후 단축 메뉴에서 [값 표시 형식]-[열 합계 비율]을 선택합니다.

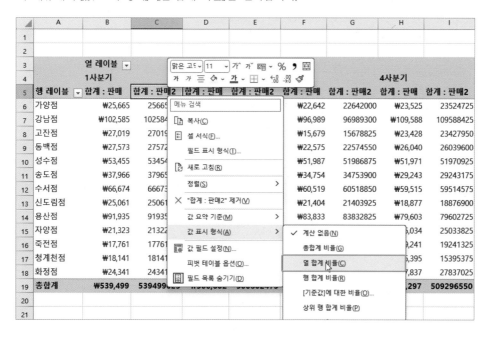

05 그러면 분기별로 각 지점의 실적이 비율로 표시됩니다.

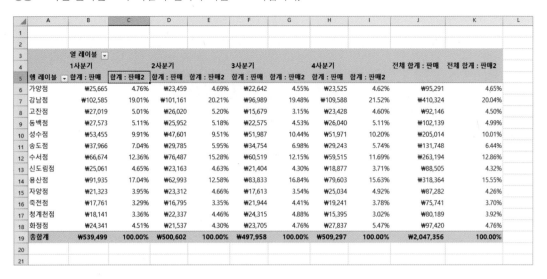

06 이런 식의 방법은 효율적이지만, 화면으로는 어떤 지점의 실적이 높은지 확인하기가 쉽지 않습니다. 조건부 서식을 이용해 피벗 테이블 보고서의 비율이 좀 더 잘 구분될 수 있도록 합니다.

07 비율이 표시된 셀을 하나(화면에서는 [C6] 셀) 선택하고, 리본 메뉴의 [홈] 탭-[스타일] 그룹-[조건부 서식]-[색조]-[기타 규칙]을 클릭합니다.

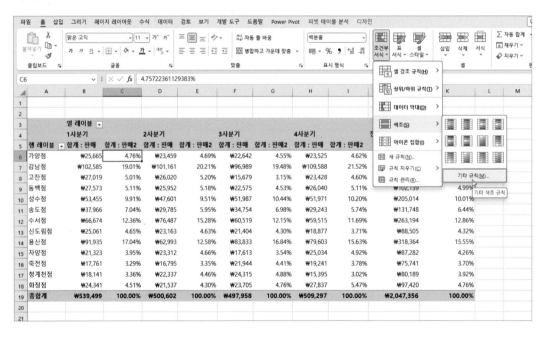

08 [새 서식 규칙] 대화상자가 표시되면 ["지점" 및 "분기(판매일)"에 대한 "합계 : 판매2" 값을 표시하는 모든 셀] 옵션을 선택합니다.

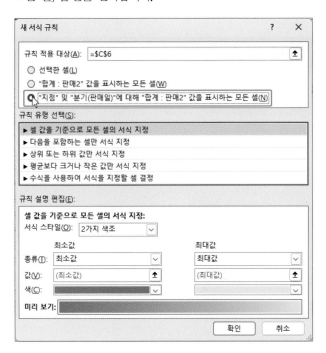

09 그런 다음 [최소값], [최대값] 옵션의 색상을 원하는 색상으로 변경하고 [확인]을 클릭합니다.

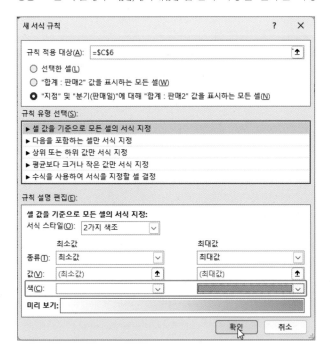

10 그러면 피벗 테이블 보고서의 비율이 표시된 위치에 색조 효과가 모두 적용됩니다.

	A	B	C	D	E	F	G	H	I	J	K	L
3		열 레이블										
4		1사분기		2사분기		3사분기		4사분기		전체 합계 : 판매	전체 합계 : 판매2	
5	행 레이블	합계 : 판매	합계 : 판매2	합계 : 판매	합계 : 판매2	합계 : 판매	합계 : 판매2	합계 : 판매	합계 : 판매2			
6	가양점	₩25,665	4.76%	₩23,459	4.69%	₩22,642	4.55%	₩23,525	4.62%	₩95,291	4.65%	
7	강남점	₩102,585	19.01%	₩101,161	20.21%	₩96,989	19.48%	₩109,588	21.52%	₩410,324	20.04%	
8	고잔점	₩27,019	5.01%	₩26,020	5.20%	₩15,679	3.15%	₩23,428	4.60%	₩92,146	4.50%	
9	동백점	₩27,573	5.11%	₩25,952	5.18%	₩22,575	4.53%	₩26,040	5.11%	₩102,139	4.99%	
10	성수점	₩53,455	9.91%	₩47,601	9.51%	₩51,987	10.44%	₩51,971	10.20%	₩205,014	10.01%	
11	송도점	₩37,966	7.04%	₩29,785	5.95%	₩34,754	6.98%	₩29,243	5.74%	₩131,748	6.44%	
12	수서점	₩66,674	12.36%	₩76,487	15.28%	₩60,519	12.15%	₩59,515	11.69%	₩263,194	12.86%	
13	신도림점	₩25,061	4.65%	₩23,163	4.63%	₩21,404	4.30%	₩18,877	3.71%	₩88,505	4.32%	
14	용산점	₩91,935	17.04%	₩62,993	12.58%	₩83,833	16.84%	₩79,603	15.63%	₩318,364	15.55%	
15	자양점	₩21,323	3.95%	₩23,312	4.66%	₩17,613	3.54%	₩25,034	4.92%	₩87,282	4.26%	
16	죽전점	₩17,761	3.29%	₩16,795	3.35%	₩21,944	4.41%	₩19,241	3.78%	₩75,741	3.70%	
17	청계천점	₩18,141	3.36%	₩22,337	4.46%	₩24,315	4.88%	₩15,395	3.02%	₩80,189	3.92%	
18	화정점	₩24,341	4.51%	₩21,537	4.30%	₩23,705	4.76%	₩27,837	5.47%	₩97,420	4.76%	
19	총합계	₩539,499	100.00%	₩500,602	100.00%	₩497,958	100.00%	₩509,297	100.00%	₩2,047,356	100.00%	

TIP 색이 진하게 나타날수록 분기별 실적이 높은 지점을 흰색에 가까울수록 분기별 실적이 떨어지는 지점을 의미합니다.

11 이번에는 지점의 실적을 비율로 표시합니다. [C5] 셀이 선택된 상태에서 마우스 오른쪽 버튼을 클릭하고 [값 표시 형식]–[행 합계 비율]을 선택합니다. 변경된 화면을 확인합니다.

	A	B	C	D	E	F	G	H	I	J	K	L
3		열 레이블										
4		1사분기		2사분기		3사분기		4사분기		전체 합계 : 판매	전체 합계 : 판매2	
5	행 레이블	합계 : 판매	합계 : 판매2	합계 : 판매	합계 : 판매2	합계 : 판매	합계 : 판매2	합계 : 판매	합계 : 판매2			
6	가양점	₩25,665	26.93%	₩23,459	24.62%	₩22,642	23.76%	₩23,525	24.69%	₩95,291	100.00%	
7	강남점	₩102,585	25.00%	₩101,161	24.65%	₩96,989	23.64%	₩109,588	26.71%	₩410,324	100.00%	
8	고잔점	₩27,019	29.32%	₩26,020	28.24%	₩15,679	17.02%	₩23,428	25.42%	₩92,146	100.00%	
9	동백점	₩27,573	27.00%	₩25,952	25.41%	₩22,575	22.10%	₩26,040	25.49%	₩102,139	100.00%	
10	성수점	₩53,455	26.07%	₩47,601	23.22%	₩51,987	25.36%	₩51,971	25.35%	₩205,014	100.00%	
11	송도점	₩37,966	28.82%	₩29,785	22.61%	₩34,754	26.38%	₩29,243	22.20%	₩131,748	100.00%	
12	수서점	₩66,674	25.33%	₩76,487	29.06%	₩60,519	22.99%	₩59,515	22.61%	₩263,194	100.00%	
13	신도림점	₩25,061	28.32%	₩23,163	26.17%	₩21,404	24.18%	₩18,877	21.33%	₩88,505	100.00%	
14	용산점	₩91,935	28.88%	₩62,993	19.79%	₩83,833	26.33%	₩79,603	25.00%	₩318,364	100.00%	
15	자양점	₩21,323	24.43%	₩23,312	26.71%	₩17,613	20.18%	₩25,034	28.68%	₩87,282	100.00%	
16	죽전점	₩17,761	23.45%	₩16,795	22.17%	₩21,944	28.97%	₩19,241	25.40%	₩75,741	100.00%	
17	청계천점	₩18,141	22.62%	₩22,337	27.86%	₩24,315	30.32%	₩15,395	19.20%	₩80,189	100.00%	
18	화정점	₩24,341	24.99%	₩21,537	22.11%	₩23,705	24.33%	₩27,837	28.57%	₩97,420	100.00%	
19	총합계	₩539,499	26.35%	₩500,602	24.45%	₩497,958	24.32%	₩509,297	24.88%	₩2,047,356	100.00%	

12 이번에는 연간 실적 대비 비율을 표시합니다. [C5] 셀이 선택된 상태에서 마우스 오른쪽 버튼을 클릭하고 [값 표시 형식]–[총합계 비율]을 선택합니다. 변경된 화면을 확인합니다.

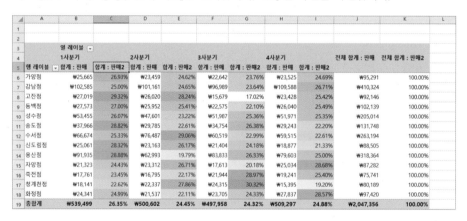

	A	B	C	D	E	F	G	H	I	J	K	L
3		열 레이블										
4		1사분기		2사분기		3사분기		4사분기		전체 합계 : 판매	전체 합계 : 판매2	
5	행 레이블	합계 : 판매	합계 : 판매2	합계 : 판매	합계 : 판매2	합계 : 판매	합계 : 판매2	합계 : 판매	합계 : 판매2			
6	가양점	₩25,665	1.25%	₩23,459	1.15%	₩22,642	1.11%	₩23,525	1.15%	₩95,291	4.65%	
7	강남점	₩102,585	5.01%	₩101,161	4.94%	₩96,989	4.74%	₩109,588	5.35%	₩410,324	20.04%	
8	고잔점	₩27,019	1.32%	₩26,020	1.27%	₩15,679	0.77%	₩23,428	1.14%	₩92,146	4.50%	
9	동백점	₩27,573	1.35%	₩25,952	1.27%	₩22,575	1.10%	₩26,040	1.27%	₩102,139	4.99%	
10	성수점	₩53,455	2.61%	₩47,601	2.32%	₩51,987	2.54%	₩51,971	2.54%	₩205,014	10.01%	
11	송도점	₩37,966	1.85%	₩29,785	1.45%	₩34,754	1.70%	₩29,243	1.43%	₩131,748	6.44%	
12	수서점	₩66,674	3.26%	₩76,487	3.74%	₩60,519	2.96%	₩59,515	2.91%	₩263,194	12.86%	
13	신도림점	₩25,061	1.22%	₩23,163	1.13%	₩21,404	1.05%	₩18,877	0.92%	₩88,505	4.32%	
14	용산점	₩91,935	4.49%	₩62,993	3.08%	₩83,833	4.09%	₩79,603	3.89%	₩318,364	15.55%	
15	자양점	₩21,323	1.04%	₩23,312	1.14%	₩17,613	0.86%	₩25,034	1.22%	₩87,282	4.26%	
16	죽전점	₩17,761	0.87%	₩16,795	0.82%	₩21,944	1.07%	₩19,241	0.94%	₩75,741	3.70%	
17	청계천점	₩18,141	0.89%	₩22,337	1.09%	₩24,315	1.19%	₩15,395	0.75%	₩80,189	3.92%	
18	화정점	₩24,341	1.19%	₩21,537	1.05%	₩23,705	1.16%	₩27,837	1.36%	₩97,420	4.76%	
19	총합계	₩539,499	26.35%	₩500,602	24.45%	₩497,958	24.32%	₩509,297	24.88%	₩2,047,356	100.00%	

[값 표시 형식]과 [계산 항목]을 이용해 증감률 계산하기

예제 파일 CHAPTER 08 \ 계산 항목.xlsx

01 예제 파일을 열고 [pivot] 시트를 확인하면 2023년–2024년의 분기별 실적이 집계된 보고서를 확인할 수 있습니다.

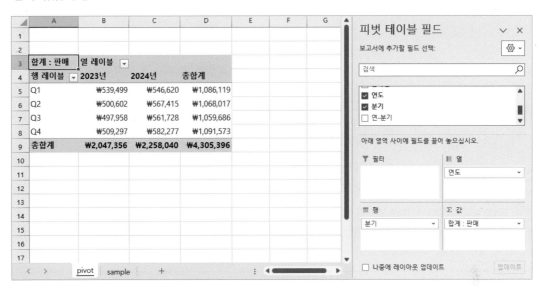

02 이번 예제의 [연도]와 [분기] 필드는 그룹 필드로 생성한 것이 아니라 원본 데이터에 수식을 사용한 열을 추가해 넣은 것입니다. 확인을 위해 시트 탭에서 [sample] 시트를 선택하면 우측 끝 부분에 [연도], [분기], [연–분기] 열을 확인할 수 있습니다.

엑셀마스터가 짚어주는 핵심 NOTE

원본 데이터 이해하기

원본 데이터에 추가되어 있는 [연도], [분기], [연–분기] 필드는 다음과 같은 계산식을 이용해 생성되어 있습니다.

열	계산식
연도	=YEAR([@판매일]) & "년"
분기	="Q" & ROUNDUP(MONTH([@판매일])/3, 0)
연–분기	=YEAR([@판매일]) & "–" & [@분기]

이번 예제에서 작업할 증감률은 전분기(또는 전년 동기)와 비교해 계산하고자 합니다. 이런 식의 작업을 [값 표시 형식]을 이용해 처리하면 몇 가지 아쉬운 점이 있습니다. 그렇기 때문에 피벗 테이블에서 증감률을 계산할 때, [계산 항목]과 같은 기능을 추가로 사용하기도 합니다.

그런데 [계산 항목]은 [그룹 필드]와 함께 사용할 수 없기 때문에 기존처럼 그룹 필드로 [연], [분기] 등을 생성하게 되면 [계산 항목]을 이용해 증감률 등을 계산할 수 없습니다.

그래서 이번과 같이 원본에 별도의 열을 추가해 [연], [분기] 등을 계산해놓은 것입니다. 참고로 K열에 있는 [연–분기] 필드는 연도와 분기를 yyyy–Q1과 같은 형식으로 표시한 것인데, 이것은 전분기 대비 증감률을 구할 때 필요하므로, 뒤의 사례를 통해 왜 이런 필드가 필요한지 이해할 수 있게 될 겁니다.

03 다시 [pivot] 시트를 선택하고 전분기 대비 증감률을 표시합니다. [피벗 테이블 필드] 작업 창에서 [판매] 필드를 [값] 영역에 드래그&드롭 방식으로 삽입합니다. 삽입된 [합계 : 판매2] 필드 내 셀을 하나(화면에서는 [C5] 셀) 선택하고 마우스 오른쪽 버튼을 클릭한 후 단축 메뉴에서 [값 표시 형식]–[[기준값]에 대한 비율의 차이]를 클릭합니다.

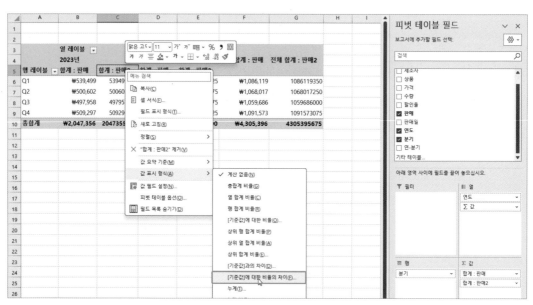

04 [값 표시 형식 (합계 : 판매2)] 대화상자가 표시되면 [기준 필드]는 [분기]로 [기준 항목]은 [(이전)]으로 변경하고 [확인]을 클릭합니다.

	A	B	C	D	E	F	G	H
1								
2								
3		열 레이블 ▼					전체 합계 : 판매	전체 합계 : 판매2
4		2023년		2024년				
5	행 레이블 ▼	합계 : 판매	합계 : 판매2	합계 : 판매	합계 : 판매2			
6	Q1	₩539,499	539499025	₩546,620	546620325	₩1,086,119	1086119350	
7	Q2	₩500,602	500602475	₩567,415	567414775	₩1,068,017	1068017250	
8	Q3	₩497,958	497957725	₩561,728	561728275	₩1,059,686	1059686000	
9	Q4	₩509,297	509296550	₩582,277	582276525	₩1,091,573	1091573075	
10	총합계	₩2,047,356	2047355775	₩2,258,040	2258039900	₩4,305,396	4305395675	
11								

값 표시 형식 (합계 : 판매2)   ?   ×

계산: [기준값]에 대한 비율의 차이

기준 필드(F): 분기

기준 항목(I): Q1
- (이전)
- (다음)
- Q1
- Q2
- Q3
- Q4

05 그러면 직전 분기 대비 증감률이 [합계 : 판매2] 필드에 표시됩니다.

	A	B	C	D	E	F	G	H
1								
2								
3		열 레이블 ▼						
4		2023년		2024년			전체 합계 : 판매	전체 합계 : 판매2
5	행 레이블 ▼	합계 : 판매	합계 : 판매2	합계 : 판매	합계 : 판매2			
6	Q1	₩539,499		₩546,620		₩1,086,119		
7	Q2	₩500,602	-7.21%	₩567,415	3.80%	₩1,068,017	-1.67%	
8	Q3	₩497,958	-0.53%	₩561,728	-1.00%	₩1,059,686	-0.78%	
9	Q4	₩509,297	2.28%	₩582,277	3.66%	₩1,091,573	3.01%	
10	총합계	₩2,047,356		₩2,258,040		₩4,305,396		
11								
12								

TIP [합계 : 판매2] 필드는 직전 분기 대비 증감률을 모두 제대로 표시해주고 있는 것 같지만, [E6] 셀에는 전년도 4사분기(Q4) 값이 있음에도 빈 셀로 표시됩니다. 이것은 사람과 엑셀이 처리하는 방식이 다르기 때문으로, 사람은 [연도]와 [분기] 필드의 관계를 이해하고 있기 때문에 24년 Q1의 직전 분기가 23년 Q4라는 것을 알 수 있지만, 엑셀은 그런 부분을 제대로 이해할 수 없기 때문에 항상 [분기] 필드만으로 계산을 합니다. 이런 차이 때문에 [값 표시 형식]을 이용해 증감률을 구할 때 아쉬울 수 있습니다.

06 보고서 구성을 변경합니다. [피벗 테이블 필드] 작업 창에서 [연도]와 [분기] 필드 확인란을 체크 해제해 보고서에서 제외합니다. 그런 다음 [연–분기] 필드 확인란을 체크하면 다음 화면과 같은 보고서를 확인할 수 있습니다.

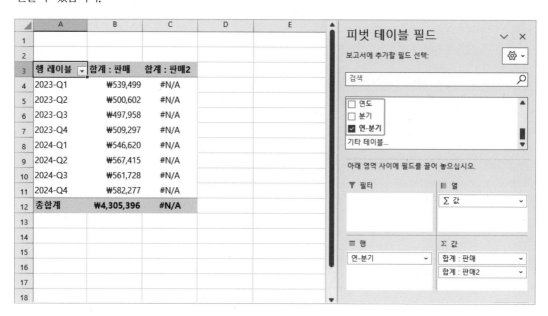

07 이제 [합계 : 판매2] 필드의 [값 표시 형식]을 다시 설정합니다. [C3] 셀에서 마우스 오른쪽 버튼을 클릭한 후 단축 메뉴에서 [값 표시 형식]–[[기준값]에 대한 비율의 차이]를 선택합니다. [값 표시 형식 (합계 : 판매2)] 대화상자가 표시되면 [기준 필드]의 값을 [연–분기] 필드로 변경해주고 [확인]을 클릭합니다.

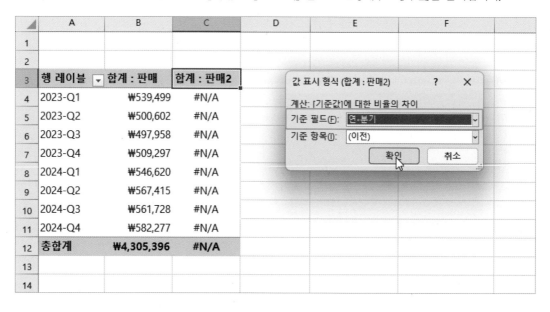

08 [합계 : 판매2] 필드에 증감률이 표시되며 [C8] 셀과 같이 24년도 Q1 역시 증감률이 계산됩니다.

	A	B	C	D	E
1					
2					
3	행 레이블 ▼	합계 : 판매	합계 : 판매2		
4	2023-Q1	₩539,499			
5	2023-Q2	₩500,602	-7.21%		
6	2023-Q3	₩497,958	-0.53%		
7	2023-Q4	₩509,297	2.28%		
8	2024-Q1	₩546,620	7.33%		
9	2024-Q2	₩567,415	3.80%		
10	2024-Q3	₩561,728	-1.00%		
11	2024-Q4	₩582,277	3.66%		
12	총합계	₩4,305,396			
13					
14					

09 이번에는 전년 동기 대비 증감률을 구해보겠습니다. 피벗 테이블 보고서의 구성을 다시 변경하기 위해 [피벗 테이블 필드] 작업 창에서 [연–분기] 필드의 확인란을 체크 해제하고, [연도]는 [열] 영역의 [값] 버튼 위에 드래그&드롭하고, [분기] 필드는 확인란을 체크해 다음과 같은 보고서를 구성합니다.

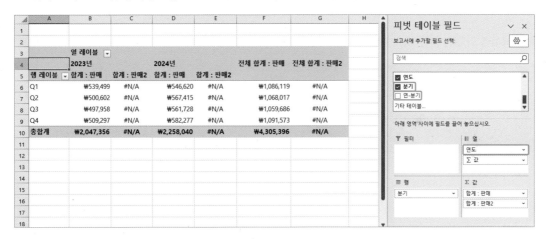

10 [합계 : 판매2] 필드의 [값 표시 형식] 설정을 변경합니다.

11 [C5] 셀 위치에서 마우스 오른쪽 버튼을 클릭한 후 단축 메뉴에서 [값 표시 형식]–[[기준값]에 대한 비율의 차이]를 선택합니다. [값 표시 형식 (합계 : 판매2)] 대화상자가 표시되면 [기준 필드]를 [연도]로 변경하고 [확인]을 클릭합니다.

▲	A	B	C	D	E	F	G	H
1								
2								
3		열 레이블 ▼						
4		2023년		2024년		전체 합계 : 판매	전체 합계 : 판매2	
5	행 레이블 ▼	합계 : 판매	합계 : 판매2	합계 : 판매	합계 : 판매2			
6	Q1	₩539,499	#N/A	₩546,620	#N/A	₩1,086,119	#N/A	
7	Q2	₩500,602	#N/A	₩567,415	#N/A	₩1,068,017	#N/A	
8	Q3	₩497,958	#N/A	₩561,728	#N/A	₩1,059,686	#N/A	
9	Q4	₩509,297	#N/A	₩582,277	#N/A	₩1,091,573	#N/A	
10	총합계	₩2,047,356	#N/A	₩2,258,040	#N/A	₩4,305,396	#N/A	
11								

값 표시 형식 (합계 : 판매2)   ?   ×
계산: [기준값]에 대한 비율의 차이
기준 필드(F): 연도
기준 항목(I): (이전)
[확인]   [취소]

TIP [기준 필드]는 [연도]가 되고, [기준 항목]은 [(이전)]이므로 전년 동기 대비 증감률을 표시해줍니다.

12 그러면 화면과 같은 피벗 테이블 보고서를 확인할 수 있습니다.

▲	A	B	C	D	E	F	G	H
1								
2								
3		열 레이블 ▼						
4		2023년		2024년		전체 합계 : 판매	전체 합계 : 판매2	
5	행 레이블 ▼	합계 : 판매	합계 : 판매2	합계 : 판매	합계 : 판매2			
6	Q1	₩539,499		₩546,620	1.32%	₩1,086,119		
7	Q2	₩500,602		₩567,415	13.35%	₩1,068,017		
8	Q3	₩497,958		₩561,728	12.81%	₩1,059,686		
9	Q4	₩509,297		₩582,277	14.33%	₩1,091,573		
10	총합계	₩2,047,356		₩2,258,040	10.29%	₩4,305,396		
11								
12								

TIP E열은 증감률이 제대로 표시되지만, C열은 직전 년도가 없으므로 빈 셀로 표시됩니다.

13 빈 셀이 표시되는 것이 아쉽다면 [계산 항목]을 이용해 증감률을 계산합니다.

14 먼저 [값] 영역의 [판매2] 필드를 [피벗 테이블 필드] 작업 창 바깥으로 드래그&드롭해 [값] 영역에 [판매] 필드의 합계가 하나만 표시되도록 합니다. 그런 다음 [C4:C5] 범위 내 셀을 하나 선택하고 리본 메뉴의 [피벗 테이블 분석] 탭-[계산] 그룹-[필드, 항목 및 집합]-[계산 항목]을 클릭합니다.

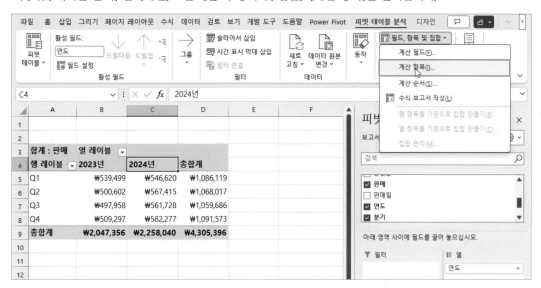

15 대화상자가 표시되면 [이름]에 **증감률**을 입력하고 [수식]을 다음과 같이 작성한 다음 [추가]를 클릭합니다.

=('2024년' - '2023년')/ '2023년'

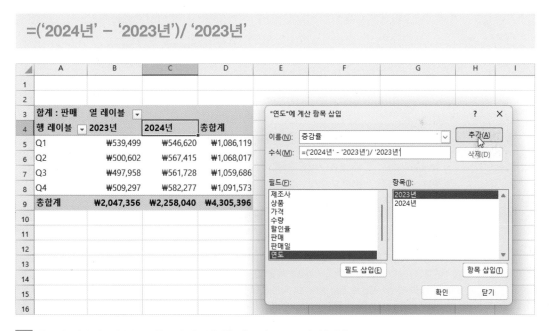

TIP 항목 이름이 숫자로 시작하므로 항목 이름은 작은따옴표(')로 자동으로 묶여 나옵니다.

16 대화상자의 [확인]을 클릭하면 다음과 같은 [증감률] 항목이 표시가 됩니다.

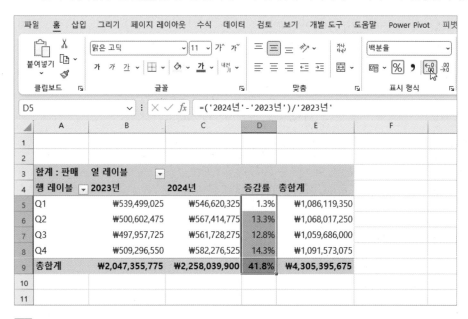

	A	B	C	D	E	F	G
3	합계 : 판매	열 레이블					
4	행 레이블 ▼	2023년	2024년	증감률	총합계		
5	Q1	₩539,499	₩546,620	₩0	₩1,086,119		
6	Q2	₩500,602	₩567,415	₩0	₩1,068,017		
7	Q3	₩497,958	₩561,728	₩0	₩1,059,686		
8	Q4	₩509,297	₩582,277	₩0	₩1,091,573		
9	총합계	₩2,047,356	₩2,258,040	₩0	₩4,305,396		

17 증감률은 계산됐지만 [합계 : 판매] 필드의 표시 형식이 통화 형식이어서 제대로 확인되지 않습니다. 표시 형식을 변경해 백분율로 표시합니다.

18 [D5:D9] 범위를 지정하고 리본 메뉴의 [홈] 탭-[표시 형식] 그룹-[백분율 스타일⁒]을 한 번 클릭하고 오른쪽의 [자릿수 늘림]을 한 번 클릭해 소수점 첫째 자리까지 표시되도록 설정합니다.

D5 =('2024년'-'2023년')/'2023년'

	A	B	C	D	E	F
3	합계 : 판매	열 레이블				
4	행 레이블 ▼	2023년	2024년	증감률	총합계	
5	Q1	₩539,499,025	₩546,620,325	1.3%	₩1,086,119,350	
6	Q2	₩500,602,475	₩567,414,775	13.3%	₩1,068,017,250	
7	Q3	₩497,957,725	₩561,728,275	12.8%	₩1,059,686,000	
8	Q4	₩509,296,550	₩582,276,525	14.3%	₩1,091,573,075	
9	총합계	₩2,047,355,775	₩2,258,039,900	41.8%	₩4,305,395,675	

TIP [값 표시 형식]을 이용해 증감률을 표시하면 보고서가 가로로 길어지고, 불필요한 빈 열이 나타나게 됩니다. 그렇지만 [계산 항목]을 이용하면 좀 더 효과적으로 증감률을 계산해 얻을 수 있어 좋습니다. 다만 [D9] 셀에서 확인할 수 있듯 [총합계] 행의 결과는 증감률이 아니라 [D5:D8] 범위의 합계가 반환됩니다. 그러므로 [계산 항목]을 이용하는 경우에는 [총합계] 행을 표시하지 않는 것이 좋습니다. [총합계] 행의 머리글 위치([A9] 셀)에서 마우스 오른쪽 버튼을 클릭하고 단축 메뉴에서 [합계 제거]를 클릭해 [총합계] 행을 제거합니다.

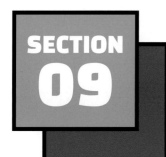

SECTION 09

[필터] 영역과 슬라이서

피벗 테이블의 [필터] 영역에 필드를 삽입하면 해당 필드에서 선택한 항목에 해당하는 데이터만 피벗 테이블 보고서에서 집계되도록 할 수 있습니다. 다만 [필터] 영역을 사용하는 방법은 시각적으로나 조작 측면에서 몇 가지 불편한 점이 있어 이를 개선하기 위해 추가된 기능이 엑셀 2010 버전에서 추가된 슬라이서입니다.

즉, 엑셀 2010 이상 버전을 사용 중이라면 [필터] 영역보다는 슬라이서 기능을 이용하는 것이 좋습니다.

[필터] 영역의 필드를 슬라이서로 대체할 때 얻을 수 있는 이익 확인하기

예제 파일 CHAPTER 08 \ 필터와 슬라이서.xlsx

01 예제 파일을 열고 [pivot] 시트 탭을 선택하면 화면과 같은 피벗 테이블 보고서를 확인할 수 있습니다.

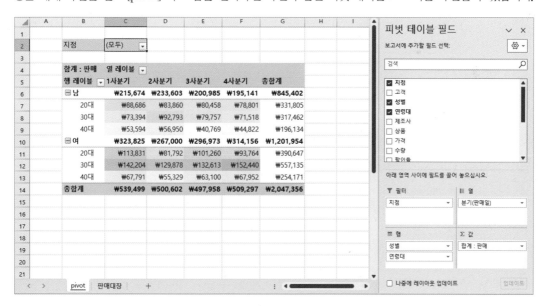

02 [필터] 영역에 삽입된 [지점] 필드의 아래 화살표 단추▼를 클릭하고 목록에 있는 지점 중 [성수점]을 선택한 뒤 [확인]을 클릭합니다.

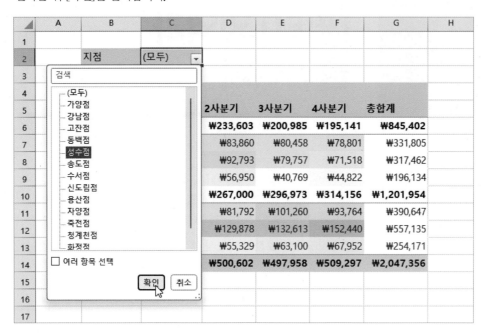

03 피벗 테이블 보고서에 [성수점] 지점의 데이터만 표시됩니다.

	A	B	C	D	E	F	G	H
1								
2		지점	성수점					
3								
4		합계 : 판매	열 레이블					
5		행 레이블	1사분기	2사분기	3사분기	4사분기	총합계	
6		⊟남	₩22,615	₩21,708	₩21,956	₩21,334	₩87,613	
7		20대	₩12,442	₩7,806	₩9,128	₩6,477	₩35,853	
8		30대	₩6,013	₩9,428	₩5,668	₩9,515	₩30,624	
9		40대	₩4,160	₩4,475	₩7,160	₩5,342	₩21,136	
10		⊟여	₩30,839	₩25,893	₩30,031	₩30,637	₩117,400	
11		20대	₩10,189	₩5,997	₩11,070	₩10,816	₩38,072	
12		30대	₩11,795	₩14,849	₩12,923	₩13,060	₩52,628	
13		40대	₩8,856	₩5,046	₩6,037	₩6,761	₩26,701	
14		총합계	₩53,455	₩47,601	₩51,987	₩51,971	₩205,014	
15								

04 여러 지점을 동시에 선택합니다. 다시 [지점] 필드의 오른쪽 버튼▼을 클릭하고 [여러 항목 선택]에 체크한 다음 [용산점] 항목을 추가로 선택하고 [확인]을 클릭합니다.

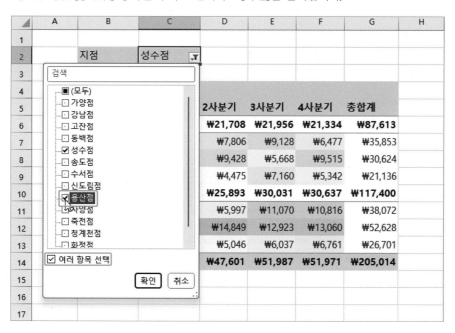

05 그러면 피벗 테이블 보고서가 [성수점]과 [용산점]이 합쳐진 결과가 표시됩니다.

06 [지점] 필드를 슬라이서 창에 표시합니다. 리본 메뉴의 [피벗 테이블 분석] 탭-[필터] 그룹-[슬라이서 삽입▣]을 클릭합니다. [슬라이서 삽입] 대화상자가 표시되면 [지점] 필드를 체크하고 [확인]을 클릭합니다.

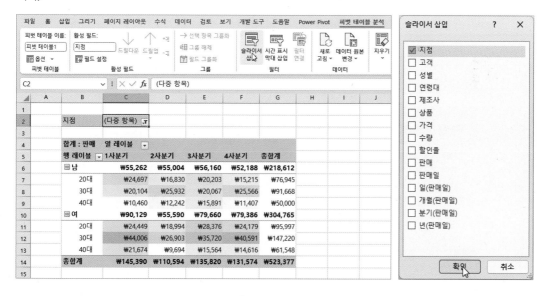

07 [지점] 슬라이서 창이 화면에 표시됩니다.

08 전체 지점을 빠르게 확인하기 위해 슬라이서 창에 지점명을 두 열에 표시합니다. 슬라이서 창이 선택된 상태에서 리본 메뉴의 [슬라이서] 탭–[단추] 그룹–[열] 옵션을 [2]로 변경합니다.

09 슬라이서 창 우측 상단의 [필터 지우기🔽]를 클릭해 필터를 모두 해제합니다.

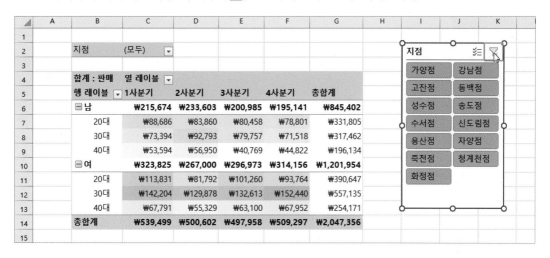

10 다시 [지점] 슬라이서 창에서 원하는 지점을 선택하면 해당 지점 데이터만 피벗 테이블 보고서에 표시됩니다.

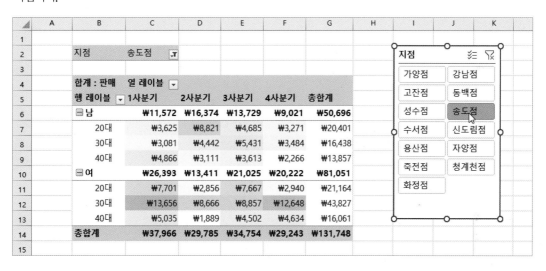

찾아보기

ㄱ

값 표시 형식	329, 336
계산 필드	321
구조적 참조	044, 050
권장 피벗 테이블	265
그룹 선택	301
그룹 필드	301, 306
그룹 해제	301

ㄴ

날짜 데이터	028
논릿값	023

ㄷ - ㄹ

다른 열 피벗 해제	272
닫기 및 다음으로 로드	275
닫기 및 로드	275
데이터	023
데이터 입력	029
데이터 형식	023
데이터 형식 변환	240
도넛형 차트	119
뤼튼	061

ㅂ

바꾸기	228
분산형 차트	158
비교 연산자	055, 077
빠른 채우기	211

ㅅ

산술 연산자	055
선택 항목 그룹화	301
셀 병합	253
셀 서식	285
수식 계산	068
수식 에러	058
숫자 데이터	023
슬라이서	337
시간 데이터	029
실행 취소	253

ㅇ

압축 형식	300
엑셀 표	038
엑셀 표 해제	043
엑셀 함수	057
연결 연산자	056
연결선 제거	064
연산자	055

ㅈ

자동 범위 확장	041
자동 채우기	211
작은따옴표	216
절대 참조	096
제미나이	063
조건부 서식	326
종속 관계	297

ㅊ

차트   113
참조 연산자   055
참조되는 셀 추적   064
참조하는 셀 추적   064
찾기   228
챗GPT   058, 072

ㅋ - ㅌ

크로스-탭   036
클로드   063
테이블   035
테이블 디자인   044
테이블 형식   300
텍스트   023
템플릿   037

ㅍ - ㅎ

파워 쿼리   256, 268
표 만들기   039
표 변환   038
표시 형식   025
표의 종류   035, 269
피벗 테이블   265
피벗 테이블 보고서   265
피벗 테이블 보고서 레이아웃   280
피벗 테이블 보고서 영역   281
피벗 테이블 필드   276
필드 그룹화   301
필터   337
혼합 참조   122

A

AND 함수   090
AVERAGE 함수   111, 150
AVERAGEIF 함수   150
AVERAGEIFS 함수   151

C - D

CHOOSECOLS 함수   168
COUNT 함수   111, 116
COUNTA 함수   117
COUNTBLANK 함수   117
COUNTIF 함수   117, 121
COUNTIFS 함수   118, 122
DATEDIF 함수   097

F - H

FILTER 함수   166
FIND 함수   213
FLOOR 함수   103
HLOOKUP 함수   173, 174, 177
HYPERLINK 함수   231

I

IF 함수   079
IF 함수 중첩   085
IFERROR 함수   104
IFNA 함수   104
IFS 함수   088
INDEX 함수   187, 191
INT 함수   100
IS 계열 함수   078

찾아보기

─ L ─ M ─

LARGE 함수	161, 163
LOOKUP 함수	206, 215
MATCH 함수	187, 192
MAX 함수	111, 152
MAXIFS 함수	152, 155
MID 함수	217
MIN 함수	111, 152
MINIFS 함수	152, 154

─ N ─ O ─

NOW 함수	135
NUMBERVALUE 함수	243
OR 함수	090

─ R ─

RANK 함수	124
RANK.EQ 함수	124
RIGHT 함수	221
R-제곱 값	159

─ S ─

SMALL 함수	161
SORT 함수	167
SUBSTITUTE 함수	230
SUM 함수	111, 126
SUMIF 함수	126, 128, 149
SUMIFS 함수	127, 129
SUMPRODUCT 함수	141, 146

─ T ─

TEXTJOIN 함수	226
TIME 함수	102
TODAY 함수	135

─ V ─ X ─

VLOOKUP 함수	173, 174, 176
XLOOKUP 함수	199, 203
XMATCH 함수	200